本书的出版得到"吉林大学哲学社会学院一流学科建设"项目资助

吉林大学哲学社会学院一流学科建设丛书

"马克思哲学革命"观念的分析

AN ANALYSIS ON THE IDEA OF
"MARX'S REVOLUTION IN PHILOSOPHY"

高超 著

中国社会科学出版社

图书在版编目（CIP）数据

"马克思哲学革命"观念的分析/高超著.—北京：中国社会科学出版社，2021.11

（吉林大学哲学社会学院一流学科建设丛书）

ISBN 978-7-5203-9223-5

Ⅰ.①马… Ⅱ.①高… Ⅲ.①马克思主义哲学—研究 Ⅳ.①B0-0

中国版本图书馆 CIP 数据核字（2021）第 193118 号

出 版 人	赵剑英
责任编辑	朱华彬
责任校对	谢　静
责任印制	张雪娇
出　　版	中国社会科学出版社
社　　址	北京鼓楼西大街甲 158 号
邮　　编	100720
网　　址	http://www.csspw.cn
发 行 部	010-84083685
门 市 部	010-84029450
经　　销	新华书店及其他书店
印刷装订	环球东方（北京）印务有限公司
版　　次	2021 年 11 月第 1 版
印　　次	2021 年 11 月第 1 次印刷
开　　本	710×1000　1/16
印　　张	17.25
插　　页	2
字　　数	255 千字
定　　价	108.00 元

凡购买中国社会科学出版社图书，如有质量问题请与本社营销中心联系调换
电话：010-84083683
版权所有　侵权必究

献　给

我的学术导师和人生导师

孙正聿　先生

目　录

导　论 ·· 1

　　第一节　研究对象、目的和意义 ································· 1
　　第二节　研究现状 ··· 4
　　第三节　研究方法、结构与体例 ································· 18

第一章　科学革命观念中的"马克思哲学革命" ············· 21

　　第一节　"马克思哲学革命"表述中的科学革命用语 ······ 24
　　第二节　科学革命的观念（一）：康德"科学革命的
　　　　　　特征" ··· 38
　　第三节　科学革命的观念（二）：库恩"科学革命的
　　　　　　结构" ··· 45
　　第四节　科学革命的观念（三）：科恩"科学革命的
　　　　　　检验" ··· 53
　　本章小结 ·· 63

第二章　"马克思哲学革命"观念中的"马克思" ············· 65

　　第一节　以"人名"命名革命事件的几种情况 ············· 65
　　第二节　马克思为何未自称实现了"哲学革命"？ ········ 74
　　第三节　"马克思哲学革命"的"辉格解释" ················ 82
　　本章小结 ·· 92

第三章　"马克思哲学革命"观念中的"哲学" ············· 93

　　第一节　马克思"哲学革命"与"哲学观革命" ············ 94

第二节 "马克思哲学革命"论述中的逻辑问题 …………… 104
第三节 "马克思哲学革命"论述中的术语问题 …………… 118
本章小结 ……………………………………………………… 133

第四章 "马克思哲学革命"观念中的"革命" …………… 135

第一节 科恩论科学革命的四个阶段 ……………………… 139
第二节 "马克思哲学革命"的发展阶段 …………………… 149
第三节 "马克思哲学革命"研究中的观念变革 …………… 157
本章小结 ……………………………………………………… 172

结 论 ……………………………………………………………… 173

一 分析"马克思哲学革命"观念而直接
得出的结论 …………………………………………… 173
二 对实现"马克思哲学革命"的进一步
思考 …………………………………………………… 178

附录一 黑格尔对亚里士多德三段论的批判与发展 …………… 184

附录二 语义开放的哲学理论 …………………………………… 214

参考文献 ………………………………………………………… 257

后记 ……………………………………………………………… 267

导　　论

第一节　研究对象、目的和意义

研究"马克思哲学革命"[①]有两种基本路径：其一是研究马克思实现了一场**怎样的**"哲学革命"，其二是研究马克思（主义）哲学的产生**为什么**是一场"哲学革命"。[②] 这两种研究路径共同构成了对"马克思哲学革命"的完整研究。一个世纪以来，关于"马克思哲学革命"的各种研究已经取得了丰硕成果，这些成果所关切的主要是马克思实现了**怎样的**"哲学革命"，即"马克思哲学革命"的实质，相对而言，较少追问**为什么**说马克思（主义）哲学实现了"哲学革命"。这种情况在诸多有关科学革命的研究中也十分常见，当我们谈论一场科学革命的时候，革命的实质往往比其他

[①] "马克思哲学革命"这个词既可以指马克思在哲学领域中实现的革命，也可以指在马克思主义哲学领域中实现的革命。前一种用法是这个词的基本用法，对于后一种情况，已有学者使用"马克思主义哲学的自我革命"加以表述。（参见许全兴《马克思主义哲学自我革命》，中国社会科学出版社2009年版。）因此，"马克思哲学革命"一词在实际使用中已经不具有第二种含义了。本书在前一种用法上使用这个词，"马克思哲学革命"可以翻译为"Marx's philosophical revolution"，也可以翻译为"Marx's revolution in philosophy"，正如库恩（T. S. Kuhn）使用了"scientific revolution"而 I. B. 科恩（I. B. Cohen）使用了"revolution in science"，本书为了强调"马克思哲学革命"指的是一场"发生在哲学领域中的革命"，故以后一种译法作为本书的英文标题；而作为笔者同名博士学位论文的关键词的"科学革命""哲学革命"等则使用更为常见的前一种译法。

[②] 当然也可以更进一步地追问，"马克思哲学革命"是不是真正意义上的革命，而这实际上是最首要的问题，因为如果一个对象根本就不存在，那么关于它的一切研究都只能是玄想。

要素更能吸引我们的注意。而且也只有在对一场科学革命的实质有了充分的讨论之后，展开对它的开端、发展、完成、结构、评价、影响等其他要素的讨论才是可能的。因此，两种路径的"马克思哲学革命"研究不是背道而驰，而是殊途同归，目的都在于推进马克思主义哲学研究。

1687年，《自然哲学的数学原理》出版，将人类历史上最伟大的思想革命推向高潮，牛顿（Issac Newton）的学说从此开始了对整个自然科学甚至其他许多学科长达几个世纪的支配。在这段时间里，几乎没有科学家不是牛顿的信徒。[①] 然而在《共产党宣言》《资本论》等发表后的一个多世纪里，各种哲学思潮和派别依然活跃在整个世界范围内，一些分析哲学家也宣称哲学中发生了一场"分析革命"。面对这种情况，当我们谈及"马克思哲学革命"的时候指的是什么？这场"革命"失败了吗？还是尚未完成？抑或不能用同样的标准去衡量"哲学革命"与"科学革命"？

上述现象和由此引发的疑问构成了本书的研究对象。本书的目的就在于澄清"马克思哲学革命"这样一个观念究竟是否指称一个真实发生的历史事件。这种目的的研究，必须以探讨"马克思哲学革命"的真实存在为前提，所以它的直接的研究对象就是"马克思哲学革命"的观念，即追究人们为什么以"革命"的观念去看待马克思（主义）哲学，以及这种观念与其他一些更为基本的观念是什么关系。

与"马克思哲学革命"的观念相比，"革命""科学革命""哲学革命""政治革命""科学""哲学"，甚至包括"法国大革命""光荣革命""哥白尼革命""牛顿革命"等观念都更为基本，这些观念有些在逻辑上先于"马克思哲学革命"的观念，有些在时间上先于"马克思哲学革命"的观念，更重要的是人们对这些观念的接受程度要远远高于对"马克思哲学革命"的观念的接受。所以，如果我们的分析表明"马克思哲学革命"的观念与这些更

[①] 有很多哲学家比如康德（Immanuel Kant）也以牛顿的成就为基础开展自己的工作——不只是建立"星云假说"，还包括对"先天综合判断"之存在的肯定。

为基本的观念相冲突的话——这就能够解释为什么这个观念并没有得到普遍接受——那么就必须重视诸种观念之间的协调。

在有关"科学革命"的诸多论述中，我们可以看到大致有如下几种情况：第一，丰特奈尔（Bernard Le Bovier de Fontenelle）用"革命"一词去赞美微积分的发明所引发的数学革命；第二，康德、库恩认为"科学革命"是科学进步的一种模式并对这种模式加以分析；第三，库恩、I. B. 科恩分析了"哥白尼革命"和"牛顿革命"的实质；第四，I. B. 科恩分析了诸多被人们称为"革命"的事件实际上是否真的是一场革命。就"马克思哲学革命"这一主题而言，已有的研究成果多为第一和第三两种情况，即在不追究"革命"概念本身的内部结构和外部特征的前提下，将马克思的哲学成就评价为革命性的，或者试图揭示马克思的哲学思想与其他哲学家的思想的根本区别。

在这四种情况中，本书主要是在第四种情况的意义上展开研究的，即考察当人们说出"马克思哲学革命"这一术语的时候，究竟是在较为宽泛的意义上表现马克思哲学成就的重要性，还是在较为严格的意义上指认这一成就造成了一场真实存在的"哲学革命"。而这种研究与其他几种研究并没有逻辑上的先后关系，即使我们的研究最终表明"马克思哲学革命"并不是一场"牛顿革命"或"法国大革命"那样的革命，也不能否定人们通过使用这个术语而取得的各种成果。因为在一定的范围内（如马克思主义哲学界），这个术语的含义和指称都十分明确，在术语的使用者之间没有歧义，因而在这个范围内是一个合法的术语。

熟悉 I. B. 科恩《科学中的革命》一书的人会立即发现，本书的旨趣和风格都受到该书的影响，把这样一种旨趣和风格用于研究"马克思哲学革命"的观念，正是本书为自己规定的任务。与其说本书所致力于的研究领域从属于哲学，倒不如说它从属于哲学史。哲学与哲学史最终不能相互矛盾，但这并不意味着二者之间没有一种"必要的张力"和"微妙的平衡"。哲学发展的"逻辑"与它的经验性的历史之间不必处处同一，因此，如果本书最终得出某些并不常见的结论，那也绝不值得惊讶，因为对"马克思哲学革命"

观念的分析，与对其实质的研究毕竟分属于两条不同的道路。

对于马克思主义哲学的研究者来说，如果"马克思哲学革命"表现出了与"牛顿革命"之间的巨大差异，那么就必须对这种差异加以分析、予以解释，并对"马克思哲学革命"是否真的是一场革命做出判断。对于马克思主义哲学的信仰者来说，如果希望"马克思哲学革命"在哲学领域能够取得像"牛顿革命"在科学领域所取得的那种成就，那么就不应满足于只是在马克思主义哲学界传颂马克思哲学的伟大成就，而应真正推进马克思主义哲学对"哲学"的"革命"，在最现实和最广泛的意义上，也就是要把马克思主义哲学转化为"人民的自觉追求"。

第二节　研究现状

1. 研究现状概述

本书归属于两个方面的研究领域：其一是关于"马克思哲学革命"的研究，其二是关于"思想中的革命"（主要是科学革命）的研究。人们在这两个领域中都已经取得了丰硕的成果，产生了广泛而深刻的影响。但事实上这两个领域的研究一直都是分别进行的。在第一个领域中，人们很少借鉴第二个领域的研究成果，仅有的借鉴基本都集中在库恩的"范式"概念上；在第二个领域中，人们很少谈论第一个领域的研究对象，仅有的谈论可能就只是 I. B. 科恩论马克思、恩格斯对"科学革命"的看法。这两个领域真正交汇的地方，人迹罕至，思想稀薄。

毫无疑问的是，通向这片地域的道路是由"马克思哲学革命"的研究者和科学革命的研究者共同铺就的，正是由于人们对"马克思哲学革命"和诸多科学革命以及科学革命的一般模式已经有了深入而系统的认识，一种追问"马克思哲学革命"是不是或为何是一场真正的革命的研究才有可能。因此，本项研究所在领域的研究现状，只能是并且必须是关于"马克思哲学革命"实质的研究现状和关于科学革命的研究现状。

"马克思哲学革命"和"科学革命"研究的兴起大致都是近一个世纪以来的事情。21世纪以来的"马克思哲学革命"与"科学革命"的研究与20世纪相比已经有了很大不同,但这两门学问自身发展的历程不在我们的讨论范围之内,所以这里只是简要介绍一下21世纪以及上世纪末人们在这两个领域中取得的重要成就。

(1) 对"马克思哲学革命"实现与否的研究

大多数研究都把"马克思哲学革命"已经实现作为其研究的前提,只有少数几篇论文有不同看法。《试论哲学革命的辩证进路》认为"这场由马克思开创的哲学革命至今仍不能说已经完成,我们离成功克服形而上学还很远"[1];《马克思之后的哲学革命:当代路向及其意义》认为"马克思并没有终结世界范围内哲学革命的进程。在马克思之后,哲学革命仍然在马克思主义哲学内部和外部以各种方式走向深化"[2]。这两篇文章都不否认马克思本人即发动了一场"哲学革命",后一篇还认为"马克思哲学革命"已经实现,但"哲学革命"本身仍有待深化。

(2) 对"马克思哲学革命"与现代西方哲学的比较研究

《西方哲学的革命变更与现代转型之比较》[3]《超越哲学同质性神话——马克思哲学革命的当代解读》[4] 探讨了"马克思哲学革命"与现代西方哲学的某种转变之间的关系,认为马克思所实现的是一场"哲学革命",而现代西方哲学的其他思潮或派别所实现的是"转型"或"形态改变"。《马克思的哲学观和"哲学的终结"》[5] 认为现代西方哲学诸多派别都主张"哲学终结论",但只有马克思真正实现了对哲学的超越。《解构与超越:马克思和维特

---

[1] 谢永康:《试论哲学革命的辩证进路》,《天津社会科学》2008年第4期。
[2] 仕平:《马克思之后的哲学革命:当代路向及其意义》,《学术月刊》2009年第10期。
[3] 刘放桐:《西方哲学的革命变更与现代转型之比较》,《学术月刊》2003年第10期。
[4] 杨学功:《超越哲学同质性神话:马克思哲学革命的当代解读》,北京大学出版社2010年版。
[5] 张汝伦:《马克思的哲学观和"哲学的终结"》,《中国社会科学》2003年第4期。

根斯坦哲学革命路向比较研究》[1]认为哲学史就是哲学革命的历史，承认马克思和维特根斯坦都实现了一场哲学革命，但认为前者是彻底的而后者是不彻底的。《对马克思哲学与西方哲学关系的再认识》反对"强调马克思哲学是从属于近代西方哲学的，它与当代西方哲学处于对立的状态中"[2]。

（3）对"马克思哲学革命"标志的研究

对于"马克思哲学革命"发端于哪部文本的问题，人们的看法很多，包括《1844年经济学哲学手稿》《关于费尔巴哈的提纲》《德意志意识形态》《共产党宣言》等；对于"革命"完成的标志，除了上述文本，还有学者认为是在《资本论》中。[3]

（4）对"马克思哲学革命"实质的研究

以苏联教科书为基本原则的各种研究都认为，"马克思哲学革命"的实质是辩证唯物主义对旧唯物主义和一切唯心主义的革命、唯物主义历史观对唯心主义历史观的革命，这种看法在21世纪的研究中仍然时有出现。

其他研究则认为"马克思哲学革命"的实质是实现了思维方式转换、世界观转换、立场转变、哲学形态转变、与西方学院哲学传统的彻底决裂、存在论根基处原则的变动等。[4]

（5）对某一场科学革命的研究

这一方面的研究在20个世纪就已经取得了很高水平的成果，21世纪以来很少有更高水平的新成果产生。可以参见《伽利略研究》（*études Galiléennes*, Alexandre Koyré, 1939）、《哥白尼革命——西方思想发展中的行星天文学》（*The Copernican Revolution: Planetary Astronomy in the Development of Western Thought*, T. Kuhn, 1957）、

---

[1] 李包庚：《解构与超越：马克思和维特根斯坦哲学革命路向比较研究》，中国社会科学出版社2014年版。
[2] 俞吾金：《对马克思哲学与西方哲学关系的再认识》，《天津社会科学》1999年第6期。
[3] 这一方面的研究成果在第四章有专门分析，故此处不详细介绍。
[4] 这一方面的研究与本书的研究对象和目的都没有直接的关系，故不详细介绍，可以参见《马克思哲学革命的文本学解读》《解构与超越：马克思和维特根斯坦哲学革命路向比较研究》，这两部专著对这方面的研究成果作了比较系统的介绍。

《从封闭世界到无限宇宙》(*From the Closed World to the Infinite Universe*, A. Koyré, 1968)、《牛顿革命》(*The Newtonian Revolution*, I. B. Cohen, 1980)、《科学中的革命》(*Revolution in Science*, I. B. Cohen, 1985)、《科学革命》(*The Scientific Revolution*, L. Principe, 2011)《判决性实验：拉瓦锡化学革命研究》(冯翔、袁江洋, 2015)等。

(6) 对科学革命一般模式的研究

这个领域最著名的研究成果就是《科学革命的结构》(*The Structure of Scientific Revolutions*, T. Kuhn, 1962), 21世纪以来在该领域中能够取得同样影响的研究成果还没有；《科学中的革命》(I. B. Cohen, 1985) 提出了鉴别科学革命是否真实发生的"四项检验"，使得对科学革命的研究更加具有可操作性；《科学革命的编史学研究》(*The Scientific Revolution: A Historiographical Inquiry*, H. F. Cohen, 1994) 为科学革命的研究提供了翔实的文献资料；此外还有《近代物理科学的形而上学基础》(*The Metaphysical Foundations of Modern Physical Science: A Historical and Critical Essay*, Edwin Arthur Burtt, 1924)、《科学革命新史观讲演录》(*Science and History: A Chemist's Appraisal*, A. G. Debus, 1984)、《新物理学的诞生》(*The Birth of a New Physics*, I. B. Cohen, 1985)、《克丽奥眼中的科学——科学编史学初论》(刘兵, 1996)、《世界的重新构造：近代科学是如何产生的》(*De herschepping van de wereld. Het ontstaan van de moderne natuurwetenschap verklaard*, H. F. Cohen, 2007) 等。

在关于"马克思哲学革命"的研究中，从研究成果的数量上看，关于"马克思哲学革命"实质的研究占了绝对多数，这方面的研究始终是这一研究领域的主题；而有关"马克思哲学革命"实现与否、它与现代西方哲学的比较、其开端或完成的标志等问题的研究则比较有限，而且往往是为研究其实质服务的。这种情况与科学革命研究的情况相比，有一定的差别，科学革命研究对科学革命实质之外很多其他要素的研究也都已经取得了丰硕的成果，塑造了立体的科学革命的观念，并且将研究从对某一场科学革命扩展到了对作为科学进步一般模式的科学革命的研究,这是值得"马克思哲学革命"研究借鉴的。

2. 研究重心分析

这里有必要对第四个方面的成果加以更为详细的评述,因为这个方面是 20 世纪以来"马克思哲学革命"研究的重心所在。这些成果主要集中在对"马克思哲学革命"实质的研究上,即阐述马克思的学说(严格地说主要指其哲学思想)在哪些方面实现了哲学中的革命性变革,如哲学的主题、思维方式、研究方法、存在方式等方面。尽管不同学者对"马克思哲学革命"的实质有不同理解,但正因为都以"马克思哲学革命"的实质为焦点,所以他们大多享有共同的前提,即承认"马克思哲学革命"的实际存在——如果承认"马克思哲学革命"是显然存在的,那么追究这场"革命"的实质自然就成了主要任务。以下列举了 21 世纪以来(包括 2000 年)专门研究"马克思哲学革命"的部分中文期刊论文,这些研究都承认"马克思哲学革命"的存在,但根据对其存在的承认方式的不同可以大致分为四种情况。

(1)以学界对"马克思哲学革命"的存在的普遍承认为前提,引出对这一"革命"的实质的讨论。

> 一般认为,马克思发起并实现了一场哲学革命。但如何理解这一革命,则存在着不同意见。[①]
>
> 虽然很少有人否认马克思哲学的产生是哲学史上的一次革命性变革,但是这种变革的实质究竟为何,人们却有着很不相同甚至完全不同的理解。[②]
>
> 当前学界对于"马克思实现了哲学史上的一场革命"、"马克思终结了传统形而上学"等诸如此类的观点已成为共识。但正如有学者指出的,虽然人们一直谈到马克思完成了一

---

① 邹广文、崔唯航:《如何理解马克思的哲学革命》,《天津社会科学》2003 年第 1 期。

② 杨学功:《超越哲学同质性神话——从哲学形态转变的视角看马克思的哲学革命》,《复旦学报》(社会科学版)2005 年第 2 期。

场哲学变革,却始终未能真正涉及到这场变革对哲学本身意味着什么这样一个问题。①

历史唯物主义的创立,无疑是哲学史上的革命变革。在我看来,这一变革的实质就在于,它使哲学的主题发生了根本转换,即从"世界何以可能"转向"人类解放何以可能",从宇宙本体转向人的生存本体,从认识世界转向改造世界。②

我国马克思主义哲学界的学者们普遍认为,马克思实现了一次"哲学革命"。虽然学者们对于"革命"内涵的理解有所不同,但都把马克思对形而上学的批判纳入"革命"之中。③

国内哲学界普遍认为,马克思在西方哲学史上实现了一场深刻的哲学变革。这场哲学变革的主题和实质是马克思哲学研究者必须思考的基本问题。④

马克思实现了哲学史上的伟大变革,这是一个不争的事实。但承认事实并不就是对事实的思考,同样,对事实的承认也不保证对事实的思考必然正确。⑤

(2) 断言马克思"开启了""引发了""带来了"或"实现了"一场"哲学革命"。

马克思主义哲学的产生是人类哲学发展史最伟大的革命变革。⑥

---

① 朱虹、吴楠:《马克思哲学革命视域下的现代性批判话语》,《求实》2008 年第 2 期。
② 杨耕:《哲学主题的根本转换与理论空间的重新建构——在日本一桥大学的演讲》,《北京师范大学学报》(社会科学版) 2009 年第 4 期。
③ 刘召峰:《费尔巴哈与马克思的哲学革命——对我国学者相关分歧的评析及启示》,《内蒙古社会科学》2011 年第 6 期。
④ 石华灵:《关于"马克思哲学革命"问题的研究综述》,《高等函授学报》(哲学社会科学版) 2012 年第 2 期。
⑤ 李勇:《阿尔都塞对马克思哲学革命的历史指证》,《北华大学学报》(社会科学版) 2014 年第 5 期。
⑥ 刘放桐:《马克思在哲学上的革命变更对西方现代哲学的超越》,《哲学研究》2001 年第 8 期。

10 / "马克思哲学革命"观念的分析

> 马克思哲学作为我们时代最重要的一个伦理学学说,给伦理学带来了一次真正的革命。从形式伦理学到实质伦理学的这种转换,构成了马克思哲学革命的实际内容之一。①

> 马克思在"批判旧世界中发现新世界",以"改变世界"的实践颠覆了以往思辨先验的形而上学,开启了真正意义上的哲学革命,实现了人类认识史上的伟大变革。②

> 马克思创立了历史唯物主义,不仅引发了一场哲学的革命性变革,而且也引发了一场哲学观的革命性变革。③

(3) 直接使用"马克思哲学革命"这一术语,默认该术语所指事件的存在。

> 对马克思哲学之当代性的估价,实际上是对其哲学革命的估价。④

> 马克思哲学在哲学史上所造成的革命是从本体论层面上发动并展开的,其结果就是从根本上终结了形而上学,并使西方哲学从传统形态转向现代形态。⑤

> 我们正是应当从存在论境域的根本转变这一意义上来理解马克思所完成的哲学革命。这种革命否弃了西方哲学向来所因循的知识论的路向,亦即从根本上否弃了哲学对于世界的"理论的"态度,而代之以"实践的"态度。⑥

> 反思我国马克思主义哲学研究状况,问题不在于以往没有

---

① 张盾:《马克思哲学革命中的伦理学问题》,《哲学研究》2004 年第 5 期。
② 任平:《马克思之后的哲学革命:当代路向及其意义》,《学术月刊》2009 年第 10 期。
③ 刘福森:《马克思实现的哲学观革命》,《江海学刊》2014 年第 2 期。
④ 吴晓明:《马克思的哲学革命与全部形而上学的终结》,《江苏社会科学》2000 年第 6 期。
⑤ 杨耕:《马克思如何成为现代西方哲学的开创者》,《学术月刊》2001 年第 10 期。
⑥ 王德峰:《在当代问题中重温马克思的哲学革命》,《复旦学报》(社会科学版) 2002 年第 6 期。

强调其重要性，而在于没有准确地认识其真实意义，特别是没有揭示出马克思在哲学上实现革命变更的真实意义。①

对马克思哲学之当代性或当代意义的领会，最关本质地牵涉到对马克思哲学革命的理解方式和把握方式。然而长久以来，马克思哲学革命的性质及意义却在很大程度上被遮蔽了。②

马克思哲学革命的真实意义在于：马克思从一种反现代性立场出发，将西方哲学现代学院传统勘定为资产阶级高级文化的组成部分，并宣告与之彻底决裂，以此推进资产阶级意识形态霸权的终结。③

在我国理论界，存在着一个非常有趣的现象，即有不少论著探索了康德在哲学史中所实现的"哥白尼式的革命"，也有不少论著研究了马克思所创立的历史唯物主义在哲学史上所引起的划时代的革命意义，然而，却鲜有这样的论著来探讨这两大哲学革命之间的内在联系。④

历史唯物主义是以一场哲学革命作为其前提和起点的。对于这一点，人们普遍认同。但是，关于这场革命的真正内容的问题，人们在理解上却存有很大的分歧。⑤

众所周知，这一文本是晚年恩格斯对已故马克思与他在40年前撰写的《德意志意识形态》中共同发动并完成的哲学革命的性质及其意义做深刻总结，进而重新阐释马克思哲学本

---

① 刘放桐：《西方哲学的革命变更与现代转型之比较》，《学术月刊》2003年第10期。
② 吴晓明：《重估马克思哲学革命的性质与意义》，《复旦学报》（社会科学版）2004年第6期。
③ 张盾：《反现代性：马克思哲学革命的真实意义》，《长白学刊》2004年第1期。
④ 俞吾金：《马克思对康德哲学革命的扬弃》，《复旦学报》（社会科学版）2005年第1期。
⑤ 王德峰：《从"生活决定意识"看马克思的哲学革命的性质》，《复旦学报》（社会科学版）2005年第1期。

真意义的重要文献。①

当前学术界对马克思实践哲学的阐释,确实是揭示了马克思哲学革命的本质,并阐明了马克思哲学的深刻意义。但是,在对马克思实践哲学的诸种阐释中,历史唯物主义这一马克思思想的重要组成部分,并没有得到应有的关注。②

对马克思哲学革命实质的不同理解和阐释,极大地拓展了马克思哲学的理论空间。③

由于马克思哲学实现了西方哲学发展史上一场真正的思想革命,且正是在对传统西方哲学的彻底颠覆和超越过程中呈现出自身独特的哲学智慧,所以从马克思哲学革命中把握马克思恩格斯所开启的新的哲学思维范式,以此来探讨它对当前中国社会发展的智慧资源和有益启示,这无疑是马克思哲学当代性研究不可或缺的重要视角。④

这种解释模式固然有其历史合理性,但却系统地遮蔽了马克思的哲学革命与资本批判、历史唯物主义建构与政治经济学批判的统一性,因而也就肢解了马克思主义理论的整体性。⑤

(4) 断言或默认"马克思哲学革命"的存在,同时指出"革命"发生或完成的标志。

马克思哲学革命的起点不是1845年的《关于费尔巴哈的

---

① 任平:《论恩格斯对哲学革命的理解——120年后对〈费尔巴哈论〉出场学视域的新解读》,《江苏社会科学》2006年第2期。"这一文本"指《路德维希·费尔巴哈和德国古典哲学的终结》。
② 隽鸿飞:《哲学:在历史与文化之间——马克思哲学革命之后的哲学定位》,《学术研究》2007年第1期。
③ 孙利天、孙旭武:《对马克思哲学革命的多重理解及思想意义》,《河北学刊》2009年第6期。
④ 李成旺:《马克思哲学革命的当代启示》,《现代哲学》2010年第3期。
⑤ 郗戈:《从哲学革命到资本批判——重释马克思哲学革命的历史、逻辑与实质》,《学术月刊》2012年第8期。

提纲》，而是《1844年经济学哲学手稿》。①

《哲学的贫困》既是马克思哲学革命逻辑延伸的起点，也是马克思经济学革命的逻辑起点。②

马克思在《手稿》中实现了哲学革命。③

如果说历史唯物主义实现了对传统哲学的彻底变革，那么，《资本论》就是这场变革的最终完成。④

在承认"马克思哲学革命"存在的前提下，对它的研究所取得的成果主要可以分为两类，一是关于"革命"的实质，二是关于"革命"的过程或阶段。

（1）关于"马克思哲学革命"实质的研究，可以借助若干研究专著对这方面情况的综述来把握。

《马克思哲学革命的文本学解读》考察了改革开放以来国内哲学界对"马克思哲学革命"实质的研究，归纳出了四种具有代表性的思路和观点：

> 其一，从对传统西方本体论哲学基本原则否定的视角，来理解马克思哲学革命的实质和意义。（可参见高清海《马克思对"本体思维方式"的历史性变革》，孙伯鍨、刘怀玉：《"存在论转向"与方法论革命》，孙正聿《解放何以可能——马克思的本体论革命》，吴晓明《马克思的哲学革命与全部形而上学的终结》，俞吾金《论马克思对西方哲学传统的扬弃》等。）
>
> 其二，从阐发马克思哲学自身运思的鲜明特性基础上来揭示其哲学革命的实质。（可参见黄楠森《现代西方哲学与马克思主义哲学关系之我见》，丰子义《马克思本体论思想的方法

---

① 王东、刘军：《马克思哲学革命的源头活水和思想基因——〈1844年经济学哲学手稿〉新解读》，《理论学刊》2003年第3期。
② 叶险明：《马克思哲学革命与经济学革命的内在逻辑及其启示》，《中国社会科学》2007年第4期。
③ 丁立卿：《马克思的哲学革命——〈1844年经济学哲学手稿〉的哲学观》，《学术交流》2013年第1期。"《手稿》"指《1844年经济学哲学手稿》。
④ 孙乐强：《〈资本论〉与马克思的哲学革命》，《天津社会科学》2014年第5期。

论》等。)

其三，从哲学思维方式转换的视角，就思想内容和表述方式两个方面来分析马克思的哲学革命。（可参见邹广文、崔唯航《从现成到生成——论哲学思维方式的现代转换》，张曙光《哲学的命运与思想者的责任》等。）

其四，从马克思哲学的发展过程看马克思哲学革命的实质。（可参见张一兵《"回到马克思"的原初理论语境》等。）[1]

《解构与超越：马克思和维特根斯坦哲学革命路向比较研究》对学界关于"马克思哲学革命"的各种研究进行了总结，并归纳为五类：

①从本体论变革的角度进行研究。（可参见杨学功《传统本体论哲学的终结和马克思哲学变革的实质》等。）

②从实践论的角度进行研究。（可参见任平《资本全球化与马克思——马克思哲学的出场语境与本真意义》，孙正聿《怎样理解马克思的哲学革命》等。）

③从价值论的角度进行研究。（可参见吴晓明《重估马克思哲学革命的性质与意义》，张汝伦《马克思的哲学观和"哲学的终结"》，吴卓、赵丽《论马克思哲学革命的价值目标》等。）

④从方法论的层面进行研究。（可参见杨思基《马克思哲学思想方法、研究方法的革命变革》等。）

⑤从存在论的角度分析。（可参见崔唯航《马克思哲学革命的存在论阐释——从理论哲学到实践哲学》等。）[2]

关于"马克思哲学革命"与"维特根斯坦哲学革命"的比较

---

[1] 参见李成旺《马克思哲学革命的文本学解读》，中国社会科学出版社2011年版，第10—14页。

[2] 参见李包庚《解构与超越：马克思和维特根斯坦哲学革命路向比较研究》，中国社会科学出版社2014年版，第26—27页。

研究,《解构与超越》指出:

> 把马克思和维特根斯坦二者进行比较研究,据笔者所知,目前只有美国学者普宾斯坦的《马克思与维特根斯坦:知识、道德与政治》(Marx and Wittgenstein: Knowledge, Morality, Politics)。这是目前国际上把马克思与维特根斯坦进行比较研究的唯一具有代表性的著作。[①]

(2)关于"马克思哲学革命"阶段的研究大致是一件哲学史工作,作为"马克思主义理论研究和建设工程重点教材"的《马克思主义哲学史》以一章的篇幅阐述了"马克思主义哲学的形成和哲学的革命":

> 19世纪40年代,马克思、恩格斯……发现了时代的根本问题及其解决方式,创立了马克思主义哲学,实现了哲学的革命。[②]
>
> 马克思主义哲学的创立,是马克思、恩格斯世界观转变的结果。他们经历了从唯心主义向唯物主义、从革命民主主义向共产主义的转变过程。[③]

这个过程包括:

> 青年马克思、恩格斯哲学研究的开端;马克思致力于研究时代问题的哲学观的初步形成;马克思对物质利益关系的初步探索;马克思、恩格斯对通向历史唯物主义道路的开辟;异化劳动理论的创立及对黑格尔哲学的批判;马克思、恩格斯对新

---

① 参见李包庚《解构与超越:马克思和维特根斯坦哲学革命路向比较研究》,中国社会科学出版社2014年版,第31页。
② 《马克思主义哲学史》,高等教育出版社、人民出版社2012年版,第11页。
③ 《马克思主义哲学史》,高等教育出版社、人民出版社2012年版,第16—17页。

世界观基础的奠定；《关于费尔巴哈的提纲》《德意志意识形态》与马克思主义哲学的基本形成；《哲学的贫困》《共产党宣言》与马克思主义哲学的公开问世。①

《从哲学革命到资本批判——马克思历史唯物主义基本范畴的当代阐释》指出：

> 马克思哲学革命是一个动态演进、不断深化的历史过程。
> 马克思哲学革命的第一阶段是建基于"自由理性"的"文化批判"；第二阶段是建基于"理性共同体"的政治批判；第三阶段是基于经济批判的社会总体批判。②

在以上文献中，"马克思哲学革命"的存在是不予讨论的理论事实，在这个前提下学者们讨论这场"革命"的实质和起点。但是，我们也有必要发问：是否存在一场用马克思名字命名的"哲学革命"？如果存在，那么马克思是引发了它还是完成了它？如果不存在，那么是从未存在过还是发生却失败了，抑或是尚未完成？

之所以提出这一系列问题，就是因为上述研究由于自身理论任务的需要，并没有将以下两者作以专门区分：一是马克思哲学思想与传统哲学的巨大差异，二是马克思引发的或完成的一场"哲学革命"。这两者是很不一样的，"革命"是一种包含价值评价的"差异"，在其现代意义上意味着进步，通常还要造成不可逆转的持久的影响。所以当我们宣称某人实现了思想中（比如科学中、哲学中）的"革命"时，我们所需要的证据就要比指认他与前人的"差异"要多得多，需要满足的条件也更为苛刻。

可供参考的是历史上那些已经被无可争议地称为"革命"的事件，如法国大革命、美国革命、俄国革命、中国新民主主义革

---

① 参见《马克思主义哲学史》，高等教育出版社、人民出版社2012年版，第17—60页。
② 参见郁戈《从哲学革命到资本批判——马克思历史唯物主义基本范畴的当代阐释》，世界图书出版广东有限公司2012年版，第1—5页。

命，以伽利略（Galileo Galilei）、开普勒（Johannes Kepler）、牛顿为代表的天文学和物理学革命，拉瓦锡（Antoine-Laurent de Lavoisier）的化学革命、达尔文（Charles Robert Darwin）的生物学革命以及工业革命等。在人类历史上不可计数的重要事件中，能被称为"革命"的事件则完全数得过来，还有一些被称为"革命"的事件最终以失败告终，比如1848年的欧洲革命、中国的旧民主主义革命等，另外一些事件则由于苛刻的条件不能被完全满足而饱受争议，比如英国的光荣革命、哥白尼（Nicolaus Copernicus）的天文学革命，就更不用说所谓"康德的哥白尼式革命"了。所谓"分析革命"也并未取得哲学界的一致认可，"马克思哲学革命"的存在在马克思主义哲学界以外也不是共识。所以对于"马克思哲学革命"是否存在以及如果存在那么在何种意义上存在的问题，就不能用"一般认为""普遍认为""很少有人否认""已成为共识""不争的事实"这样的短语去回答了。

参考科学史学界对"科学革命"的研究我们就会发现，在"马克思哲学革命"研究中不成为问题的问题，在"科学革命"研究中往往都是首要问题或核心问题。有学者总结出了"科学革命研究中的十大问题"，包括科学革命的实质、内容、标志、速率、阶段、进化、类型、解决、级别以及科学革命与实在。[①] 更为哲学界所熟知的是库恩对"科学革命的结构"的研究，还有I. B. 科恩对科学革命的"四个阶段"与"四种检验"的论述。当然，对"马克思哲学革命"这一个别事件的研究不会涉及对一般意义上的"哲学革命"的速率、类型、级别等问题的研究，但正是因为缺乏对一般意义上的"哲学革命"的研究，才使得对"马克思哲学革命"的研究暂时只能围绕其实质展开了，而为数不多的对其过程或阶段的研究要么归于对其实质的研究，要么是为对其实质的研究服务的。

---

① 参见诸大建《科学革命研究的十个问题》，《科学技术与辩证法》1997年第6期。

第三节　研究方法、结构与体例

1. 研究方法

本书力图从关于"马克思哲学革命"的各种研究成果中辨识出"马克思哲学革命"的观念,借鉴关于各场科学革命以及作为科学进步一般模式的科学革命的研究成果,对"马克思哲学革命"的观念加以分析。

这种研究方法的合理性是由"马克思哲学革命""哲学革命""科学革命"这三个领域的研究现状决定的,也是由这项研究本身的性质决定的。分析"马克思哲学革命"的观念,从塑造这一观念以及科学革命观念的诸多文本中发现理论工具,既是可行的,也是必要的。

2. 本书结构

本书由正文、附录、参考文献和后记构成。本书的正文部分,除本导论和结论外,分为四章。

第一章——科学革命观念中的"马克思哲学革命",首先分析在已有的关于"马克思哲学革命"的一般论述和专门研究中所使用的词语和语句的特征。这些文本评述"马克思哲学革命"所使用的语言表现出了与评述科学革命所使用的语言十分相近的特征,同时,事实上也还不存在研究"哲学革命"的专门的原则、术语或方法,所以我们只能以科学革命的观念为参照去研究"马克思哲学革命"的观念。于是,本书在描述和评价诸多科学革命以及研究科学革命的一般模式的成果中,选取康德、库恩和 I. B. 科恩的学说,塑造科学革命的基本观念——科学革命的特征、结构和检验标准,目的在于为研究"马克思哲学革命"的观念提供分析工具。

第二、三、四章,分别分析"马克思哲学革命"观念中的三个基本概念——"马克思""哲学""革命"。

第二章在以人名命名革命的通常用法上考察"马克思哲学革

命"与"哥白尼革命""牛顿革命""达尔文革命"等的区别,目的在于在"马克思哲学革命"的原初背景中探讨这一事件的本来面貌,限制对历史的"辉格解释"。

第三章在"哲学"与"哲学观"以及"哲学革命"与"哲学观革命"的区分中考察"马克思哲学革命"究竟是"哲学革命"还是"哲学观革命",并通过分析马克思思想与哲学的关系、现代唯物主义的理论性质等问题,加深对"马克思哲学革命"观念中"哲学"观念的理解,探究实现这一"哲学革命"的多种可能性。

第四章通过区分一场革命的各个阶段以及对革命、学说、派别与思潮加以区分,澄清"革命"一词在"马克思哲学革命"中的含义,指出为了恰当表述以及真正实现"马克思哲学革命",我们在哲学观、革命观以及科学观方面所应该进行的变革。

结论部分对以上分析加以总结,得出总体上的结论。

3. 本书体例

本书在行文过程中有若干格式、引文、注释、人名、简称和标点符号等方面的问题需要预先说明:

(1)若引文篇幅较长或在行文上具有一定的独立性,则以楷体字独立成段列出,整段左缩进。

(2)为方便阅读和检索,引文的来源以脚注的形式在当页标出;引文中有粗体字的,在脚注中说明是原文作者所加还是引者所加;引文原文中有粗体字而引用时不用粗体字的,不再加以说明。

(3)引文在原文中有明显文字、语法错误或排版、印刷错误的,一般在引用时按照正确的用法直接改正,不予特殊说明;对于诸多不同作者、不同时期文献中的相同错误,在该错误首次出现时以脚注的形式加以说明。

(4)除马克思主义经典作家外,外国人名首次出现(包括在脚注中但不包括在引文中出现)时标注英文或拉丁文、俄文姓名,之后出现则只使用中文姓氏;本书引用美国科学史学家 I. B. 科恩的文献远远多于荷兰科学史学家 H. F. 科恩(H. F. Cohen),故在本节之后,"I. B. 科恩"均简写为"科恩",而"H. F. 科恩"则不简写;第三章第二节出现的"James Mauric"和"Samuel Judd"

不是文献作者的名字，也没有公认的中文译名，故使用英文。

（5）部分文献作者的名字有多种写法，本书引用时使用被引文献发表时所使用的写法。

（6）《关于费尔巴哈的提纲》《1844年经济学哲学手稿》《德意志意识形态》《共产党宣言》《路德维希·费尔巴哈和德国古典哲学的终结》《自然哲学的数学原理》等著述根据需要写成全名，或根据习惯分别简称为《提纲》《手稿》《形态》《宣言》《终结》和《原理》；其他著述若有需要使用简称的情况，则在正文或脚注中说明。

（7）I. B. 科恩的《科学中的革命》一书在本书中被大量引用，因此有必要说明，该书目前有三个中文译本，分别为军事科学出版社1992年版（译为《科学革命史》）、商务印书馆1998年版和2017年版（新译本），本书引用2017年版新译本。全部引文均参照哈佛大学出版社1985年版校对。

（8）由于"哲学革命"是本书主要的研究对象，而且它在整个哲学界和思想史领域还不是一个像"科学革命"那样被广泛使用的术语，所以除特殊需要外，该术语在本书中都加引号，而"科学革命"一词通常不加引号。

（9）参考文献分为马克思主义经典作家文献（包括"马工程"教材、党员干部读本）、中文著作、中文译著、外文著作、论文、学位论文。中文文献按作者姓名拼音字母顺序排列，外文文献按作者姓氏字母顺序排列。在正文中仅被介绍性地提及但与本书无直接关系的文献不作为"参考文献"列出。

第一章 科学革命观念中的"马克思哲学革命"

　　科学革命的观念在现代社会已经深入人心，在这个观念之下，一系列具体学科的革命性变革被人们谈论和研究。但"哲学革命"能像天文学革命、物理学革命、化学革命、生物学革命、地质学革命等那样归于科学革命的名下吗？用于研究科学革命的原则和方法能原封不动地拿过来用于研究"哲学革命"吗？用于表述科学革命的种种词语和语句能够至多只是略加改动就拿过来用于表述"哲学革命"吗？对此，我们不可能直接给出"哲学革命"的"先天的"定义，而必须首先考察那些塑造了"哲学革命"的观念，特别是"马克思哲学革命"观念的经典的、权威的文本。

　　尽管都叫作"革命"，但科学革命与政治革命或社会革命都有很大区别，更不用说与文学、艺术中所发生的革命性变化的区别了，因此并没有什么确切的理由表明"哲学革命"与科学革命是完全相同的，也就不能保证用研究科学革命的相关方法去研究"哲学革命"一定是恰当的。科学具有高度的人类性，从某种意义上说甚至是超越时代的，相比而言，哲学的民族性（甚至是个体性）和时代性则更为强烈。哲学是"时代精神的精华"和"文明的活的灵魂"，是"哲学家以时代性的内容、民族性的形式和个体性的风格去求索人类性问题"[①] 的思想结晶。哲学对人类性问题的把握往往不像科学那样直接，所以无论是实现还是指认一场"哲学革命"，都与实现或指认一场科学革命有所不同。但当我们暂时把它们都看作革命性的历史事件的时候，一些十分基本的原则和方

---

① 孙正聿：《哲学通论》，人民出版社2010年版，第27页。

法或许就是共同适用的。

本章第一节列举和分析那些经典和权威的文本对"马克思哲学革命"这个术语的使用情况,这里主要涉及苏联的辞书和研究专著、我国改革开放初期的辞书和研究专著、近几年陆续出版的一系列"马克思主义理论研究和建设工程重点教材"以及国内马克思主义哲学研究的专著和论文,同时列举几位著名哲学家、历史学家和科学史学家评述科学革命的文本,在比较中考察"马克思哲学革命"研究中所使用的"革命用语"的情况,并分析这种用语的来源。第二至四节则通过三种有关科学革命的论述来塑造科学革命的观念,从而为考察"马克思哲学革命"提供理论资源。

科学革命的观念——用科恩的话说"引入革命的概念描述科学进步"[①]的做法——可以追溯到18世纪丰特奈尔对无穷小计算的发明的评价,他说新数学达到了"一个以前无法设想的简明的水平,由此在数学上发动了一场几乎是总体的革命"[②]。然而,与之类似的各种使用"革命"一词评述科学进步的文献也都只是使用这个词,甚至可能只是因为"革命"是一个带有"剧烈的"含义的词,因为"即使到了20世纪,科学家和科学史家也并没有普遍认为,科学是通过一系列的革命而进步的","1962年出版的托马斯·S. 库恩的《科学革命的结构》一书,从根本上改变了我们对科学变革的看法"[③]。库恩所讨论的不是某一场科学革命,既不是"哥白尼革命""牛顿革命""拉瓦锡革命",也不是这些各个学科中的革命的总称,而是作为科学进步的一般模式的"科学革命"。正是对科学进步的革命模式的一般性肯定,才使得我们讨论发生在任何一门学科中的革命具有可能性。从"范式"概念引入哲学史研究领域就可以看出,在此之前除了说"哲学革命"是一

[①] [美]科恩:《牛顿革命》,颜锋、弓鸿午、欧阳光明译,郭栾玲校,江西教育出版社1999年版,第47页。

[②] 转引自[美]科恩《牛顿革命》,颜锋、弓鸿午、欧阳光明译,郭栾玲校,江西教育出版社1999年版,第48页。

[③] [美]科恩:《科学中的革命》(新译本),鲁旭东、赵培杰译,商务印书馆2017年版,第47、48页。

第一章 科学革命观念中的"马克思哲学革命"

场革命外,就没有什么专门的术语可说了。①

因此,可供选择的关于科学革命及其观念的专门研究,一方面在时间上不过是半个多世纪的成果,另一方面由于科学革命已经成为科学史的核心概念和重要解释原则,所以半个世纪的成果亦甚为丰硕。鉴于本书的主题,我们只选择三个人物的看法并加以阐述,完全非专业地勾勒"科学革命"概念的大致轮廓,能够满足我们对"马克思哲学革命"的理解就足够了。这三个人物分别是康德、库恩和科恩,对他们关于"科学革命"的种种说法的讨论构成本章后面的三个小节。

日本学者安倍能成曾说康德在哲学思想史上就像一个蓄水池,而他在"科学革命"这个问题上也不例外,H. F. 科恩的大部头②就是以论述康德的观点开始的。《科学革命的结构》一书"导读"的作者伊安·哈金(Ian Hacking)也认为,康德是讨论"思想中的革命"的第一人。但更重要的原因则在于,提到"哲学革命",若不是首先想到马克思,那就一定是康德了。所以我们有必要考察他自己的说法。库恩在科学哲学和哲学其他领域内的影响力可能比在科学史领域更大,尽管他自己声称他不是一位哲学家而是一位历史学家。出于与选择康德相同的原因,即库恩在科学史研究中的地位以及"马克思哲学革命"研究对他的引用,我们必须考察库恩对科学革命以及可能的"哲学革命"的看法。科恩《科学中的革命》一书提供了一种与库恩观点互补的视角,即不是从"内部结构"而是从"外部评价"的角度去看待科学革命,这使得对科学革命的确认、描述、评价和预测都更具可操作性。

---

① 库恩本人并不认可哲学中存在"范式"。库恩认为,"像数学和天文学这些领域早在史前时期就有了第一个坚实的范式","在生物学各分支——例如遗传学研究中——第一次有普遍被接受的范式还是更近的事;而在社会科学各部分中要完全取得这些范式,至今还是一个悬而未决的问题"。在从数学、天文学到生物学再到社会科学的序列上——至少在库恩的观念中——哲学应该不会排在数学之前。参见〔美〕库恩《科学革命的结构》,金吾伦、胡新和译,北京大学出版社 2012 年版,第 12 页。

② 指〔荷〕H. F. 科恩的《科学革命的编史学研究》,张卜天译,湖南科学技术出版社 2012 年版。

24 / "马克思哲学革命"观念的分析

第一节 "马克思哲学革命"表述中的科学革命用语

所谓"革命用语"就是那些无论是否出现"革命"这个词都会使人一经读到就会想起被称为"革命"的那些事件的术语或句子,当然,这并不是一个定义。关于"马克思哲学革命"的种种论述也不能缺少这些用语。论述"马克思哲学革命"的语言是独特的吗?还是与论述历史上那些著名革命的用语并无二致呢?无论怎样,我们都必须首先列举出论述"马克思哲学革命"的权威的、经典的、广为流传的或深受欢迎的文本,以探究竟。

确定一个术语最早出现的记录并不容易,甚至是不可能的,因为我们所能确定的只能是现存的或已知的"最早记录"。确定"马克思哲学革命"这个术语及其相同或相近含义的不同表述形式的最早记录就不是一件已有公论的事情,以至于几乎从来没有文献讨论过或提到过这个问题。不过可以确定的是,通过对《马克思恩格斯全集》中文第一版前39卷、《马克思恩格斯文集》全10卷的检索,[①] 马克思和恩格斯本人都不曾有过这种说法。[②] 在列宁评述马克思生平及马克思主义学说的一系列文本中也没有这方面的内容。由斯大林撰写的《联共(布)党史简明教程》第四章第二节"辩证唯物主义和历史唯物主义"也没有说马克思哲学或马克思主义哲学的产生是一场"哲学革命"。也就是说,直到1938年[《联共(布)党史简明教程》出版]都没有比上述文献更为权威或经典的文献提及"马克思哲学革命"或其他相关表述。

1939年,苏联哲学家罗森塔尔和尤金编写的《简明哲学辞典》

[①] 参见《马克思恩格斯全集名目索引(第一至三十九卷)》上、下册,中央编译局编译,人民出版社1986年版;中国人民大学图书馆编辑《马克思恩格斯全集主题索引》,中国人民大学1958年版;以及《马克思恩格斯文集》各卷"名目索引"。

[②] 不必须是"马克思哲学革命",包括肯定马克思(及其合作者、支持者)发动或完成了一场哲学中的革命的任何说法。

出版，中文版依据该书1955年修订版译出，于1958年出版。该书的"哲学"词条说：

> 在19世纪40年代，哲学上发生了最伟大的变革。在科学最新成就的基础上产生了马克思主义的哲学。这是从旧哲学到唯一科学的，并由自然科学的材料和人类社会发展的全世界历史经验所全面论证了的新哲学的一个真正革命的飞跃。一切旧的哲学派别和思潮从来未有过很多信徒，也从未对广大人民群众发生过影响。
>
> 马克思主义创立了高级形式的唯物主义——辩证唯物主义，它解答了马克思主义以前的先进思想所提出的、但不能解决的一切问题。一切旧的、马克思以前的哲学，包括唯物主义哲学在内，都不能正确地解释社会生活的各种现象。在马克思和恩格斯以前，荒诞的唯心主义历史观占着统治地位。无产阶级的思想家第一次使社会科学成了像自然科学（譬如生物学）一样精确的科学。他们所创立的历史唯物主义的理论乃是科学的哲学之极伟大的成就。由于有了辩证唯物主义和历史唯物主义，社会主义才由幻想、空想变成了科学。
>
> 辩证唯物主义是现代自然科学的唯一科学方法，是说明和改造自然界和社会的唯一科学理论。①

该文献对"马克思哲学革命"②的描述和评价包含以下关键的信息：

（1）"马克思哲学革命"是使哲学从不科学到科学的转变过程；

（2）"马克思哲学革命"使马克思（主义）哲学有很多信徒、影响人民群众；

---

① ［苏联］罗森塔尔、尤金编：《简明哲学辞典》，中央编译局译，人民出版社1958年版，三联书店1973年重印，第375—377页。

② 这里以及以后都不专门对"马克思哲学革命"与"马克思主义哲学革命"加以区分。

（3）马克思（主义）哲学比以往一切哲学能够回答更多问题，能够正确解释社会现象；

（4）马克思（主义）哲学使社会科学、社会主义学说成为科学。

从总体上说，"马克思哲学革命"使哲学成为科学，进而使社会科学、社会主义学说成为科学，获得了充分认可，产生了广泛影响。具体地说，"马克思哲学革命"能够使哲学成为科学的原因就在于与先前哲学相比，马克思（主义）哲学是正确的，具有更强的解释力。

1979年苏联科学院哲学研究所、苏共中央社会科学院出版了《十九世纪的马克思主义哲学》①一书，书中说道：

> 马克思主义乃是社会学说中的革命变革，是哲学中崭新时代的开始。
>
> 现代的资产阶级马克思学家和修正主义者把马克思主义哲学产生的问题歪曲成哲学思想史中的革命变革的问题。这种歪曲则是与否定马克思主义哲学的科学性质有关的。
>
> 只有在马克思主义产生之后，哲学史才成了真正的科学。②

1980年上海辞书出版社出版了《辞海·哲学分册》，其中"哲学"词条说道：

> 马克思主义哲学的产生是哲学上的伟大革命，它与过去一切旧的哲学有着根本性质的不同，它是最科学、最革命的哲

---

① 该书中译者认为该书"是苏联学术界久经酝酿而写成的第一部系统论述马克思主义哲学史的大部头专著，汲取和概括了已有的研究成果，是一部很有代表性的作品"（［苏联］纳尔斯基、波格丹诺夫、约夫楚克等编：《十九世纪的马克思主义哲学》，金顺福、贾泽林等译，中国社会科学出版社1984年版，"译者的话"第1页）。

② ［苏联］纳尔斯基、波格丹诺夫、约夫楚克等编：《十九世纪的马克思主义哲学》，金顺福、贾泽林等译，中国社会科学出版社1984年版，第2、10页。

学，是无产阶级的世界观和方法论，是无产阶级认识世界和改造世界的锐利武器。①

1985年出版的《马克思主义哲学基础》（上册）认为：

> 19世纪40年代，在德国古典哲学之后，马克思主义哲学诞生了。马克思主义哲学是科学的哲学理论。由于它的产生，才实现了哲学发展中的质的飞跃，完成了哲学的革命性的变革，使哲学变成了具有科学形态的理论。
>
> 马克思主义哲学是哲学发展的产物，也是阶级斗争的产物，是科学思想的产物。……马克思主义哲学的产生，意味着以往旧式的哲学终结了，哲学进入了新质阶段，走上了科学的发展道路。
>
> 马克思主义哲学的产生把哲学变成了同实证科学一样精确的科学理论。②

1988年出版的《哲学中伟大革命的系统总结》认为：

> 马克思主义哲学的诞生，开创了人类认识史的新纪元，实现了哲学发展中的伟大革命。
>
> 马克思主义哲学不再像旧的自然哲学、历史哲学、思辨哲学那样，将实证科学的具体规律作为自己的研究对象，而是研究自然、社会、思维的一般运动规律，它是关于自然、社会和思维发展的一般规律的科学。
>
> 在哲学内容方面，旧哲学无法使唯物主义与辩证法、自然观与历史观统一，表现为思辨哲学。马克思主义哲学的诞生，……创立了完整严密的科学体系。

---

① 《辞海·哲学分册》，上海辞书出版社1980年版，第49页。
② 高清海主编：《马克思主义哲学基础》上册，北京师范大学出版社2012年版，第61、66页（该书初版于1985年，此处引用的是2012年版）。

> 马克思主义哲学区别于旧哲学的显著特点是它的科学性。①

以上三种（原文是中文的）文本虽然写作和出版于改革开放以后，特别是高清海教授主编的教材就是针对传统教科书进行改革的成果，但就"马克思哲学革命"这个问题来说，上述全部文献的说法（至少在字面上）都是一致的。这些文献对"马克思哲学革命"的描述和评价都包含一个共同的观点：马克思（主义）哲学的产生使哲学变成了科学。这就是"马克思哲学革命"研究中的极具代表性的"革命用语"。但这种描述和评价一场发生在思想领域中的革命的用语并不是什么新东西，也不是什么独特的东西。

康德在《纯粹理性批判》第二版前言中讨论了人类知识中已有的三门已经成为科学的学科走上科学道路的经历。对于数学，作者说：

> **数学**从人类理性的历史所及的极早时代以来，就在值得惊赞的希腊民族中走上了一门科学的可靠道路。但是，不要以为数学与理性在其中仅仅同自己本身打交道的逻辑学一样，很容易就遇到或者毋宁说为自己开辟了那条康庄大道；我宁可相信，数学（尤其是在埃及人那里）曾长时期停留在来回摸索之中，而这种转变应归功于个别人物在一次尝试中的幸运灵感所造成的**革命**。②

---

① 祝大征：《哲学中伟大革命的系统总结》，陕西师范大学出版社 1988 年版，第 238、240、242 页。关于旧哲学表现为思辨哲学，而新哲学（不特指马克思主义哲学）表现为科学的哲学（Scientific Philosophy）的观点，可以参见赖欣巴哈《科学哲学的兴起》："本书认为，哲学思辨是一种过渡阶段的产物，发生在哲学问题被提出，但还不具备逻辑手段来解答它们的时候。……本书想指出，从这个基础上已出现了一种科学哲学，这种哲学在我们时代的科学里已经找到了工具去解决那些在早先只是猜测对象的问题。简言之，写作本书的目的是要指出，哲学已从思辨进展而为科学了。"（[德] 赖欣巴哈：《科学哲学的兴起》，伯尼译，商务印书馆 1983 年版，第 3 页）。

② 《康德著作全集》第 3 卷，李秋零译，中国人民大学出版社 2004 年版，第 8 页。粗体字为原文所加。

对于天文学、物理学等学科走上科学道路的经历,康德说:

> 自然科学遇到这条科学的康庄大道要更为缓慢得多;因为这只不过是一个半世纪的事情:思虑周全的维鲁兰姆的**培根**的建议部分地引起这一发现、部分地由于人们已经有了这一发现的迹象而进一步推动这一发现,而这一发现同样只有通过一场迅速发生的思维方式的革命才能够得到解释。①

英国历史学家巴特菲尔德(Herbert Butterfield)在《近代科学的起源(1300—1800年)》中评价科学革命道:

> 由于这个革命不仅推翻了中世纪的科学权威,而且也推翻了古代世界的科学权威,就是说,它不仅以经院哲学的黯然失色,而且以亚里士多德物理学的崩溃而告结束。②

美国历史学家斯塔夫里阿诺斯(L. S. Stavrianos)在《全球通史:从史前史到21世纪》中认为:

> 人类物质文化的变化在过去的200年中比在此前5000年中发生的变化都还要巨大。
> 这些伟大的变革都源自科学和工业革命——这两大革命是西方文明对人类发展做出的杰出贡献。……科学是属于全体人类的。③

科恩在《牛顿革命》一书中评价《自然哲学的数学原理》

---

① 《康德著作全集》第3卷,李秋零译,中国人民大学出版社2004年版,第8—9页。粗体字为原文所加。
② [英]巴特菲尔德:《近代科学的起源(1300—1800年)》,张丽萍、郭贵春等译,金吾伦校,华夏出版社1988年版,第1页。
③ [美]斯塔夫里阿诺斯:《全球通史:从史前史到21世纪》下册,董书慧、王昶、徐正源译,北京大学出版社2005年版,第477—478页。

时说：

> 《原理》的宏伟壮丽不在于它包含这么多单个的新奇事物，而是由于它们的集合效果。这种集合效果是"巨型炸弹"的那种效果，它在相当大的程度上引起了精确科学的进步，引起了一系列真正的总飞跃。[①]

以上所选取的文献分别由哲学家、历史学家和科学史学家写作，在时间上分布于马克思之前和之后，具有一定的代表性。这些文献描述和评价某一场科学革命时也都关注了这几个要素：第一，科学革命是一门学科从不科学到科学的变化过程；第二，这种变化是质变——正确性由错误变正确，解释力由弱变强。可以看出，描述科学革命的语言与描述"马克思哲学革命"的语言都使用了同一类词语：科学、质变、新[②]、精确，等等。

这些评述科学革命的文献表明，在较早的关于"马克思哲学革命"的研究中，人们对它的描述和评价所使用的语句（包括遣词造句和语气的使用）与数百年来人们对科学革命的评述是一致的。然而，在这样的语境中把"哲学革命"与"科学革命"并列起来研究是不恰当的，"马克思哲学革命"的评述者不会反对把它理解为与天文学革命、物理学革命、化学革命和生物学革命并列起来的科学革命的一种。因为所有这些革命都标志着一门学科从不成熟走向成熟、从不科学变为科学，在正确性、精确性和解释力等方面都取得质的飞跃。

大约进入到 90 年代以后，这种情况发生了一定程度的改变，

[①] ［美］科恩：《牛顿革命》，颜锋、弓鸿午、欧阳光明译，郭栾玲校，江西教育出版社 1999 年版，第 57 页。

[②] 科恩通过考察那些曾经引起科学革命的著作时发现："科学革命期间的许多开创性的著作，其标题中都使用了'新'这个词"，如开普勒《新天文学》、伽利略《两种新科学》、塔尔塔利亚《新科学》、居里克《马德堡的新实验》、玻意耳《关于空气弹性及其物理力学的新实验》《关于火焰与空气关系的新实验》、吉伯《论磁石……一门被许多论据和实验证实的新的自然哲学》，等等。参见［美］科恩《科学中的革命》（新译本），鲁旭东、赵培杰译，商务印书馆 2017 年版，第 132—133 页。

这个时期我国的哲学研究和哲学教育被称为"后教科书哲学"。①学者们在论述"马克思哲学革命"的时候几乎不再使用上述词语了，而以这些学者为主体力量的新的教材编写工作，则以权威的地位固定了这种变化。一系列"马克思主义理论研究和建设工程重点教材"开始这样描述和评价"马克思哲学革命"：

> 马克思主义哲学在哲学史上所完成的革命性变革，集中体现为：与旧哲学掩盖其阶级实质并局限于抽象的理论主题不同，马克思主义哲学的主题是无产阶级和人类的解放；与旧哲学只是"解释世界"不同，马克思主义哲学的核心观点是实践观点，它不仅要求在理论上解释世界，更强调在实践中改变世界；与旧哲学的唯心主义、不彻底的唯物主义以及形而上学观点不同，马克思主义哲学在**科学**实践观的基础上实现了唯物主义和辩证法的统一、唯物主义自然观和历史观的统一，从而创立了辩证唯物主义和历史唯物主义。②

> 19世纪40年代，马克思、恩格斯……在批判地继承西方的哲学传统和其他优秀文化成果的基础上，**科学**总结社会实践，发现了时代的根本问题及其解决方式，创立了马克思主义哲学，实现了哲学的革命，为无产阶级争取自由解放的斗争提供了**科学的**世界观和方法论。③

> 《德意志意识形态》是唯物史观基本形成的标志。这一伟大的**科学**发现不仅使马克思和恩格斯实现了哲学领域中的革命性变革，而且为他们创立完整的马克思主义理论体系奠定了牢固的世界观和历史观基础。④

---

① 参见孙正聿《从"体系意识"到"问题意识"——九十年代中国的哲学主流》，《长白学刊》1994年第1期。
② 《马克思主义哲学》，高等教育出版社、人民出版社2009年版，第35页。粗体字为引者所加。
③ 《马克思主义哲学史》，高等教育出版社、人民出版社2012年版，第11页。粗体字为引者所加。
④ 《马克思主义哲学史》，高等教育出版社、人民出版社2012年版，第49页。粗体字为引者所加。

马克思主义哲学的产生，实现了思想史上的伟大变革，为人类认识和改造世界提供了**科学的**世界观和方法论。①

上述文献除了保留"科学"这个字眼，其他更具有自然科学特征的词如"精确""严密"以及更具感情色彩的说法如"唯一""最"等都不再被提及，"科学"一词本身在句子中的分量也大大下降。这种变化在学术研究领域就更为明显了：在当今国内马克思主义哲学界引用量较高的关于"马克思主义哲学"的论文以及引用量较高的作者所写的关于"马克思主义哲学"的论文，都极少甚至完全不使用"科学"一词，通常仅就哲学自身的历史和趋势来谈这个问题，而不认为"哲学革命"意味着"哲学成为科学"。但是在这些论文中，有相当比例和数量的论文都使用了"范式"或"范式转换"这样的术语——这些术语是库恩为了表述"科学革命的结构"而使用或创造的②：

任何真正意义上的哲学革命，都绝不仅是具体观点甚至体系的转变，而必然涉及到思维方式的层面，实现思维方式的**范式转换**。③

自上个世纪 80 年代以来，中国的马克思主义哲学界在新的历史条件下重新探索马克思的哲学革命，形成了某些具有"哲学**范式**"或"解释原则"意义的理论观点。④

在研究**范式**创新与**转换**的语境中，重提《手稿》的哲学

---

① 中共中央宣传部理论局编：《马克思主义哲学十讲（党员干部读本）》，党建读物出版社、学习出版社 2013 年版，第 5 页。粗体字为引者所加。
② 库恩使用的"范式"（Paradigm）一词是从语言学中借用过来的，而用"范式"和"范式转换"的概念去理解"科学革命的结构"则是库恩最著名的创造。
③ 邹广文、崔唯航：《如何理解马克思的哲学革命》，《天津社会科学》2003 年第 1 期。粗体字为引者所加。
④ 孙正聿：《怎样理解马克思的哲学革命》，《吉林大学社会科学学报》2005 年第 3 期。粗体字为引者所加。

观,我们的观点是,马克思在《手稿》中实现了哲学革命。①

当鲍德里亚这样指责马克思的时候,恰恰犯了同古典经济学一样的错误,将两种完全不同的"物"混淆了起来;更为重要的是,这种指责彻底抹杀了马克思在哲学**范式**上所实现的革命。②

这些文献在论及"马克思哲学革命"的时候都使用了"范式"或"范式转换"的概念,如果这种使用完全是在库恩意义上的,那么明显还是一种叙述科学革命的话语方式,如果不承认是在库恩的意义上使用,作者们却又没有给出专门适用于"哲学革命"的"范式"概念的新含义。这里所进行的并不是一种关于研究动机的分析,而是要指出为了向读者描述和评价所谓"马克思哲学革命",作者们必须使用什么样的语言以及事实上使用的是什么样的语言。

以上这些文献依据"科学"一词及相关词汇所占分量的大小大致可以分为三类:(1)苏联的权威文本、改革开放初期国内马克思主义哲学专著和教材所使用的是"完全的科学革命用语";(2)进入"后教科书时代"的国内马克思主义教材所使用的是"弱化的科学革命用语";(3)"后教科书时代"的国内马克思主义哲学学术界所使用的是"隐含的科学革命用语"。为什么所有文献都只是以不同的程度使用,而不可能不使用科学革命用语呢?因为时至今日也还不存在第二种用于描述和评价一场发生在思想领域中的革命的语言。

科学革命用语在描述和评价"马克思哲学革命"的过程中扮演了十分重要的角色,即便在近十几年来纯粹学术研究的领域,在很多学者强调哲学有着与科学不同的本质属性和发展逻辑的情况下,科学革命用语依然自觉或不自觉地出现在"马克思哲学革命"

---

① 丁立卿:《马克思的哲学革命——〈1844年经济学哲学手稿〉的哲学观》,《学术交流》2013年第1期。粗体字为引者所加。
② 孙乐强:《〈资本论〉与马克思的哲学革命》,《天津社会科学》2014年第5期。粗体字为引者所加。

的研究中。事实上，很多研究绕开了用科学革命用语评述"马克思哲学革命"这一环节，但除了用简短的一句话断言"马克思哲学革命"是一个公认的事实之外，就只能立即进入对"革命"实质的讨论了，而不能用可能的"哲学革命用语"去专门讨论一下"马克思哲学革命"为什么是一场革命、什么是"哲学革命"，以及它与科学革命有什么区别等问题。所以我们有必要分析造成这种状况的原因。

"马克思哲学革命"研究在不同时期、不同领域呈现出了三种不同类型的革命用语，但其实质都是以科学革命为范例的说话方式。"完全的科学革命用语"以科学革命为范例，完全承认自然科学中诸学科的革命对哲学学科中的革命的示范作用；"弱化的科学革命用语"和"隐含的科学革命用语"不再明确表达对科学革命在哲学领域中的示范作用的承认，但正因为它是弱化的、隐含的，所以更说明这种用语是难以避免的。究其原因，大致有二：（1）在人们通常所谈的各个领域的革命中，科学革命是一种典型的因而符合"革命"一词的通常用法的革命，因此，起示范作用的不只是科学革命，而是"革命"概念的通常用法；（2）与任何一个领域中的革命相比，"哲学革命"都不是被广泛论及的术语和概念，即便"哲学革命"具有某些与科学革命不同的特点，事实上也从来没有人专门揭示出来。换言之，当我们试图言说一场发生于思想领域中的革命时，无论是科学、哲学还是文学，不使用科学革命的语言就没有别的语言可用了。

在我们谈论某一类革命或某一场革命的时候，通常会使用"某某革命"这样的术语，这样的术语可以被无遗漏地分为以下三类：

（1）"某某"指革命发生的领域。如"政治革命""社会革命""思想革命""法国革命""工业革命""技术革命"等等。字面上说，它们就是指发生于政治、社会、思想、法国、工业、技术等领域中的革命，但其中的某一些有时甚至被人们用来指称具体的某一场革命，比如"法国革命"一般指爆发于1789年的"法国大革命"①，"工业革命"一般指"第一次工业革命"。

（2）"某某"指发动或完成革命的主体。如"资产阶级革命""无产阶级革命""哥白尼革命""牛顿革命"等等。这些术语中的一部分专门指称具体的一场革命，如发生在科学领域中的革命，大多是以革命的主要发动者或完成者的名字命名的；还有一部分指称发动革命的主体的属性，如发动法国大革命的主体是资产阶级，但单纯说"资产阶级革命"则也可能指的是英国的"资产阶级革命"。哲学中的"分析革命"、经济学中的"边际革命"并不是直接用哲学家或经济学家的名字命名的，但都是用革命发动者所属派别的名字命名的，更根本地说是这一派别所使用的最具代表性的方法。

（3）"某某"指革命发生的时间或人们对它的评价等其他相对偶然的因素，如"十月革命""辛亥革命""光荣革命"等等。从这些术语所指的事件来说，同一个事件可以由这三种命名方法中的多种说法来界定，比如"光荣革命"是一场"资产阶级革命"，也是一场"英国革命"。但形如"某某革命"这样的术语在我们的语言中只有这三种类型。讨论这个问题的目的在于为"马克思哲学革命"这个术语确定类型，同时也指出，不存在用革命的客体即被革命的对象来命名革命的情况。

总的来说，"革命"是近几个世纪以来被人们广泛使用的术语，在它的各种使用中都具有比较确定的含义，即所谓发生了一场革命，就是发动革命的主体在一个确定的领域内战胜原本在这个领域内占据支配性地位的力量而成为新的支配性力量的过程。我们所关注的发生在思想领域中的革命甚至是更为典型的革命，发生在社会或政治领域中的革命往往并不彻底，还存在旧势力"复辟"的情况，但发生在科学中的革命，通常是非常彻底和持久的。比如牛顿的物理学一旦取代了亚里士多德（Aristotle）的物理学，后者就再也没有"翻身"的机会了。

---

① 法文（La Révolution française）和英文（The French Revolution）中都没有表示"大"的含义的词。

这种观念就是以科学革命为范例的革命观，在关于"马克思哲学革命"的研究中，一直以来就蕴含着这种革命观。不是我们必须以科学革命为范例去看待"马克思哲学革命"，而是我们总得以一种革命的观念去看待它，然而在科学革命以外却没有第二种。即便是在"后教科书时代"，很多学者要求哲学与科学划清界限，试图寻找哲学自身发展的独特逻辑，在理论上不以科学为范例，但在对"哲学革命"的研究中却不可避免地依然隐含地以科学革命为范例，因为即使哲学与科学是不同的，也不意味着"哲学革命"与科学革命是不同的，因为"革命"首先是一个历史概念，是一个用以描述和评价历史上发生的事件的概念，并不因为社会、政治、工业、科学、技术和哲学这几个概念的不同而不同。

以"科学与否"作为评价一门学科成熟与否的标准自从科学革命以来就深入人心，马克思和恩格斯就经常以"科学"这个词来评价他们自己的以及他们所认可的其他人的学说。最著名的证据就是恩格斯在马克思的悼词中评价马克思是一位"科学家"，他的一生有"两个科学发现"。在今天特别是在今天的哲学界，几乎没有人据此认为马克思就是与牛顿、爱因斯坦（Albert Einstein）并列在一起的科学家了，因为大多数学者不认为马克思的学说是一种科学。那么我们应该如何理解恩格斯对马克思的评价与今天人们对马克思的评价的对立呢？一种可能的原因就是，今天人们反对用"科学"评价马克思的学说是因为默认"科学"为"实证科学"，再进一步把"实证科学"等同于"实证主义的科学"，而马克思、恩格斯都是明确反对"实证主义"的。然而问题在于，"科学"未必就等于"实证主义的科学"。

科恩专门考察过马克思对"科学"一词的使用情况，他引用了马克思在《剩余价值理论》中的一些说法，评论道：

> 马克思这里所使用的"科学的"一词的意义似乎是"无偏见的"和"真正的"，所以并不包含某种特别的研究方法或检验方法的任何直接内涵。而且"科学的"一词似乎也不是

指论题中的任何特别的限制。①

这种说法是有道理的,就政治经济学的问题来说,马克思知道没有特别的工具(显微镜或化学试剂)可供使用,而要用"抽象力",但哪个领域的科学只靠仪器和试剂而不需要"抽象力"呢?马克思在《〈政治经济学批判〉序言》中指出,研究经济基础以及上层建筑的变革时,所要研究的是"可以用自然科学的精确性指明的变革"②。所以,马克思对"科学"这个词的使用的确是在较为宽泛的意义上的,但同时并不与"科学"在"自然科学"中的含义相冲突。在19世纪,任何一个从事学术工作的人以自然科学为自己工作的典范都不是什么令人惊讶的事情。

从这个意义上讲,"科学"不过是正确、不偏颇、增进人类知识、客观、不以人的意识为转移之类的十分宽泛的意思,"实证"只是确证"科学与否"的一种手段。当马克思和恩格斯强调他们的学说是"科学"的时候,他们不是说他们在一切方面都以自然科学为榜样,只是说他们的学说是可以与一切其他学说竞争、角力的,而且这种竞争是"日心说"与"地心说"之间的那种"你死我活""成王败寇"的竞争,而绝不仅仅是开辟一条新的道路、提供一个新的视角那么轻描淡写。正是在这个意义上,马克思、恩格斯一定要强调他们的学说是"科学的"。

或许恩格斯与康德不约而同所使用的那个相近的说法,十分准确地界定了"科学"一词的这种宽泛的用法。恩格斯在马克思的悼词中说:

> 马克思还发现了现代资本主义生产方式和它所产生的资产阶级社会的特殊的运动规律。由于剩余价值的发现,这里就豁然开朗了,而先前无论资产阶经济学家或者社会主义批评家所

---

① [美]科恩:《科学中的革命》,鲁旭东、赵培杰译,商务印书馆2017年版,第500页。

② 《马克思恩格斯文集》第2卷,人民出版社2009年版,第592页。

做的一切研究都只是在黑暗中摸索。①

康德在《纯粹理性批判》第二版前言中认为：

> 对属于理性工作的知识所做的探讨是否在一门科学的可靠道路上进行，很快就可以从结果出发作出评判。如果这种探讨在作出许多部署和准备之后，一旦要达到目的就陷入停滞，或者为了达到目的而常常不得不重新返回、选择另一条道路；此外，如果不可能使不同的合作者就为实现共同的目的所应采取的方式取得一致；那么人们就总是可以确信，这样一种研究还远远没有选取一门科学的可靠道路，而只是在来回摸索。②

"在黑暗中摸索"（Groping in the dark）或"来回摸索"（Groping about）这种说法简单而形象地说明了它的反面——"豁然开朗"和走上"科学的可靠道路"（The secure course of science）。如果"科学革命"就是使一门学科从"在黑暗中来回摸索"到"选取一门科学的可靠道路"的转变过程，那么在描述和评价"马克思哲学革命"的过程中使用科学革命的语言就非常得当了。

第二节 科学革命的观念（一）：康德"科学革命的特征"

在《科学革命的结构》一书的"导读"中，哈金指出："第一个将革命这一概念推广到科学中的大概是康德。他认为有两次思想革命。在……《纯粹理性批判》……第二版（1787）的'序言'中，康德以一种近乎华丽的散文风格，描述了这两大革命性事

---

① 《马克思恩格斯文集》第3卷，人民出版社2009年版，第601页。
② 《康德著作全集》第3卷，李秋零译，中国人民大学出版社2004年版，第6页。

件。……在仅仅两大段文字中,康德频繁地使用了'革命'一词。"① 在《科学革命的编史学研究》中,H. F. 科恩把康德对科学革命的论述归为"理解近代早期科学起源的最初尝试"②,而且认为康德是这一系列"最初尝试"中的第一人——康德逝世的时候,这个系列中的第二人英国科学哲学家威廉·休厄尔(William Whewell)才10岁。

与库恩和科恩明确使用了一些有关科学革命的概念不同,这里所讨论的康德所论"科学革命的特征"并不是康德自己明确提出的,但从《纯粹理性批判》第二版前言中,我们的确可以清晰地看到,康德眼中的科学革命包含两个方面的特征。康德认为一门学科或者在"来回摸索",或者走上了"科学的可靠道路"。在他的时代已经有三门学科走上了科学的道路:逻辑学、数学、自然科学。前者自古以来就走上了科学的道路,而后两者则是经历了一个变化的过程才走上了科学的道路。这个"变化的过程"就是一场革命。

> 数学从人类理性的历史所及的极早时代以来,就在值得惊赞的希腊民族中走上了一门科学的可靠道路。但是,不要以为数学与理性在其中仅仅同自己打交道的逻辑学一样,很容易就遇到或者毋宁说为自己开辟了那条康庄大道;我宁可相信,数学(尤其是在埃及人那里)曾长期停留在来回摸索之中,而这种转变应归功于个别人物在一次尝试中的幸运灵感所造成的革命,由此人们必须选取的道路就不会再被错过,向科学的可靠进程就永远地、无限地被选定、被标示出来。③

---

① [美]哈金:《〈科学革命的结构〉导读》,载[美]库恩《科学革命的结构》,金吾伦、胡新和译,北京大学出版社2012年版,"导读"第5—6页。
② [荷] H. F. 科恩:《科学革命的编史学研究》,张卜天译,湖南科学技术出版社2012年版,第30页。
③ 《康德著作全集》第3卷,李秋零译,中国人民大学出版社2004年版,第8页。

康德认为这场"思维方式的革命"比"发现绕过著名海角的道路更为重要得多"①。而对于自然科学，康德认为它：

> 遇到这条科学的康庄大道要更为缓慢得多；因为这只不过是一个半世纪的事情：考虑周全的维鲁兰姆的培根的建议部分地引起这一发现，而这一发现同样只有通过一场迅速发生的思维方式的革命才能得到解释。
>
> 物理学也应该把它的思维方式的这场如此有益的革命归功于这样一个灵感，即依照理性自己置入自然之中的东西在自然中寻找它必须从自然学习，而且它本来可能一无所知的东西。由此，自然科学才被带上了一门科学的可靠道路，它在这里曾历经许多个世纪，却无非是来回摸索。②

当然，康德论述发生在数学和自然科学中的两场革命的最终目的在于指出他的批判工作业已取得的或即将取得的革命性影响，亦即给出在形而上学中实现一场革命的可接受性：

> 我应当认为，通过一场突然发生的革命成为今天这个样子的数学和自然科学的实例值得充分注意，以便反省对这两门科学来说变得如此有益的思维方式变革的本质性部分，并在这里就它们作为理性知识与形而上学的类似所允许，至少尝试效仿它们。③

康德接着明确表明他为自己规定的任务：

> 纯粹思辨理性的这一批判的工作就在于那种尝试，即通过我们按照几何学家和自然研究者的范例对形而上学进行一场完

---

① 《康德著作全集》第 3 卷，李秋零译，中国人民大学出版社 2004 年版，第 8 页。
② 《康德著作全集》第 3 卷，李秋零译，中国人民大学出版社 2004 年版，第 8、9 页。
③ 《康德著作全集》第 3 卷，李秋零译，中国人民大学出版社 2004 年版，第 10 页。

全的革命，来变革形而上学迄今为止的做法。①

在康德的观念中，数学和自然科学业已发生了革命从而走上了"科学的康庄大道"（Royal path of science），而他自己的任务就是比照这两场革命在形而上学中发动并完成一场革命。考虑到作者是在《纯粹理性批判》第二版中表达的这种看法，所以康德可能认为自己在它的第一版中就已经基本完成了这一革命。既然这场形而上学的革命是比照发生在数学和自然科学中的革命而发动的，就说明这三门学科的革命具有某些共同的特征。从康德的三段论述中可以总结出这两个方面的特征。

第一，从实质上看，说一门学科发生了革命意味着在这门学科中实现了一种"思维方式的变革"②。这种思维方式的变革使数学家"不必探究他从图形中看到的东西，或者也不必探究图形的纯然概念"，而是探究"他根据自己的概念自己置于事物之中的东西所必然得出的结果"；这种思维方式的变革使物理学家"虽然是为了受教于自然，但却不是以一个学生的身份让自己背诵老师希望的一切，而是以一个受任命的法官的身份迫使证人们回答自己向他们提出的问题"；而对于形而上学，这种思维方式的变革要求人们尝试性地设想一下，"如果我们假定对象必须遵照我们的认识，我们在形而上学的任务中是否会有更好的进展"。③ 康德举出了一个无论在当时还是现在都极具说服力的例子，来说明这种思维方式转换的巨大效益，即哥白尼对调了观察者与天体的位置关系，从而使对天体运动的解释得以顺利进行。正因如此，人们多把康德在形而上

---

① 《康德著作全集》第 3 卷，李秋零译，中国人民大学出版社 2004 年版，第 14 页。

② 这里使用"变革"一词是避免循环定义，实际上康德在说这种思维方式的改变时也使用了"革命"（Revolution）与"变革"（Change）两种说法。参见 I. KANT, *The Critique of Pure Reason*, edited and translated by P. Guyer, A. W. Wood, Cambridge: Cambridge University Press, 1998, pp. 106 – 124.

③ 《康德著作全集》第 3 卷，李秋零译，中国人民大学出版社 2004 年版，第 8、9、11 页。

学上的成就称为"哲学中的哥白尼式革命"①。

第二，从效果上看，说一门学科发生了革命意味着这门学科摆脱了"来回摸索"的状态而走上了"科学的康庄大道"。实际上康德在这里表现出的观念是，科学革命在一门学科中只发生一次，一旦实现革命，"人们必须选取的道路就不会再被错过，而科学的可靠进程就永远地、无限地被选定、被标示出来"②。这种观点似乎与先后发生的"牛顿革命"与"爱因斯坦革命""量子力学革命"的情况有所冲突，H. F. 科恩就讨论了专门指16、17世纪发生的"科学革命"（Scientific Revolution）与作为科学不断进步的一种模式的"诸科学革命"（Scientific Revolutions）的区别，并认为康德显然同意"每一门科学或每一组科学只发生一次革命"③。但只要考虑科恩所指出的牛顿革命的最大的成就——所谓"牛顿风格"④就容易解释，尽管爱因斯坦"推翻了"⑤ 牛顿的几乎全部论点，但这种革命性的工作正是"牛顿风格"的成功案例。就从事科学研究的方式来说，20世纪的科学家与他们的17世纪的前辈们并没有本质区别，然而这种出现于16、17世纪的（与以往一切时代之间的）本质区别差不多一劳永逸地将"古代"与"现代"区分开来。因此，康德的遣词造句极其精确地说明了这种只发生一次的科学革命的特征，那就是使一门学科从此走上科学的道路，这条道路必将延伸至无穷远方，但在找到这条道路之前，这门学科则是"来回

---

① 科恩对这种说法有异议，参见［美］科恩《科学中的革命》，鲁旭东、赵培杰译，商务印书馆2017年版，第350—374页。H. F. 科恩赞同科恩的异议。参见［荷］H. F. 科恩《科学革命的编史学研究》，张卜天译，湖南科学技术出版社2012年版，第31页。

② 《康德著作全集》第3卷，李秋零译，中国人民大学出版社2004年版，第8页。

③ ［荷］H. F. 科恩：《科学革命的编史学研究》，张卜天译，湖南科学技术出版社2012年版，第32页。

④ "牛顿的宏伟著作中最伟大之处不在于每一个单独的成功，也不在于新方法和所揭示的新概念，甚至也不在于牛顿作出的全部革新的整体，而在于使这些成为可能的牛顿风格。……牛顿的《原理》最具有革命性的方面，在于他对一种难以置信的成功方法的详尽阐述。这个方法是，用数学处理由实验和观察揭示的，并由理性整理的外部世界的实际情况。"（［美］科恩：《牛顿革命》，颜锋、弓鸿午、欧阳光明译，郭栾玲校，江西教育出版社1999年版，第57页）

⑤ 仅从数学上看，不是"推翻"而是扩展和精确化。

摸索"。这的确构成了"本质区别"。

康德的说法未必符合科学进步的实际历史，但由于他所指出的科学革命的两个方面的特征过于基本，正如他对逻辑学的评价——"得益于自己的局限性"[①]——一样，所以后世对科学革命的各种理解都不能逃脱康德所指出的这两个方面的特征。包括对"马克思哲学革命"的研究，从持各种观点的论著中我们都可以看到各自所强调的无非是这两种特征或其中一种，要么谈"马克思哲学革命"使哲学成为科学，要么谈"马克思哲学革命"实现了思维方式等方面的变革。不过这里我们首先考虑一个更基本且更直接的问题：康德所宣称的形而上学的革命具有这两个方面的特征吗？一句话，所谓"康德的哥白尼式革命"是一场真正的革命吗？

康德在《纯粹理性批判》中提出，我们主观的认识形式主动要求客观的认识内容吐露大自然的秘密，用作者自己的话说，这对于以往要求认识符合对象的那种思维方式来说是一次"思维方式的革命"。但如果就此便承认康德实现了一场形而上学的革命则过于草率。因为我们不仅没有考察革命的第二个方面的特征，而且没有意识到这两个方面的特征实际上并不具有同等的分量。

之所以说"发生思维方式的转变"与"走上科学的道路"是科学革命的两个方面，就是因为它们本来就是一回事，只不过是从两个视角去看、用两种说法去说罢了。但它们的不对等性在于后一个方面较前一个方面来说更容易观察指认。一门学科走上了科学的道路事实上是显而易见的，这可以从科学界的实际情况看出来，但把这种变化归结于思维方式的转变还是实验仪器的改进抑或是理论观点的更替，则需要细加分析。

康德所做的工作实际上是发动了一场革命或更谨慎地说是**试图**发动一场革命，他提出了一种不同于以往对认识来源和知识标准的看法的新观点，当他说这是一种"思维方式的革命"的时候，实际上存在的是"思维方式的革命"的一种**可能性**。当新的看法还

[①] 《康德著作全集》第 3 卷，李秋零译，中国人民大学出版社 2004 年版，第 7 页。

在康德头脑中酝酿的时候，革命显然还没有任何迹象，即便在《纯粹理性批判》出版以后，也不能说革命就业已发生了，因为一个最直观的标准就是，如果这场革命的确发生了，那么形而上学就该同数学、自然科学一样走上了科学的康庄大道。然而事实是怎样的呢？逻辑经验主义、实用主义以及马克思主义等，都是如何看待形而上学这一门学科的呢？康德心目中的与他自己名字联系在一起的"形而上学革命"是使形而上学从此走上科学道路的革命，这场革命显然没有实现；而后来那些认为存在一场以"康德"命名的革命的人，他们心目中的革命是一场变革思维方式的革命。当我们勉强承认前一点而尽力强调后一点的时候，它们难道不是一回事吗？

康德为形而上学提出的首要任务是解释"先天综合判断"为什么是**可能**的，而这个提问的前提是这种"判断"是**现实**的。在康德看来，这种"判断"实际存在的证据就是以欧几里得（Euclid）几何学为范本的数学，以及以牛顿力学为基础的自然科学。然而解释力更强的相对论的出现则证明了牛顿力学不过是关于宏观世界中低速运动物体的经验规律，而不是理性强加给我们的"先天原则"；康德心目中的几何学的普遍性、必然性与非空洞性不过是"数学几何学"与"物理几何学"在日常生活中偶然的、粗略的重合。[①] 非欧几何与相对论的建立并没有直接证明"先天综合判断"不存在，但至少证明了如果它们存在那绝不会是欧氏几何与牛顿力学，当然也绝不会是非欧几何与相对论。所以，康德的主要工作即使本身不是错误的，也是从错误的前提出发的。康德的重要性是不言而喻的，尽管这种"不言而喻"似乎并未超出哲学的范围，但即使在哲学界，当人们不假思索地宣称康德实现了哲学中的"哥白尼式革命"的时候，他们心目中所想的是康德实现了思维方式的转变[②]，而并不是康德使形而上学走上了科学的康庄大道。所

[①] 参见［德］赖欣巴哈《科学哲学的兴起》，伯尼译，商务印书馆1983年版，第99—113页。

[②] "转变"本身也需要从实际效果去评判，所以准确地说，康德是提出了一种新的思维方式。

以今天人们说康德实现了"哲学革命"与当年康德说数学和自然科学实现了科学革命以及他自己要发动一场"形而上学革命",是完全不可相提并论的。

我们否认康德实现了"哲学革命"所依据的绝不是什么任意的标准,而恰恰是康德自己所提出的标准。

第三节 科学革命的观念(二):库恩"科学革命的结构"

哲学界对库恩关于科学革命的观点非常熟悉,以至于远远超过对康德相关论述的了解,所以对库恩观点的一般性介绍就完全是多余的了。这里需要有针对性地讨论几个问题,从而为我们考察"哲学革命"提供理论资源。

库恩的名字总是与"范式""范式转换"联系在一起,所以当我们谈论库恩理论在"哲学革命"研究中的使用时,我们谈的实际上就是哲学界使用"范式"一词的种种论述。这里我们所要讨论的两个要点是:(1)《科学革命的结构》一书中文版出版后不久,库恩就公开放弃了"范式"概念;(2)在《科学革命的结构》中,库恩并不认为自然科学以外的学科有"范式"。

在CSSCI来源期刊(含扩展版)发表的以"马克思哲学革命"(或相同、相近含义的不同表述)为标题的论文中,超过40%的论文使用了"范式"或"范式转换"概念,在论述马克思主义哲学自身发展变化的论著中也广泛使用这个概念。针对"范式"在这些研究中的使用,《马克思主义哲学研究范式辨误》一文归纳了国内马克思主义哲学学者借用库恩"范式"概念的三种情况:其一,在一般的但也是空泛的意义上把"范式"理解为"代表着一个特定共同体的成员所共有的信念、价值、技术等等构成的整体";其二,在比较通俗易懂的意义上把"范式"理解为特定的世界观;

其三，在比较稳妥安全的意义上把"范式"理解为特定的方法论。① 对于这三种理解，作者都提出了质疑和批评。对此，《中国马克思主义哲学范式转换研究析论》一文肯定"范式"概念使用宽泛化现象的存在，但认为并不能因此就拒绝使用这个概念。因为第一，在国内学界对"范式"和"范式转换"概念的多种用法中，大部分学者都是在"哲学的基本思维方式"的意义上使用的，这使得这些概念具有了某种确定性；第二，"不能简单地责怪中国学者错用了这一概念"，"这一概念使用上的含混性，库恩自己要负很大的责任"。②

对于《科学革命的结构》中"范式"一词的 21 种用法③，库恩当然难辞其咎，但他不必替国内学者误用或滥用"范式"概念而负责的理由在于，从 20 世纪 80 年代开始库恩就已不再公开谈论和使用"范式"概念了，取而代之的是对"科学共同体"和"不可通约性"等概念的强调。尽管《科学革命的结构》第一版的中文译本 1980 年才出版，但它第四版的中文译者却早在 1989 年就拜访过库恩，并于 1991 年发表论文《托马斯·库恩的理论转向》，介绍了库恩放弃"范式"概念的情况。④ 当然这在原则上并不影响"范式"概念在国内马克思主义哲学界取得相对独立的含义和用法。比如在研究马克思主义哲学在中国所经历的从"教科书哲学"到"教科书改革的哲学"再到"后教科书哲学"的变革时，"范式"和"范式转换"概念就十分准确地反映了术语、概念、研究方法、思维方式以至于世界观、哲学观等在不同时代的"哲学共同体"之间的"不可通约性"。⑤ 哈金也讨论了库恩对"范式"的放弃，但他对此持保留态度："你不得不抉择这是否是最佳的方

---

① 卜祥记：《马克思主义哲学研究范式辨误》，《学术月刊》2009 年第 4 期。
② 王南湜：《中国马克思主义哲学范式转换研究析论》，《学术研究》2011 年第 1 期。
③ ［英］马斯特曼（M. Masterman）：《范式的本质》，载［英］拉卡托斯、马斯格雷夫编《批判与知识的增长》，周寄中译，华夏出版社 1987 年版，第 77—83 页。
④ 金吾伦：《托马斯·库恩的理论转向》，《自然辩证法通讯》1991 年第 1 期。
⑤ 参见孙正聿《三组基本范畴与三种研究范式——当代中国马克思主义哲学研究的历史与逻辑》，《社会科学战线》2011 年第 3 期。

法。再思考并不必然会比初次思考更强。"①

于是,我们暂时不考虑库恩对"范式"概念态度的转变,而在更为人们所熟悉与接受的《科学革命的结构》的最初语境中,以及已经被人们广泛且频繁使用的"范式"的语境中去考察"范式"与"哲学革命"的关系。

尽管"范式"概念在《科学革命的结构》中有 21 种用法,在国内马克思主义哲学界也有 3 种用法,但这个词在《科学革命的结构》中首次出现的时候,库恩的说法还是相当明确的。库恩首先提出"常规科学"的概念,它指的是"坚实地建立在一种或多种过去科学成就基础上的研究,这些科学成就为某个科学共同体在一段时期内公认为是进一步实践的基础"②。接着他又指出,现代的科学教科书以及历史上亚里士多德、托勒密(Claudius Ptolemaeus)、牛顿、富兰克林(Benjamin Franklin)、拉瓦锡、赖尔(Charles Lyell)的著作"都在一段时期内为以后几代实践者们暗暗规定了一个研究领域的合理问题和方法"③。这些著作何以起到如此重要的作用呢?库恩认为它们都具有两个基本特征:(1)"它们的成就空前地吸引了一批坚定的拥护者,使他们脱离科学活动的其他竞争模式";(2)"这些成就又足以无限制地为重新组成的一批实践者留下有待解决的种种问题"。于是库恩便把具有这两个特征的成就称为"范式"。④

库恩进一步指出,"取得了一个范式,是任何一个科学领域在发展中达到成熟的标志。"⑤ 那么在我们的论域中,哲学取得了一

---

① [美]哈金:《〈科学革命的结构〉导读》,载[美]库恩《科学革命的结构》,金吾伦、胡新和译,北京大学出版社 2012 年版,"导读"第 19 页。
② [美]库恩:《科学革命的结构》,金吾伦、胡新和译,北京大学出版社 2012 年版,第 8 页。
③ [美]库恩:《科学革命的结构》,金吾伦、胡新和译,北京大学出版社 2012 年版,第 8 页。
④ [美]库恩:《科学革命的结构》,金吾伦、胡新和译,北京大学出版社 2012 年版,第 8 页。
⑤ 库恩后来认为这个观点十分糟糕。参见[美]库恩《科学革命的结构》,金吾伦、胡新和译,北京大学出版社 2012 年版,"导读"第 18—19 页。

个范式吗？这个问题的重要性在于，"科学革命"[①] 按照库恩的观点，其实质就是"范式转换"，即一个"新的范式"取代了"原有的范式"，那么"哲学革命"真实存在的前提就是哲学已经取得了一个"范式"。我们看到在关于"哲学革命"的一些论述中，作者所说的"范式"其实只是某种哲学观点，比如说马克思哲学是一种生成论思维方式的"范式"，但按照库恩的观点，只有实际已经取得支配地位的观点才叫"范式"，所以在整个哲学界都认可马克思哲学之前，其观点不能叫作"范式"——"范式"是取得支配地位的那种观点。

但是库恩所提供的"范式"的两个特征并不是以十分严谨的措辞表述出来的，这似乎给我们留下了阐释的自由。什么叫"空前地吸引一批拥护者"？黑格尔（G. W. F. Hegel）哲学不仅吸引了马克思、恩格斯、费尔巴哈（Ludwig Feuerbach）、施特劳斯（D. F. Strauss）、鲍威尔（Bruno Bauer）、赫斯（Moses Hess）、施蒂纳（Max Stirner），还在英国有其信徒布拉德雷（Francis Herbert Bradley），甚至还吸引了年轻的罗素（Bertrand Russell）和摩尔（G. E. Moore），这算不算"空前"？再者，什么叫"使他们脱离科学活动的其他竞争模式"？休谟（David Hume）使康德从独断论的迷梦中清醒，费尔巴哈使马克思、恩格斯离开唯心主义从此走上唯物主义的道路，这算不算"脱离"？至于第二个方面的特征就更不必说了，哲学至今没有哪个问题算是得到了真正的解决。马克思主义哲学就更明显了，"一切旧的哲学派别和思潮从未有过很多信徒"[②]，马克思主义哲学有，它的产生与传播也使很多哲学家改变了原有的哲学信仰转而成为马克思主义哲学的追随者，至于留给一代又一代马克思主义哲学的学者和学生们的无尽问题就更不必说了。以上的一个或几个例子是否算得上是哲学中的"范式"呢？

库恩提供了一个可供我们推知答案的说法，"像数学和天文学

[①] 此处的"科学"不与"哲学"相对或并列，是在包括哲学于其中的最宽泛的意义上说的。

[②] ［苏联］罗森塔尔、尤金编：《简明哲学辞典》，中央编译局译，人民出版社1958年版，生活·读书·新知三联书店1973年重印，第375页。

这些领域早在史前时期就有了第一个坚实的范式","在生物学各分支第一次有普遍被接受的范式还是更近的事","而在社会科学各部分中要完全取得这些范式,至今还是一个悬而未决的问题"。① 虽然在这个序列中库恩没有提到哲学,但读者总不会认为哲学的情况更接近于数学和天文学吧。通过库恩对光学的历史的评述,我们就能更加容易地"对号入座"了。

牛顿《光学》的出版确立了物理光学领域的第一个"范式",部分是由于《自然哲学的数学原理》的巨大成功,光的粒子学说在那个时期取得了对波动学说的近乎完全的胜利,从而支配了物理光学的研究。而到了19世纪,托马斯·杨(Thomas Young)和菲涅尔(Augustin-Jean Fresnel)的光学著作以"光是横波"的"范式"取代了牛顿的"范式"。20世纪至今,人们接受的光学的"范式"是由爱因斯坦、普朗克(Max Planck)等人确立的,他们认为光是兼有波动性与粒子性的量子实体。按照库恩的理论,在光学的历史上先后出现过三个"范式",也就意味着发生过两次"光学革命"。"一种范式通过革命向另一种范式的过渡","便是成熟科学通常的发展模式"。② 这种模式与牛顿之前光学演进的模式有着根本不同。"从远古直到17世纪末叶都没有显示出一种单一的、普遍接受的关于光的本质的观点"③,存在着的是许多相互竞争的学派和它们的观点,这些学派多数信奉伊壁鸠鲁(Epicurus)、亚里士多德、柏拉图(Plato)的理论及其各种变形。库恩用一种造成反差的说法评价了这个时期的光学:"尽管该领域的实践者们都是科学家,但他们活动的最后结果却并不那么科学。"④ 总的来说,(1)"由于没有采取共同的信念作保证,所以,每一位物理光学的

---

① [美]库恩:《科学革命的结构》,金吾伦、胡新和译,北京大学出版社2012年版,第12页。
② [美]库恩:《科学革命的结构》,金吾伦、胡新和译,北京大学出版社2012年版,第10页。
③ [美]库恩:《科学革命的结构》,金吾伦、胡新和译,北京大学出版社2012年版,第10页。
④ [美]库恩:《科学革命的结构》,金吾伦、胡新和译,北京大学出版社2012年版,第10页。

著作家都被迫重新为这个领域建造基础";（2）于是，这些著作"不只是与大自然对话，而且往往更多的是与其他学派的成员们直接对话"。①

如果库恩只是专注于他那以物理学及其各分支学科的历史为对象的研究的话，那么他关于物理光学的两个阶段的发展模式的分析就绝不是用于影射哲学的。然而，"没有共同信念""人人从头开始""以派别间对话为主"，这些特征所描述的不也刚好是哲学从古至今的情况吗？所以，尽管没有专门论述，但从以上关于光学历史的文本可以推知，库恩也把哲学归入尚未取得任何一个"范式"的学科中了。②

尽管库恩后来放弃了用是否取得"范式"来判断一门学科成熟与否的标准，但一个极易观察的现象还是能够指出哪怕到我们这个时代依然存在的学科间的区别，用库恩的话说就是问，"为什么科学事业能这样稳定地一直向前迈进，而艺术、政治理论或哲学就不是这样发展的"③？在康德的语境中这个问题就可以表述为为什么只有逻辑学、数学和自然科学"走上了科学的道路"，而其他学科都仍然在"来回摸索"？当然，正如库恩本人已经注意到的那样，这个问题的一部分是语义问题，即我们把那些走上科学道路的学科叫作"科学"，那么自然就只有"科学"才能走上"科学的道路"。然而当我们像康德那样提问的时候，我们就会发现这个问题实际上是在问，"为什么我这个领域不能像比如说物理学家那样地向前发展？"④"我"在我们这里完全可以代换为"哲学家"。所以当一部分人研究"马克思哲学革命"是什么样的革命的时候，有

---

① ［美］库恩：《科学革命的结构》，金吾伦、胡新和译，北京大学出版社2012年版，第10—11页。
② 库恩不讨论哲学的原因似乎在于"哲学"这个词本来就充满歧义，作为孕育科学的母体，它并不应该用"范式"的标准加以衡量，当我们愿意讨论一门作为学科的哲学时，运用这种标准就并非不恰当了。
③ ［美］库恩：《科学革命的结构》，金吾伦、胡新和译，北京大学出版社2012年版，第134页。
④ ［美］库恩：《科学革命的结构》，金吾伦、胡新和译，北京大学出版社2012年版，第134页。

人则问"马克思哲学革命"为什么是革命，还有人会更进一步追问前两个问题共同的前提："马克思哲学革命"是不是一场革命？可是早在1962年，库恩在一般的意义上提出的问题却是：哲学为什么没有革命？[①]

上一节我们从"是否走上科学的道路"的角度分析了所谓"康德的哥白尼式革命"为何不是一场"哲学革命"，至少不是一场成功了的"哲学革命"。这里我们从"范式"的概念出发，再来考察所谓康德的"哲学革命"。如果这场革命真的发生过，那么在它发生之前，哲学中必然已经有了一种占据支配地位的"范式"（这个词在库恩的理论本中身就包含了"占据支配地位"的意思），是柏拉图哲学吗？是亚里士多德哲学吗？是经验主义的或是理性主义的？我们立即发现这里现存的情况与天文学和物理学中的情况完全不同。亚里士多德思想的支配性力量绝不体现在他的形而上学上，比如关于"第一实体"的看法，他本人就有两种相互矛盾的观点，这也导致了后来持久而广泛的观点冲突，正如黑格尔身后追随其"体系"的与追随其"方法"的两个派别的冲突，或马克思主义中的科学主义与人本主义两个派别的冲突。这表明在这个论域中并没有产生"范式"。但人们不是都在亚里士多德提出（或制造）的问题中争论吗？这难道不是一种"范式"吗？显然不是。一个人在一个论域中提出相互矛盾的两种观点，那么后世的研究必然二择其一，如果这种矛盾就算做"范式"的话，那我们立刻就可以制造几个、几十个"范式"出来。人们真正不可避免的是某个论域，而范式只是这个论域中的一种观点，当然是战胜了其他观点的那个观点。亚里士多德的天文学和物理学是支配性的，托勒密的《天文学大成》在欧洲作为天文学教材长达1500年，它的基础是亚里士多德的宇宙结构模型；而在伽利略之前，极少有人怀疑较重的物体下落更快，极少有人怀疑物体不推不拉就不会动。原因很

[①] 于是，我们引用"范式"概念阐释"马克思哲学革命"完全是创造性的。与其说我们引用了库恩，不如说我们与库恩共同引用了"范式"，然后分别用于不同的用途。

简单,在日常生活中,地球静止、太阳运动、重物先落、不推不动,还有什么现象比这些现象更加显而易见呢?如果《物理学》《天文学大成》不能精确①描述和预测物体和天体运动,什么样的宗教力量才能把这些观点强行塞进每天都目睹这些现象的人的头脑中呢?亚里士多德的天文学(宇宙论)和物理学思想就是这个领域内的"范式",它塑造了西方人在长达20个世纪中的世界观。

然而在哲学领域,就连亚里士多德这样的人物都不曾取得他自己在物理学中那样的成就,所以当人们说康德发动了或实现了一场哲学(形而上学)中的革命的时候,他推翻了谁的观点呢?一个不占据支配地位的力量能谈得上"被推翻""被取代"吗?这是问题的一个方面。另一方面,康德的观点或成就是否取得了"范式"的地位呢?这里我们关注的不是一个人在历史上的地位,而是他的理论对其他研究者的影响,这种影响在于,作为"范式"的理论对于后来的研究者(库恩所说的"实践者")来说是前提、基础和出发点,是不受怀疑的东西。"研究范式,主要是为以后将参与实践而成为特定科学共同体成员的学生准备的。因为他将要加入的共同体,其成员都是从相同的模型中学到这一学科领域的基础的,他尔后的实践将很少会在基本前提上发生争议。"② 以先前哲学家的观点为自己的前提的情况不是没有的,但任何两个在哲学史上被人们认可的"大哲学家",绝不可能在最根本的问题上达成一致。康德深刻地影响了费希特(Johann Gottlieb Fichte)、谢林(Friedrich Wilhelm Joseph Schelling)和黑格尔,但他们没有一个同意本体与现象的截然二分,也没有人再像康德那样继续钻研有关"先天综合判断"的问题。

库恩与康德关于科学革命的看法有很多相同点,比如 H. F. 科恩指出:"康德为'来回摸索'阶段所做的标记竟然与库恩为某一

---

① 从当时的观测水平来看,《天文学大成》的描述和预测都比较精确。
② [美]库恩:《科学革命的结构》,金吾伦、胡新和译,北京大学出版社2012年版,第8—9页。

学科的'前范式状态'所定的标准有很多共同点。"[1] 当然他们的观点之间也有一个重要的区别,康德只允许每个学科发生一次革命,就是从"来回摸索"到"走上科学道路"的过程,用库恩的术语来说就是一门学科从"前范式状态"到取得"第一个范式"的过程。然而对库恩来说,这个过程并不是科学革命,这个过程仅仅标志着这门学科成熟起来,仅仅意味着这门学科作为一门科学才开始存在,而科学革命则发生在"第 N + 1 个范式"取代"第 N 个范式"的时候。

就康德自己的标准来说,他的努力并没有使哲学走上科学的康庄大道,无论是他之后的德国哲学还是与他同一时代的英国和法国的哲学,更不用说东方哲学,它们的对立、冲突甚至没有共同语言的这种关系,都只能说明哲学依然处于"来回摸索"的状态,将毕生精力投入到以"哲学"命名的事业中的人们,还没有就哪些具体工作可以纳入"哲学"名下达成共识,一个人反对另一个人的可能不是他的观点,而是他竟把自己的工作也叫作"哲学"。从另一个角度看,即就库恩的标准来说,康德哲学可能反对的是其他一切派别,但只有反对并取代那个占支配地位的"王朝"——而不只是"党派"——才可能是真正意义上的革命;同时,康德并没有取得这样一种成就——拥有空前多的拥护者,也就是说他的学说并没有取得"范式"的地位。一句话,至少直到康德身后的一段时间里,哲学还在"来回摸索",还处于"前范式"的状态。

第四节 科学革命的观念(三):
科恩"科学革命的检验"

科恩认为,"对于科学中的某一组特定的事件是否构成一场革

---

[1] [荷] H. F. 科恩:《科学革命的编史学研究》,张卜天译,湖南科学技术出版社 2012 年版,第 32 页。

命这类问题的判断，肯定是因人而异的"，而他"为是否发生了科学革命提出了一组判断标准——一组以历史证据为依据的标准"，这些标准就是在他的《科学中的革命》中提出的，同时它们又构成了该书的分析框架。①

科恩的名气不及库恩，就更不必说与康德相比了，但就"科学革命"这个概念本身来说，他的理解和分析可能更胜一筹，或者说，康德与库恩所关注的主要是被人们确定无疑地指认为"科学革命"的事件的特征与结构，而科恩所关注的则是这些事件为什么与"革命"这个词联系了起来。一个事件是不是一场革命，不只是对事实的判断，同时还是一种评价；它不只取决于这一事件本身的性质，还取决于评价者对"革命"这个词的理解。

> 对历史证据的研究表明，科学中的革命这一概念，像革命这一概念本身一样，并不是，也没有成为固定不变的东西。……在科学进步是以渐进增长的方式为主还是一系列革命的结果这一问题上，科学家们和史学家们的观点是不断变化的。除了对科学中的革命总的看法方面有变动外，在判断某些特定的事件是否具有革命性这方面，人们的观点也发生了转变。哥白尼革命就是一个很恰当的例子。那种认为随着1543年哥白尼（Copernicus）《天球运行论》（*De Revolutionibus*）的出版天文学出现了一场革命的看法，只不过是18世纪天文史家们幻想的产物而已；然而，史学家们对历史证据的批判性考察证明，那根本不是什么哥白尼革命，它充其量可以被称之为是一场伽利略和开普勒革命。②

---

① ［美］科恩：《科学中的革命》（新译本），鲁旭东、赵培杰译，商务印书馆2017年版，第1页。

② ［美］科恩：《科学中的革命》（新译本），鲁旭东、赵培杰译，商务印书馆2017年版，第2页。有相当多的作者都错误地使用了"称之为"这一短语，比如这里应该使用"称为"，但本书在引用的时候不会做出修改，后文出现这种情况的时候也不再说明。

科恩对一个事件是不是科学革命的判断方法并不显得正式，因为我们习惯于用普遍性的定义或概念去规范具体的、个别的事例，然而科恩的方法却是最常规的，是我们实际上经常使用的方法。当作者们在自己论文的开头写下"马克思实现了一场哲学革命，这是一个事实"的时候，他是否已经考察了"哲学革命"这个概念？他是否心中已经清楚"哲学革命"与"科学革命"以及"革命"之间的关系？从这些作者公开发表的著述中很难找到这些方面的信息，所以当他说"马克思哲学革命是一个事实"的时候，他所使用的恰恰不是从普遍定义出发的方法，而是依赖于"听说"——既然《哲学辞典》《辞海》以及一系列教科书都说"马克思（主义哲学）实现了哲学革命"，那这还不是一个事实吗？我们有必要再去专门考察吗？它还不能成为研究这场"革命"的实质的出发点吗？这里不是批评以权威或经典为依据的做法，而是指出这就是我们最习以为常的认知方式。所以科恩正是从这种认知习惯入手去考察如何建立一套标准，以鉴别一个事件是不是科学革命。正因为"革命"的概念不是恒定的，所以科恩有必要采取一组而不是一个标准，以使它们相互补充和校正。

科恩认为他的"研究方法始终都是，考察人们是以什么方式去理解科学中的革命的。而这就需要同时进行一种四项一组的系列检验，这组检验也普遍适用于过去四个世纪中所发生的所有重要的科学事件。这些检验纯粹是以历史和事实为基础的"[①]：

（1）目击者的证明，即当时的科学家和非科学家们的判断。有些对革命的发生起着主要作用的科学家都明确指出，他们本人的工作大概会引起一场革命。这种与其他目击者一致的意见，会增加这些目击者证明的力量；

（2）对据说曾经发生过革命的那个学科以后的一些文献进行考察；

（3）有相当水平的历史学家，尤其是科学史学家和哲学史家

[①] ［美］科恩：《科学中的革命》（新译本），鲁旭东、赵培杰译，商务印书馆2017年版，第76页。

们的判断；

（4）今天这个领域从事研究的科学家们的总的看法。①

这四项标准之间并不具有严格的逻辑关系，对于某些在科恩看来是科学革命的事件，未必符合这四项标准中的每一项，这也正是提出"四项检验"而不是"一个定义"的意义所在。对于未能通过某项检验的事件来说，它可以通过其他检验得到补偿；对于通过了某项检验的事件来说，它也有可能会被其他检验予以纠正。比如所谓"哥白尼革命"，它通过了第三项检验，但却没能通过前两项，于是科恩认为这是一个18世纪天文学家和历史学家编造的神话。从1543年《天球运行论》出版到1609年开普勒发表《新天文学》的这半个多世纪的时间里，天文学教科书中没有一点哥白尼学说的影子，那么"哥白尼革命"指的是什么呢？又如，对于统计学来说，19世纪麦克斯韦（James Clerk Maxwell）、玻尔兹曼（Ludwig Edward Boltzmann）等人的工作构成了一场革命，然而由于我们不能要求历史学家对统计学这样一门学科有过多关注，所以这一革命无法通过第三项检验，但20世纪以来的物理学家、生物学家和多个门类的社会科学家都相信，他们的大部分工作和成就都是建立在统计学基础上的，而这个"统计学"指的是从一场革命中得来的新的统计学。

由此可以看出，正如科恩自己承认的那样："无可否认，这四项标准终归还是些主观的标准。"② 但说这些标准是主观性的并不是一种否定性的评价，也不会降低它们的效力。相比而言，康德和库恩的观点似乎提供了一种客观标准，比如考察是否发生思维方式的转换、是否使一门学科走上科学道路、是否取得了"范式"并发生"范式转换"，等等，然而这些标准在字面上的客观性毕竟不是水温是否达到100℃、太阳直射点是否达到北回归线那样的客观性，更主要的是，对一个事件是否满足康德、库恩所提出的标准的

---

① 参见［美］科恩《科学中的革命》（新译本），鲁旭东、赵培杰译，商务印书馆2017年版，第76—85页。

② ［美］科恩：《科学中的革命》（新译本），鲁旭东、赵培杰译，商务印书馆2017年版，第85页。

判断，终究还是要归于科恩"四项检验"中的一项或几项。

通过这些检验，科恩得出了几个与人们熟知的说法十分不同的结论，一个是关于所谓"哥白尼革命"的，一个是关于所谓"康德的哥白尼式革命"的。前者在世界范围内都是家喻户晓的，后者至少在哲学界耳熟能详。但科恩就是对这些看似无可置疑的说法表示怀疑，这显示了他所提出的"四项检验"的力量。

> 那些接受有过一场哥白尼革命的信念的史学家和哲学家们，并没有去关注哥白尼行星理论的原理或细节，……如果他们一开始感兴趣的就是天文学这门"硬"科学，并且把他们的研究集中在倘若哥白尼思想真的影响了天文学家的工作，其可能的影响方式是什么这一问题上，那么，这些史学家和哲学家大概就不会再断言16世纪曾经有过一场天文学革命，更不会断言科学中曾有过一场普遍的哥白尼革命了。[1]

哥白尼的著作据说是在他去世前几个小时才印刷完成的，所以在他在世之时没有目击者会认为一场革命已经发生在天文学中。哥白尼本人是不可能宣称他的著作将产生革命性的效果，因为"革命"一词还没有被用来评述一种特别的进步[2]；但这不是主要原因，主要原因在于哥白尼并不认为自己的使命是颠覆传统天文学。从两个方面讲，第一，哥白尼恰恰不满意于托勒密的"创新"（甚至可以说是托勒密对天文学中古老原则的"革命"），即托勒密模型中天体不做纯粹的圆周运动，哥白尼则要恢复认为天体的运动必然符合完满的正圆这一古老的柏拉图的原则；第二，哥白尼著作被普遍译为"天体运行论"，但有研究者指出，应该是"大球

---

[1] ［美］科恩：《科学中的革命》（新译本），鲁旭东、赵培杰译，商务印书馆2017年版，第166页。

[2] "revolution"这个词在哥白尼的书名中是"循环"的意思，即"运行论"中的"运行"。

运行论"①，"天球"是古老的亚里士多德天文学中的概念。所以，除了改变了地球与太阳的相对位置之外，哥白尼的学说完全是复古的，而这种改变本身还是为恢复古代天文学基本原则服务的，因而没有什么革命性可言。后来真正带来天文学革命的科学家们宣称自己是哥白尼的信徒，那是另一回事，他们对哥白尼的信奉是极其有限的，这一信念早在公元前3世纪就由古希腊天文学家阿里斯塔克（Aristarchus）提出，即"日心说"。哥白尼在天文学理论上的真正贡献是用严格的数学模型重新塑造了"日心说"。

开普勒宣称自己是哥白尼的信徒，这仅仅是就反对"地心说"而言的，因为除此之外，开普勒天文学学说的任何细节都与哥白尼的不同，而后来人们所学习和使用的则是开普勒的学说。在《科学革命的结构》一书问世之前5年，库恩发表了《哥白尼革命》一书，他并没有像科恩那样反思"哥白尼革命"这种说法本身，但他对事件的研究也得到了几乎相同的结论："使我们了解哥白尼革命的大多数基本要素——行星位置的方便而又精确的计算，本轮和偏心圆的废除，天球的解体，太阳成为一颗恒星，宇宙的无限扩张——这些以及其他的许多内容在哥白尼的著作中根本找不到。除了地球的运动之外，无论从哪方面看，《天球运行论》都更切近于古代和中世纪的天文学家和宇宙学家的著作，而不像那些后继者们的著作"②。正如科恩所说："《天球运行论》与托勒密的《天文学大成》是密切相关的，它并没有真正构成什么人们可以觉察到的、焕然一新的离经叛道的行为"③。伽利略、开普勒、牛顿的工作名

---

① 参见［美］科恩《科学中的革命》（新译本），鲁旭东、赵培杰译，商务印书馆2017年版，第167—174页。另外比如库恩的《哥白尼革命》一书就直接使用的是"天球运行论"的译法，参见［美］库恩《哥白尼革命——西方思想发展中的行星天文学》，吴国盛、张东林、李立译，北京大学出版社2003年版。由于最新出版中译本已将书名译为《天球运行论》，故本书凡直接论及该书时皆使用新译名，凡引文原文使用旧译名的，引用时不做改动。参见［波兰］哥白尼《天球运行论》，张卜天译，商务印书馆2014年版。

② ［美］库恩：《哥白尼革命——西方思想发展中的行星天文学》，吴国盛、张东林、李立译，北京大学出版社2003年版，第133页。

③ ［美］科恩：《科学中的革命》（新译本），鲁旭东、赵培杰译，商务印书馆2017年版，第188页。

义上建立在哥白尼工作的基础上,但他们的成就是哥白尼不曾预料的,也可能是无法接受的,因为他们证明行星运行的轨道不是完美的正圆,而是不太完美的椭圆(彗星的轨道还可能是抛物线或双曲线)。正是这一点颠覆了亚里士多德所认为的天(月上区域)完美而地(月下区域)不完美的宇宙观,牛顿证明了空中的天体与地上的物体都遵循同一些规律。

纠结于这个问题有意义吗?我们能否就把发生在17世纪的天文学革命用早在16世纪中叶就去世了的天文学家的名字命名呢?当然可以。如果我们十分清楚事实上哥白尼从未试图发动一场革命,并且它的学说在很长一段时间内几乎毫无影响,而那些自称信仰他的人所实现的真正的天文学革命最终也颠覆了哥白尼自己的世界观的话,那么我们把这一事件称为"16、17世纪天文学革命""哥白尼-伽利略-开普勒-牛顿革命"还是"哥白尼革命"都是无所谓的。但如果我们以为"哥白尼革命"是像"牛顿革命""拉瓦锡革命""达尔文革命"那样由命名者本人意图发动并主要完成的革命的话,那么科恩的反对意见就很有意义了。

科恩所做的另一项质疑通常观念的工作是分析"康德的所谓哥白尼革命"。从这个作为该章标题的短语的措辞上就可以看出作者对这样的术语持谨慎的态度。科恩摘抄了17段哲学家写作的文本以及《不列颠百科全书》的词条,表明这些文献都认为:"(a)曾经有过一场哥白尼式的革命,而且(b)康德认为他自己在哲学中进行的根本创新,是这个领域中的哥白尼式的革命,或者说类似一场哥白尼式的革命。"① 科恩考察的主要是欧美哲学家的文本,而中文文献的情况也大抵如此。

> 在《纯粹理性批判》一书中,康德对传统的认识论进行了批判与改造,系统地提出了他的先验哲学,这就是哲学史上

---

① [美]科恩:《科学中的革命》(新译本),鲁旭东、赵培杰译,商务印书馆2017年版,第354页。持这种观点的著名哲学家包括罗素、波普尔(Karl Popper)、卢卡奇(György Lukács)、奥伊泽尔曼(Теодор Ильич Ойзерман)、德勒兹(Gilles Louis Rene Deleuze)等。

有名的"哥白尼式的革命"。①

他在该书的第二版序言里,把这部书的意义概括为哲学领域的"哥白尼革命"。②

康德哲学被誉为哲学史上的一场革命,通常被人们称为"哥白尼式的革命"。③

康德把这种对传统认识论的颠倒称之为认识论中的一场"哥白尼式的革命"。④

众所周知,在哲学史上,人们常常把康德所发起的哲学革命称之为"哥白尼式的革命",因为在《纯粹理性批判》的第二版序言中,康德本人引入了哥白尼在天文学中的革命来说明自己在哲学中所实行的变革。⑤

康德实现了一场"哥白尼式革命",这对于了解西方哲学的人早已是一个常识了。⑥

用科恩的话说,"在谈了以上这么多之后,如果再说康德并没有把他自己的贡献与一场哥白尼式的革命相比较,那么无论是对于读者来说,还是对于我本人来说(过去是这样,现在仍然如此),几乎肯定是令人惊讶的。"⑦ 科恩主要反对的是认为康德自称实现了"哥白尼式革命"的说法,从我们的例子中也可以看到,一部分认为康德本人即宣称自己实现了"哥白尼式革命",另一部分则只是说人们大多认可康德哲学是革命性的,并且愿意与"哥白尼

---

① 张慎主编:《西方哲学史(学术版)》第6卷,凤凰出版社、江苏人民出版社2005年版,第117页。
② 赵敦华:《西方哲学简史》,北京大学出版社2001年版,第300页。
③ 张志伟主编:《西方哲学史》,中国人民大学出版社2002年版,第534页。
④ 邓晓芒、赵林:《西方哲学史》,高等教育出版社2005年版,第208页。
⑤ 俞吾金:《马克思对康德哲学革命的扬弃》,《复旦学报》(社会科学版)2004年第1期。
⑥ 邓安庆:《从"形而上学"到"行而上学":康德哲学哥白尼式革命的实质》,《复旦学报》(社会科学版)2009年第4期。
⑦ [美]科恩:《科学中的革命》(新译本),鲁旭东、赵培杰译,商务印书馆2017年版,第356页。

革命"相提并论。《评"康德哥白尼革命的神话"》① 一文就指出了这二者的区别,认为前一种说法无疑是没有任何根据的,但后一种说法则是有其道理的,重要的是当我们使用这样一个术语的时候,我们意指什么,我们认为康德学说及其影响与哥白尼的有什么相同之处。

如果我们对术语的使用有严谨性上的要求,那么我们就应该提出并回答以下几个问题:

(1) 康德是否曾经说过他在哲学中实现了一场"哥白尼式的革命"?

(2) 天文学中是否曾经有过一场"哥白尼革命"?

(3) 康德是否在任何意义上实现了一场"哲学革命"?

(4) 如果康德实现了一场"哲学革命",它在何种意义上是"哥白尼式的"?

问题(1)容易回答:否。至少在《纯粹理性批判》第二版前言中,没有任何证据表明康德有这种说法,这是只需要认真阅读一遍原文或译文就能够回答。当然不排除在其他文献中有这种说法的可能性,但并没有任何人提及。问题(2)也已经通过科恩的分析得到了答案,库恩的研究也提供了佐证,即就这场天文学革命的名称而言,哥白尼是第一个严肃且耐心对待"日心说"的人,后来的天文学家都称自己是哥白尼的信徒;就内容而言,今天我们所谈论的彻底改变人类宇宙观的天文学理论主要是由伽利略、开普勒和牛顿完成的,除了地球自转且围绕太阳公转这一点外,他们与哥白尼就再也没有什么一致的看法了,而相比于行星三定律、惯性定律和万有引力定律,"地球自转且围绕太阳公转"这一点几乎无须什么教育基础就能熟知背记,所以它所产生的影响是最大的,以至于

---

① 唐有伯:《评"康德哥白尼式革命的神话"》,《湛江师范学院学报》(哲学社会科学版)2004年第1期。

被认为是这场天文学革命的核心甚至全部。①

对于问题（3），我们在前面两节中已经从不同角度加以讨论，就康德自己所理解的"革命"来说，形而上学至今也没有走上科学的道路，就库恩的理论而言，康德之前的哲学尚未取得它的"第一个范式"，而康德哲学也未能提供一个。总之，"革命"还无从谈起。康德哲学的重要意义不必多说，甚至哲学界以外的人士（但通常不包括数学家和自然科学家）也时常以谈论康德为荣，但思想史上重要的人物很多，"革命"却只能专门用来指称发生在某种根本性转变的节点上的特别事件。"革命"当然是一种殊荣，但与"重要"或"伟大"相比毕竟是两个不同范畴中的概念。亚里士多德无疑是重要的，但并不是革命性的。所以《评"康德哥白尼革命的神话"》一文对科恩的批评是中肯的，但作者依然没有对"革命"与"重要"加以区分，以哥白尼《天球运行论》为名义开端的，由伽利略、开普勒和牛顿等人发动并完成的天文学和物理学革命彻底结束了亚里士多德世界观在西方世界长达20个世纪的统治，同时塑造了新的世界观，并使西方对整个世界取得了支配性的地位，这是康德哲学的成就所不能比拟的。所以，逻辑学、数学、自然科学、形而上学，是并列的关系吗？数学革命、自然科学革命、形而上学革命（哲学革命）是并列的关系吗？康德所说的科学革命将使一门学科走上科学的道路，不是走上所谓"实证科学""经验科学"或自然科学的道路，而是摆脱"来回摸索"的状态。事实上，形而上学或哲学时至今日也还没有摆脱这种状态。

对于问题（4），如果多年以后人们又重新拾起康德未竟的事业，真的实现了"形而上学革命"，那么它在何种意义上是"哥白尼式的"？这个问题几乎是有关"康德的哥白尼式革命"这个术语唯一积极的问题。答案显然不是在人的主体地位方面，比如沃尔特·考夫曼（Walter Kaufmann）认为：康德"成功完成了一场反

---

① 这种现象波普尔用科学革命的"理论部分"和"意识形态部分"的区别加以解释。比如牛顿学说的理论部分极其重要，但就意识形态的影响来说却不及哥白尼学说；达尔文革命就更为典型了，相比于"自然选择"的具体内容，大多数人对"进化论"的最终印象就是"人是猴子变的"。

哥白尼式的革命。他推翻了哥白尼对人的自尊的巨大打击",因为他"使人重新回到了世界中心的地位"。① 用康德自己的话说,这些革命的共同点在于都是思维方式的转变,而这也是康德对科学革命实质的理解,后面我们将会讨论,这是一种典型的"辉格解释"。这里实际上存在的不过是一种深刻的隐喻,因而这绝不等于相同的本质或结构。哥白尼所要恢复的原则是主观的,但不是先天的。苗力田教授用"开普勒改革"称谓康德哲学,这个并未在学界流行开来的说法比"哥白尼革命"的说法更准确,又更少地引起歧义。②

本章小结

在已经取得的涉及"马克思哲学革命"的研究成果中,对"马克思哲学革命"的描述和评价所使用的词语和语句与评述科学革命的各种用语基本一致。造成这种现象的原因在于我们并没有评述"哲学革命"的专门用语,科学史学家和科学哲学家所创造和使用的各种术语,是我们现有的用于评述发生在思想领域中的革命的唯一工具。因此,我们不得不首先在科学革命的观念中考察"马克思哲学革命"的观念。在现有的文献中,康德、库恩、科恩的具有代表性的观点和理论,能够帮助我们塑造科学革命的观念。康德指出科学革命的特征在于一门学科实现了思维方式的转换并因此走上科学的道路;库恩认为科学革命就是一个学科内"新范式"取代"旧范式"的过程;科恩则认为一个历史事件需要通过四项

---

① 转引自[美]科恩《科学中的革命》(新译本),鲁旭东、赵培杰译,商务印书馆2017年版,第367页。
② "要求不断扩大、不断加深、不断更新的普遍必然的科学必须有两个主干,认识的能力必定有两种特性,思辨理性的运行轨迹虽然以理性为中心,但应该有两个焦点:感性和知性,直观和思想。像我们所栖息的星球一样,要循着椭圆形。""现象学是思辨哲学的开普勒改革的必然结果。""王山教授是思辨哲学的改革家,现代西方现象学方法的先驱"。(苗力田:《哲学的开普勒改革》,载李秋零主编《康德著作全集》第1卷,中国人民大学出版社2003年版,"中译本序"第4、6、14页)

一组的系列检验才能被确认为是一场科学革命。这里我们率先以所谓"康德的哥白尼式革命"为例,分别用康德本人的、库恩的和科恩的标准去衡量,发现康德哲学并没有使形而上学走上科学的道路,没有成为哲学中的"新范式"(哲学中也不存在"旧范式"),也没有通过"四项检验",因而不是真正意义上的革命。本章的目的在于指出,评价科学革命的一系列标准是我们目前仅有的能够用于评价"哲学革命"的理论工具,因而利用这一工具去分析"马克思哲学革命"的观念是一种"冒险"但却必要的尝试。

第二章 "马克思哲学革命"观念中的"马克思"

在从这一章开始的三章里，我们要逐一分析"马克思哲学革命"这个观念中的各个子观念，这样一项工作除了会用到前一章介绍的康德、库恩和科恩的理论外，还会涉及英国历史学家巴特菲尔德的观点，当然也包括马克思和恩格斯对于"科学革命""哲学革命"以及马克思学说的革命性的看法。这种分析的目的在于揭示"马克思哲学革命"这一观念与我们的信念和知识系统中其他观念的关系，更进一步的则是指出如果这些观念之间发生冲突将如何协调。

本章第一节归纳以人名命名革命事件的几种常见情况，从而发现"马克思哲学革命"用马克思名字命名的特别之处。第二节考察马克思从未明确说过自己发动了或完成了一场"哲学革命"的诸种可能的原因，再用事实上和逻辑上的证据排除部分可能性后得出唯一可能的原因。第三节援引巴特菲尔德的理论给"马克思哲学革命"这一说法的产生与流行以尽可能合理的解释。

第一节 以"人名"命名革命事件的几种情况

在众多被称为"革命"的事件中，有一类是用"人名"命名的，比如"哥白尼革命""牛顿革命""拉瓦锡革命""达尔文革命""康德哲学革命"等，当然也包括"马克思哲学革命"。可以看出这类术语的共同点是其所指的事件都发生在思想领域，而无论克伦威尔（Oliver Cromwell）、华盛顿（George Washington）、罗伯斯庇尔（Maximilien François Marie Isidore de Robespierre）或列宁在英、美、法、俄各国的革命中发挥多大作用，都未能享此殊荣；无论蒸汽机多么重要，人们也不会把工业革命称为"瓦特革命"。这大概是因为任何一场政治或社会领域中的革命都不可能凭借某个英雄人物的一己之力完成。但在思想领域，特别是在20世纪以前的漫长时间里，一个科学发现是几个人合作完成的几乎不可想象。知识总量稀少，学术共同体、学术期刊不发达，都是造成这种现象的原因。但这不是说科学家们不依赖他人的研究成果，而是说被依赖的绝大部分都是前人。那个时代人们并不热衷于发表自己的新发现，有限的学术交流和科学发现权的确定都是在科学家们的私人通信中完成的。科学革命的成就取得支配地位的情况也与政治革命中的情况极为不同，前者一旦将全部细节公布于众，由于每个人都可以检验新发现，所以革命是以不可逆转的形势席卷学术界的。但是，人们决心相信一种新的科学观点而放弃之前一直笃信的科学观点，未必比选择一种新的生活方式或社会制度而放弃原有的更容易。

那些被人们承认的实现了科学革命的科学家在计划发动革命的时候[①]，他的同行们大都还沉浸在原有的科学"范式"之中浑然不觉，等到革命发生或完成时，那些目光敏锐的人只剩下赞叹的份儿，而那些不够敏锐或生性保守的人，则可能对此至死都毫无察觉或拒不承认。所以，使用主要发动者或完成者的名字命名一场科学中的革命是非常恰当的。这种命名方式属于第一章讨论过的"革命"一词三种用法中的第二种，即定语指发动或完成革命的主体。有时人们也习惯于再加入革命发生的具体领域——通常这种做法是多余的。但当我们说"牛顿革命"的时候，我们指的是天文学革命还是动力学革命呢？有人会说牛顿的成就之一不正是把这两个领域的规律归结为同一些规律吗？但毕竟直到今天，天文学与动力学

[①] 他们未必直接使用或意识到了"革命"这个概念，他们心目中所想的或许是"新"这个词。

都是两门学科。更进一步，这里所谈的都是广义的物理学的革命，那么牛顿由于发明微积分而在数学领域中引发的革命呢？

对于我们的主题来说，这个讨论显得十分必要。当我们说"马克思革命"的时候，我们指的是什么呢？如果恩格斯被问到这个问题，他大概首先会说就是马克思创立国际工人协会并领导它所进行的一系列革命斗争吧；当被告知一个人的名字并不适用来命名政治革命之后，恩格斯或许会说那一定是马克思的"两个科学发现"了，一个是如同达尔文发现有机界的发展规律一样发现了人类社会的发展规律，一个是如同拉瓦锡真正发现了普利斯特列（Joseph Priestley）和舍勒（Carl Wilhelm Scheele）早就析出的氧气一样真正发现了前人早就知道的剩余价值。所以，当我们意图专门讨论马克思在哲学领域中所实现的革命时，我们就必须使用"马克思哲学革命"这个术语。

但当我们回顾思想史上诸多革命的时候，就会发现"马克思哲学革命"这个术语与"哥白尼天文学革命""拉瓦锡化学革命""达尔文生物学革命"或者"牛顿天文学、动力学、数学革命"这些术语明显不同。我们首先以后三个术语的情况为例加以比较分析。

在科恩所提供的鉴别科学革命的四项检验中，作者本人看重第一项检验[1]："目击者的证明，即当时的科学家和非科学家们的判断。"[2] 对于科恩来说，"同时代见证者的证明具有十分重要的意义"，因为"在后人的判断中，对革命性事件的考虑，比对革命的长期影响或对革命以后科学史的考虑要少，与此不同，同时代见证者的评价所提供的，则是对正在进行之中的事业的直接洞察"。[3] 如果科恩是从先天的原则中推导出这些检验标准的，那么上述说法是大可怀疑的，我们通常认为置身事外的人才看得更清楚。但科恩

---

[1] 这四项检验绝不仅仅是以发生的时间顺序而进行排序的。

[2] ［美］科恩：《科学中的革命》（新译本），鲁旭东、赵培杰译，商务印书馆2017年版，第76页。

[3] ［美］科恩：《科学中的革命》（新译本），鲁旭东、赵培杰译，商务印书馆2017年版，第82页。

的研究是建立在历史证据的基础之上的，与其说他设计了四项检验，不如说是总结、归纳出了四项检验。所以，至少在过去四五个世纪中所发生的情况都不能对他的理论予以反驳，因为他不过就是总结了这些世代的情况罢了。

牛顿、莱布尼茨（Gottfried Wilhelm Leibniz）仍然在为微积分工作和争吵的时候，丰特奈尔就认为"他们的创造已经在数学中引起了一场革命"；"在牛顿去世后的10年中，亚力克西斯－克劳德·克莱罗（Alexis－Claude Clairaut）为牛顿的《原理》而欢呼，称它是力学科学革命的'新纪元'"；"拉瓦锡对化学的根本性改革，被他同时代的许多科学家看作化学中的一场革命"；"很多与达尔文同时代的人，则把进化论描写成一场生物学中的革命"；"在20世纪20年代和30年代，即大陆漂移说的地位从论著中的革命转变成科学中的革命很久以前，对于许多地球科学家而言，显而易见，魏格纳有关大陆运动的思想将会引起一场革命"。①

在这几个例子中，由于牛顿时代"革命"还不是一个广为流行的词，所以除他以外，拉瓦锡、达尔文、魏格纳（Alfred Lothar Wegener）都曾亲口宣称他们的学说将会引发学科内的革命。在1773年一本实验室日志中，拉瓦锡写道："这个学科的重要性再次促使我全面展开这项工作。在我看来，这项工作注定要在物理学和化学中引发一场革命。"在1791年给法国化学家沙普塔尔（Jean Antoine Chaptal）的信中，拉瓦锡说："所有年轻的科学家都接受了新的理论，因此我断定，这场革命首先是在化学中完成的。"在1790年写给富兰克林的信中，拉瓦锡说："在人类知识的一个重要部分中发生了一场自您离开欧洲以来的最伟大的革命"，"如果您同意的话，那我将把这场革命看作是不断推进的甚至彻底完成了的革命"。之后他又谈了法国正在发生的事情："在给您介绍了迄今为止在化学中发生的事情之后，也许应该再跟您谈一谈我们这里发生的政治革命。我们认为这场革命已经完成，而且再也没有回到旧

---

① ［美］科恩：《科学中的革命》（新译本），鲁旭东、赵培杰译，商务印书馆2017年版，第77页。

秩序的可能性。"①

在《物种起源》的最后一章中，达尔文说："我在本书所提出的以及华莱斯先生所提出的观点，或者有关物种起源的类似的观点，一旦被普遍接受以后，我们就能够隐约地预见到在博物学中将会发生重大革命。"② 科恩认为，"在一个正式的科学出版物中宣告革命这类事件，在科学史中似乎鲜有相似的情况。"③ 达尔文相信"革命"与"暴力"的联系，这从他对法国大革命的看法中可以找到证据，这使科恩确信，"对于达尔文来说，'科学中的革命'这个概念并不是一个暗指变化的无用的隐喻，而是意指为了一种基本信念的彻底改变而粗暴对待科学知识的既成体系。"④

魏格纳在 1911 年给他的同行克彭（W. Koppen）的信中说，为什么我们"会犹豫不决，不愿放弃旧的观点？""为什么人们阻止这种思想达 10 年甚至 30 年之久？也许就因为它是革命性的？""我认为旧思想的寿命不会超过 10 年了。"⑤

"这种与其他目击者一致的意见，会增加这些目击者们证明的力量。"⑥ 但这些证据绝不是决定性的，因为有更多宣称自己的发现或学说将导致革命并且确有一批追随者的人最终并没有引发一场革命，而像牛顿这样制造巨大革命的人却完全没有说过自己学说的

---

① ［美］转引自科恩《科学中的革命》（新译本），鲁旭东、赵培杰译，商务印书馆 2017 年版，第 338—340 页。从拉瓦锡的信中可以看出他对"革命"的认识，或他的革命观念：革命需要被人接受，对于科学革命，年轻人更容易接受；革命是一个发展的过程，充分发展与尚未充分发展、彻底完成与尚未完成是不同的；政治革命与科学革命没有什么本质区别；革命是一种不可逆转的变化。

② ［英］达尔文：《物种起源》，商务印书馆 1995 年版，第 552 页。这里的"博物学"现在一般译为"自然史"。参见吴国盛《自然史还是博物学？》，《读书》2016 年第 1 期。

③ ［美］科恩：《科学中的革命》（新译本），鲁旭东、赵培杰译，商务印书馆 2017 年版，第 418 页。

④ ［美］科恩：《科学中的革命》（新译本），鲁旭东、赵培杰译，商务印书馆 2017 年版，第 419—420 页。

⑤ 转引自［美］科恩《科学中的革命》（新译本），鲁旭东、赵培杰译，商务印书馆 2017 年版，第 663 页。

⑥ ［美］科恩：《科学中的革命》（新译本），鲁旭东、赵培杰译，商务印书馆 2017 年版，第 77 页。

革命性。引入这个标准的意义在于说明，如果一位作者与他同时代的可能的目睹者都没有类似的说法的话，那么存在一场革命的可能性就极小了。"古代见证者的证明与以后的历史学家的观点之间的这种不一致，也许已经给历史学家们提出了警告，劝他们对这种所谓的革命应持怀疑态度。"①

现在让我们来分析"马克思哲学革命"这种说法中"马克思"这个成分的情况。首先必须承认的是，从马克思、恩格斯的一些论述中，我们能够读出他们决定在某种意义上发动并实现一场"哲学革命"的意图。比如，在《提纲》中马克思说："哲学家们只是用不同的方式解释世界，问题在于改变世界"②，这意味着马克思意图彻底变革整个哲学传统。而在《终结》中，恩格斯更是指出《提纲》是"包含着新世界观的天才萌芽的第一个文献"③。但如果我们愿意在科恩所提供的第一项检验的意义上去审视这个问题，那么我们就会发现，马克思并没有十分明确地说明他意图发动一场"哲学革命"。

从《〈政治经济学批判〉序言》作者的自述中可以看出，马克思早年对哲学充满热情和希望，然而对物质利益发表意见的需要迫使他开始从事政治经济学方面的学习和研究。这种研究重心的转移可以通过对马克思文本的词频学考察得以证实，"哲学"一词以及哲学领域内的诸多术语在马克思的文本中存在一种随时间推移而发生的变化——绝不是增多，而"政治经济学"一词及政治经济学的各种术语的情况则正好相反。这是马克思谈论"哲学"的情况，至于谈论"哲学革命"就更罕见了，也就是说像拉瓦锡、达尔文、魏格纳、爱因斯坦说自己的学说在化学、生物学、地质学、物理学中即将引发或已经完成一场革命的那样的说法，在马克思的文本中尚未找到。就现存的文献来说，马克思从未说过他将要发动或已经完成一场哲学中的革命，这种说法在他早年的著述中没有，出现在

---

① [美]科恩：《科学中的革命》（新译本），鲁旭东、赵培杰译，商务印书馆2017年版，第79页。
② 《马克思恩格斯文集》第1卷，人民出版社2009年版，第502页。
③ 《马克思恩格斯文集》第4卷，人民出版社2009年版，第266页。

中年或晚年的著述中就更不可能了。

更重要的是，马克思时代的目击者们也丝毫没有这方面的说法。没有哪个科学家能有一位像恩格斯这样的"目击者"，所以不重视他的评价绝对是愚蠢的。[①] 从恩格斯所撰写的马克思的小传、悼词，对《政治经济学批判》（第一分册）和《资本论》（第一卷）的书评，以及为《资本论》各卷的多个版本所写的序言来看，恩格斯极少提及马克思在哲学上的成就，更不用说"哲学革命"了——只字未提。至于有学者指出，《终结》是恩格斯对马克思和他早年发动的哲学革命的总结，则并没有充分且明显的依据。马克思逝世之际，世界上很多组织和个人都发表了看法，无论是赞颂、贬损或是中立，都几乎没有提及哲学方面的内容：

> 马克思一生最伟大的著作是他的现代政治经济学论著《资本论》。（纽约《人民之声报》1883年3月18日）
>
> 正如达尔文对于自然科学，约翰·布克尔对于历史科学那样，对于国民经济学来说，卡尔·马克思是追求真理的革命开拓者。（芝加哥《工人报》1883年3月16日）
>
> 与达尔文和瓦格纳的名字一样，马克思的名字代表一个纲领，体现了一种政治的、社会的和科学的意义。（斯图加特《新时代》1983年第1期）
>
> 卡尔·马克思……这部著作……第一卷"资本的生成过程"，甚至在权威的政治经济学方面也产生了一场真正的革命。（巴黎《正义报》1883年3月17日）
>
> 《资本论》向学术界宣告，马克思是一位无可辩驳的革命经济学家。（巴黎《公民和战斗报》1883年3月17日）
>
> 《资本论》是他主要的、相当重要的著作。它在经济学体系中引起了一场真正的革命。（巴黎《激进共和党人报》1883

[①] 就连哈雷对牛顿的支持与见证也无法与恩格斯对马克思的支持与见证相提并论。

年 3 月 18 日) ①

这里有一个尚未被讨论但不能回避的假说，如果"唯物主义的历史观""历史唯物主义""马克思的第一个科学发现"等就是马克思的哲学的话，那么"马克思哲学革命"的说法就有根据得多了。但是，即使这个假说得到证据支持，也不能免除"马克思哲学革命"与其他思想中的革命的巨大差别，即我们不需要把拉瓦锡所说的"这个科学""这项工作"，达尔文所说的"我在本书中所阐述的见解"，魏格纳的"新的观念"等**解读为**"化学""生物学"或"地质学"，也不必把拉瓦锡所说的"物理学""化学"**解读为**"哲学"。拉瓦锡逝于 1794 年，魏格纳生于 1880 年，而达尔文（1809—1882）就是马克思同时代的人，他们分别是法国人、英国人和德国人，所以我们很难看出这种检验在一个 19 世纪的德国人身上应该有什么不同。

这是"马克思哲学革命"这种说法与"牛顿革命""拉瓦锡革命""达尔文革命""魏格纳革命"的区别。当然，"哥白尼革命"与其他科学革命也有很大区别，在这种意义上"马克思哲学革命"与之有很多相似之处。马克思与哥白尼本人都没有表达过要在哲学或天文学领域中发动革命的明确说法，两人在世之时和逝世之际都没有目击者认为发生了一场哲学或天文学中的革命，"马克思哲学革命"与"哥白尼革命"的说法都是时隔多年才出现的（从马克思哲学作品发表算起近一个世纪，从哥白尼天文学作品发表算起达两个世纪）。但是，这两者之间也有着巨大差异：

（1）当今的研究者大多承认哥白尼并没有发动革命的意图，但相信"马克思哲学革命"存在的研究者们大都认同马克思本人即有意识地要发动"哲学革命"；

（2）所谓"哥白尼革命"不仅不是哥白尼完成的，甚至不是

---

① ［美］丰纳编：《马克思逝世之际——1883 年世界对他的评论》，王兴斌译，宋献春校，北京出版社 1983 年版，第 59、62、127、139、140、141 页。只有少数几位作者在最宽泛的意义上说马克思是"哲学家"，结合语境来看应该是"思想家"的意思。

他发动的,而是由伽利略、开普勒、牛顿等人接力完成的,革命完成时的天文学与哥白尼的学说相比几乎面目全非,而伽利略、开普勒,特别是牛顿在科学史上的地位(其理论的重要性)明显高于哥白尼;但相信"马克思哲学革命"的人则认为这一"革命"就是马克思本人(至多算上恩格斯)发动并完成的①,否则我们也找不到马克思身后有哪位马克思学说的追随者其理论水平和历史评价能够超过马克思,正如牛顿之于哥白尼、拉瓦锡之于普利斯特列和舍勒、达尔文之于华莱士(Alfred Russel Wallace)那样;

(3)库恩虽然没有像科恩那样反思"哥白尼革命"这个术语的使用是否得当,但他们对这个事件的理解是很接近的,即不认为哥白尼学说本身是属于新科学或科学的崭新阶段的,而是新科学与旧科学之间的过渡;但马克思主义哲学界认为马克思的学说"是哲学中崭新时代的开始""开创了人类认识史的新纪元""意味着……哲学进入了新质阶段",与之形成对照的是,罗素评价马克思为"大体系缔造者当中最后一人"②。

这里不是指责任何一方,只是指出对"马克思哲学革命"与"哥白尼革命"评述的区别。从历史的材料看,大多数科学革命比较接近于"牛顿革命"的模式,即在发生之时就被目击者所承认,在发生后较短的时间内就得到了广泛的承认并持续至今,这其中有一部分是发动者本人宣告了的,还有一部分是在发动者发动之后经历一段时间才被人们接受的,如哥白尼③和魏格纳的情况,这种情况的一个特点是,人们最终所承认的革命性学说与发动者的想法已经有了明显不同,发动者只有其精神和最显而易见的原则还保留在其中。但是,"马克思哲学革命"却并不属于其中任何一种情况。他本人和同时代的人们都没有这方面的只言片语,虽然马克思主义哲学的信仰者和大部分研究者都承认这场"革命",但人们并没有

---

① 在有些研究者的表述中,这场"革命"甚至是在近一个世纪都无人知晓的一部手稿中就发动了并**瞬间**完成的。
② [英]罗素:《西方哲学史》下卷,马元德译,商务印书馆1976年版,第336—337页。
③ 哥白尼并不是"哥白尼革命"真正意义上的发动者。

做出实质性的修改,争论的焦点仅仅是对其学说的解读。这种不同寻常的情况要求我们有必要再参考科恩的其他几项检验。比如,在"革命"发生的时代,哲学教科书是否受到影响;有水平的历史学家或哲学史学家是否在他们对历史的一般记叙和评价中提到了这场"革命";最后,在今天的哲学界,哲学家们是否普遍认可这场"革命"。

事实上对这个问题并不需要特别的考察,因为我们在前面已经讨论了整个哲学学科的情况,甚至"哲学学科"这个词都还不很明确,更不用说每个重要的哲学家对哲学的对象、性质、功能等都有自己不同的看法,何来"哲学革命"?哲学似乎并没有走上科学的道路,它仍然在来回摸索。

第二节 马克思为何未自称实现了"哲学革命"?

马克思从来没有说过自己意图发动一场"哲学革命",更不可能说过他已经完成了"哲学革命"。我们能否据此推断马克思当真不认为自己发动或完成了一场"哲学革命"?事实上,牛顿也不曾用"革命"这个词去评价自己的学说。但在牛顿的时代,"革命"这个词使用得还很不频繁,而马克思的年代则完全不同,他生活在一个革命的时代,他本人就曾大量使用这个词。当然,即使在马克思的年代这样的例子也不是很多,"因为大多数科学家由于科学事业惯例的束缚,常常过于谦虚或过于拘谨,以致不会对他们自己的创造做出这样的评价。"[①] 所以,为了确定我们的推断,就必须排除两种可能的情况:第一,马克思的头脑中没有"哲学革命"的观念,因而即使他确实意图推翻哲学中旧的理论而建立新的理论,也不会有包含"哲学革命"这几个字的表述;第二,作者并不认

---

① [美]科恩:《科学中的革命》(新译本),鲁旭东、赵培杰译,商务印书馆2017年版,第77—78页。

为自己的学说具有革命性,因而即使他知道自己在哲学上有所创见,也不会用"革命"一词评价自己的学说。如果马克思既有"哲学革命"的观念,又认为自己的学说具有革命性,那么他不说自己实现了"哲学革命",很有可能就是他当真不认为自己的工作与"哲学革命"有什么关系。

(1) 马克思没有"哲学革命"的观念吗?

(a) 在《〈黑格尔法哲学批判〉导言》中,马克思说:"理论的解放对德国也有特殊的实践意义。德国的**革命的**过去就是理论性的,这就是**宗教改革**。正像当时的革命是从**僧侣**的头脑开始一样,现在的革命则从**哲学家**的头脑开始。"① 如果从僧侣的头脑开始的革命叫"宗教改革",那么从哲学家的头脑开始的革命就可以很恰当地被称作"哲学革命"了。实际上在马克思的文本中找不到放在一起写成"哲学革命"的"哲学"与"革命",这里只是用这个文本来推测他有一种"哲学革命"的观念的可能性。

(b) 在 19 世纪,"科学革命"已经是一个深入人心的概念了,正是在一门门学科内发生的革命的总和塑造了"科学革命"的观念。在马克思的时代,天文学、数学、物理学、化学中的革命已经发生许久且被人们普遍承认,而一场生物学中的革命就正在进行之中,并且马克思正是这场革命的目击者之一,而对于康德宣称的"形而上学革命"马克思也极有可能知道,所以即使"哲学革命"这个词没有以这个形式广泛地出现在那个时代的著述之中,马克思所处的环境也与牛顿的根本不同。无论在拉瓦锡还是达尔文之前,几乎都没有人使用过"化学革命""生物学革命"这样的词或概念,但在"天文学革命""科学革命"这样的观念深入人心的情况下,"创造"并使用这样的词绝不是什么稀罕事。而在牛顿的年代,丰特奈尔用"革命"这个词去评价微积分的发明,这种评价的确是一个了不起的创举。很明显,马克思的情况与拉瓦锡和达尔文的情况是一样的。

---

① 《马克思恩格斯文集》第 1 卷,人民出版社 2009 年版,第 12 页。粗体字为原文所加。

（c）海涅（Heinrich Heine）于 1834 年发表了以"论德国宗教和哲学的历史"为题的论著，发表时分为两篇，第一篇叙述了"在德国以马丁·路德为代表的伟大的宗教革命"，海涅说，"现在我们就来谈谈从宗教革命中产生的哲学革命，是的，这次哲学革命不是别的，正是新教的最后结果。"① 海涅是马克思一家的朋友，比马克思年长 21 岁，1834 年发表这部论著的时候马克思才 16 岁。可以推测，马克思极有可能读过海涅的这部作品，因为在德国的宗教改革与"哲学革命"的关系问题上，马克思与海涅的看法是基本相同的。所以仅是通过海涅的作品，马克思就可能在 1843 到 1844 年前后拥有了"哲学革命"的观念。

（d）恩格斯在 1844 年发表的《英国状况·十八世纪》一文中讨论了发生在英国、法国和德国中的不同性质的三种革命："初看起来，革命的世纪并没有使英国发生多大变化便过去了。……但是，英国自上一世纪中叶以来经历了一次比其他任何国家经历的变革意义更重的变革；……这种变革很可能会比法国的政治革命或德国的哲学革命在实践上更快地达到目的。英国的革命是社会革命，……社会革命才是真正的革命，政治的和哲学的革命必定通向社会革命"②。马克思没有读过这篇文章几乎是不可能的，所以至少从恩格斯那里，马克思也能掌握"哲学革命"的观念。

综上四点，在马克思的头脑中没有"哲学革命"的观念是不可想象的，这只能说明马克思并没有把自己的成就与"哲学革命"联系起来。但这是否仅仅是出于学者惯有的谦逊而拒绝自夸呢？为了回答这个问题，我们还要继续考察马克思是否曾经在任何文本中表达过认可自己学说具有革命性的意思。如果存在这样的文本，那么就可以十分确凿地认为，马克思不是没有"革命"的观念，也并非不认为自己不配享此殊荣，而是认为这一切并不是发生在哲学

---

① ［德］海涅：《论德国宗教和哲学的历史》，海安译，载张玉书编选《海涅选集》，人民文学出版社 1983 年版，第 248 页。从历史记录的实际情况来看，海涅所说的德国的"哲学革命"并没有得到人们的普遍认可，但宗教改革却是能与文艺复兴和科学革命相提并论的伟大事件。

② 《马克思恩格斯文集》第 1 卷，人民出版社 2009 年版，第 87 页。

之中的。

(2) 马克思不认为自己的学说具有革命性吗?

在马克思使自己的名字永垂科学史册的许多重要发现中,这里我们只能谈两点。第一点就是他在整个世界史观上实现了变革。

马克思的第二个重要发现,就是彻底弄清了资本和劳动的关系,换句话说,就是揭示了在现代社会内,在现存资本主义生产方式下,资本家对工人的剥削是怎样进行的。……现代科学社会主义就是以这两个重要事实为依据的。在《资本论》第二卷中,这两个发现以及有关资本主义社会制度的其他同样重要的科学发现,将得到进一步的阐述,从而政治经济学中那些在第一卷还没有涉及的方面,也会发生根本变革。①

那么,马克思关于剩余价值说了什么新东西呢?为什么马克思的剩余价值理论,好像晴天霹雳震动了一切文明国家,而所有他的包括洛贝尔图斯在内的社会主义前辈们的理论,却没有发生过什么作用呢?化学史上有一个例证可以说明这一点。普利斯特列和舍勒析出了氧气,但不知道他们所析出的是什么。他们为"既有的"燃素说"范畴所束缚"。这种本来可以推翻全部燃素说观点并使化学发生革命的元素,在他们手中没有能结出果实。拉瓦锡发现:这种新气体是一种新的化学元素。这样,他才使过去在燃素说形式上倒立着的全部化学正立过来了。在剩余价值理论方面,马克思与他的前人的关系,正如拉瓦锡与普利斯特列和舍勒的关系一样。②

正像达尔文发现有机界的发展规律一样,马克思发现了人类历史的发展规律。

马克思还发现了现代资本主义生产方式和它所产生的资产阶级社会的特殊的运动规律。由于剩余价值的发现,这里就豁

---

① 《马克思恩格斯文集》第3卷,人民出版社2009年版,第457、461—462页。
② 《马克思恩格斯文集》第6卷,人民出版社2009年版,第19—21页。

然开朗了,而先前无论资产阶级经济学家或者社会主义批评家所做的一切研究都只是在黑暗中摸索。①

恩格斯这几段对马克思学说的评述集中反映了他对这些学说的革命性的认可。在《卡尔·马克思》这篇传略中,恩格斯明确指出马克思在世界史观上实现了变革;他还指出马克思在世界史观、资本主义生产方式上的发现以及其他科学发现将会使政治经济学发生变革,而且这些变革涉及了《资本论》第一卷、第二卷所涵盖的政治经济学的领域。如果说在这个文本里作者没有使用"革命"(Revolution)而只是使用了"变革"(Umwälzung)这个感情色彩不那么强烈的词,并且读者不相信它们在这里并没有实质区别的话,那么请看恩格斯为《资本论》第二卷所写的序言,他把马克思在政治经济学中的发现与拉瓦锡在化学中的发现相提并论,因为拉瓦锡的发现早在当时就已经被广泛承认为导致了化学革命,恩格斯也明确表示"氧"是可以使化学发生革命的元素,所以这种比较与传略中涉及"变革"的说法之间构成有力的佐证,证明恩格斯着实认为马克思的学说是革命性的,实现了或将会实现世界史观领域和政治经济学领域中的革命。

在马克思的悼词中,恩格斯又把马克思在人类历史领域中发现的规律与达尔文在有机界发现的规律相比较,到马克思逝世的时候,人们已经开始相信在生物学中发生了一场以达尔文名字命名的革命,虽然达尔文自称"革命尚待争论",但至少他自己也已经认为这是一场革命,并且清楚地印在《物种起源》的最后一章中。尽管马克思、恩格斯对达尔文学说中与霍布斯(Thomas Hobbes)、马尔萨斯(Thomas Robert Malthus)有关的部分并不满意,但绝不影响他们对其学说的总体上的肯定。在1861年1月16日给拉萨尔(Ferdinand Lassalle)的信中,马克思说:"达尔文的著作非常有意义,虽然存在许多缺点,但是在这里不仅第一次给了自然科学中的

---

① 《马克思恩格斯文集》第3卷,人民出版社2009年版,第601页。

'目的论'以致命的打击,而且也根据经验阐明了它的合理的意义。"① 恩格斯在1884年2月16日给考茨基(Karl Kautsky)的信中说:"在论述社会的原始状况方面,现在有一本像达尔文的著作对于生物学那样具有决定意义的书,这本书当然也是马克思发现的,这就是摩尔根(Thomas Hunt Morgan)的《古代社会》(1877年版)。"② 这些证据与传略中关于"世界史观变革"的说法之间又构成了佐证。恩格斯怎么会拿一个不足以与马克思相提并论的人的成就去比较说明马克思的成就呢?甚至在这种比较中,人们往往暗示作为参照的那个人成就更高,至少是其成就已被公认,如称拉瓦锡和达尔文为"化学中的牛顿""生物学中的牛顿"。

在这篇悼词中还隐藏着两个信息,可以显示出恩格斯对马克思学说革命性的认可。(1)恩格斯说在马克思发现剩余价值之前,关于这个问题的研究都是在黑暗中摸索,虽然不能证明恩格斯熟悉康德《纯粹理性批判》第二版前言,但至少他们使用了相同的说法,都意图表明一门学科在它的历史上截然不同的两个阶段,而划分这两个阶段的标志正是康德意义上的科学革命。(2)恩格斯使用了"运动规律"这个词,这个词今天看来十分平常,并没有什么特别的含义,但科恩认为,恩格斯这里实际上是在把马克思与牛顿相比较,因为所谓"运动规律"可能是指以牛顿名字命名的三条定律。③ 可以想象的是,把社会领域中的变化称为"运动",应该是一种来自动力学的隐喻。

以上恩格斯关于马克思学说的革命性的认可,马克思会不知道吗?当然,写于马克思逝世之后的文本他不可能看到,但所有这三个文本所表达的意思是完全一致的。即使这位终身的朋友、"第二小提琴手"违背马克思的意愿写了这些文本,那么让我们看一下

---

① 《马克思恩格斯文集》第10卷,人民出版社2009年版,第179页。
② 《马克思恩格斯文集》第10卷,人民出版社2009年版,第512—513页。
③ 科恩认为,因为恩格斯对黑格尔的过分偏爱导致他不可能在大脑中直接产生牛顿的形象,所以没有把马克思与牛顿相比。参见〔美〕科恩《科学中的革命》(新译本),鲁旭东、赵培杰译,商务印书馆2017年版,第762页。这一点可以从恩格斯在《反杜林论》和《自然辩证法》的相关论述中看出,他对牛顿的评价基本上是以黑格尔的说法为依据的,与公认的对牛顿的评价相比明显过低。

具有决定意义的马克思自己的说法吧。在 1862 年 12 月 28 日给库格曼（Ludwig Kugelmann）的信中，马克思介绍了《资本论》第一卷及其即将出版的译本的情况，他认为，"这本书在国外获得认可以前，不能指望它在德国产生什么影响。第一分册的叙述方式当然很不通俗。使一门科学革命化的科学尝试，从来就不可能真正通俗易懂。"① 很显然，马克思认为自己的学说是革命性的，它将会使一门科学革命化。

恩格斯作为目击者所提供的证词与马克思作为发动者本人所给出的说法，完美地构成了科恩四项检验的第一项素材，但是，这一切都与"哲学"毫无关系，至少在字面上，"哲学"一词从未出现过。当然，没有人会因为牛顿的著作叫"自然哲学的数学原理"就把他视为哲学家。② 但 19 世纪的情况却有所不同，正是由于牛顿所引发的科学革命，使得哲学与科学之间发生了近乎彻底的分离，这一点马克思与恩格斯都十分清楚。所以马克思是在知道"哲学"与"科学"明显不同的前提下挑选使用"科学"一词的，这从"哲学"出现在马克思文本中的频率的变化可以看出。在《〈政治经济学批判〉序言》中，马克思更是在二者之间做出了截然的区分：

> 在考察这些变革时，必须时刻把下面两者区别开来：一种是生产的经济条件方面所发生的物质的、可以用自然科学的精确性指明的变革，一种是人们借以意识到这个冲突并力求把它克服的那些法律的、政治的、宗教的、艺术的或哲学的，简言之，意识形态的形式。我们判断一个人不能以他对自己的看法为根据，同样，我们判断这样一个变革时代也不能以它的意识

---

① 《马克思恩格斯文集》第 10 卷，人民出版社 2009 年版，第 197 页。
② 这里是就其主要成就而言的。牛顿在《原理》"研究哲学的规则"一节中所讨论的话题可以算作哲学中的认识论问题，这表明或许并不是对象构成了哲学与科学的区分，而是研究这些对象的方式，正如马克思说的，"各种经济时代的区别，不在于生产什么，而在于怎样生产"（《马克思恩格斯文集》第 5 卷，人民出版社 2009 年版，第 210 页）。

为根据。①

因此，说马克思对"哲学"与"科学"的含义是不清楚的，对它们关系的态度是暧昧的，进而给读者留下了自由阐释的余地，是不容易说得通的。

马克思逝世之际，对于他在思想领域（而非实际的政治活动）中的成就，无论赞颂还是毁谤，评论者的目光都集中于他的以《资本论》为代表的政治经济学的成果，只有极其稀少的几篇评论将马克思称为"哲学家"，但也至少都是与"经济学家"或"社会（科）学家"并列起来的。当人们谈论经济学家马克思的时候，总是详细引用并分析他的实际的理论，而那仅有的几篇称马克思为"哲学家"的文章在哲学方面几乎都只字未提，这不禁令今天的读者怀疑，这里的"哲学家"是否有专门的含义，还是仅仅是在另外几篇评论中出现的"哲人"的意思，或"思想家"的同义词。

以上这些证据用以说明马克思的意识中有"哲学革命"的观念，他不仅知道别人对他学说的革命性的承认，自己也在书信中表达了对自己学说革命性的认可，在这种情况下，马克思从未说过他意图发动或已经发动甚至实现了一场哲学中的革命，那就只有一种简单的解释：他当真不认为自己与一场"哲学革命"有任何关系。这个结论绝不等于说其他人不可能依据马克思的思想发动一场"哲学革命"，并谓之"马克思哲学革命"，但它所反对的是把"马克思哲学革命"说成是马克思本人意图发动的"哲学革命"。这种反对意见与科恩反对"康德的哥白尼式革命"说法的意见相似。

这里又能找到"马克思哲学革命"与"哥白尼天文学革命"的不同之处，尽管在这种分析之下"哥白尼天文学革命"说法的

---

① 《马克思恩格斯文集》第2卷，人民出版社2009年版，第592页。需要注意的是，说"判断一个人不能以他对自己的看法为根据"与科恩关于第一项"检验"中革命发动者对自己的看法的说法并不冲突，科恩只是说如果科学家们对自己的看法与其他目击者的看法一致的话无疑会加强目击者看法的分量，同时，科恩也举例说明很多科学家宣称自己实现了一场革命，然而后来证明什么也没有发生。所以我们确实不能以当事人自己的看法为最终依据。

既成事实似乎是"马克思哲学革命"说法合法性的"救命稻草"。这个差异就是,马克思是明确表示了要在思想的一个领域中发动革命的,而且也得到了一部分目击者的认可,而哥白尼却没有。所以当人们去谈论与马克思的名字相联系的这场或那场革命的时候,如果不是在经济学中去寻找,那就正如对哥白尼来说去指认一场医学中的革命一样。① 人们对"哥白尼天文学革命"的指认是过度的或强加的,可是对"马克思哲学革命"的指认在历史研究的意义上则是找错了地方。

"马克思哲学革命"的说法显得比较特别,但它也可以有一个合理的解释,这就必须求助于历史研究的某些成果,毕竟"革命"首先并且主要是一个历史范畴。

第三节 "马克思哲学革命"的"辉格解释"

英国历史学家巴特菲尔德 1931 年发表了《历史的辉格解释》一书,作者旨在探讨:

> 一种许多历史学家都具有的倾向,他们站在新教徒和辉格派一边撰写历史,赞美业已成功的革命,强调在过去出现的某些进步的原则,编写出能够确认现实甚至美化现实的故事。只要不是历史研究,所有的历史讲述就都可能陷入此类谬误。在这里,我们尤其要关注的是辉格派历史学家非要从历史研究中获得其本身不能提供的结论的企图。②

所谓"历史的辉格解释",亦即"辉格"一名的由来,是辉格派历史学家编写历史的原则或风格,他们"强调过去几个世纪的

---

① 哥白尼主修医学,被称为"神医",但并未有这方面的著述传世。
② [英]巴特菲尔德:《历史的辉格解释》,张岳明、刘北成译,商务印书馆 2012 年版,第 1 页。

新教辉格派是当代英国政治自由和宗教宽容的始祖"①。这种历史编写者"都把自己最喜欢的当代事物看作是历史发展的顶峰，认为那是从过去的某一时刻直线进步到达今天的结果"②。当然，"辉格解释"不是辉格派独有的风格，他们只是典型的代表，最早在拉赖（Raleigh）讲座上由牛津大学历史学家费舍（H. A. Fisher）的演讲"辉格派历史学家：从麦金托什爵士到屈威廉爵士"赋名。实际上在巴特菲尔德看来，这是所有历史学家都难以避免的倾向。后来人们就在巴特菲尔德的另一部名作《近代科学的起源》中找到了"辉格解释"。

"历史的辉格解释"最早是因其党派特征被人们辨识出来的，辉格党人编写历史试图说明英国在其历史上一直就是共和的，而托利党人则试图证明历史上英国就一直是专制的。这些历史学家"忙于将世界分为进步的朋友和进步的敌人两大阵营"③：

> 考察16世纪新教徒与天主教徒之间的斗争会唤起我们对20世纪的自由的感觉，而且会让我们联想到今日新教徒与天主教徒之间的相对地位。在我们面前展开的一整套隐匿的推论，就是基于这样将16世纪与当代并置的思维之上。甚至在我们对这个课题做出细致的研究之前，故事已经具有了大致的模样；新教徒将被看作是在为未来而奋斗，而天主教徒则显然是在捍卫过去。④

这种"以'当下'作为准绳和参照来研究'过去'，是辉格式历史解释的重要组成部分。这种解释对于理解历史仍然是一种障

---

① 《〈历史的辉格解释〉译者序》，载［英］巴特菲尔德《历史的辉格解释》，张岳明、刘北成译，商务印书馆2012年版，第ix页。
② 《〈历史的辉格解释〉译者序》，载［英］巴特菲尔德《历史的辉格解释》，张岳明、刘北成译，商务印书馆2012年版，第ix页。
③ ［英］巴特菲尔德：《历史的辉格解释》，张岳明、刘北成译，商务印书馆2012年版，第6页。
④ ［英］巴特菲尔德：《历史的辉格解释》，张岳明、刘北成译，商务印书馆2012年版，第19页。

碍，因为人们一直据此认为，历史研究应该直接并永远参照'现在'"①。

在科学思想史领域，这门学科的奠基人之一萨顿（George Sarton）编写科学史就极为典型地贯彻了"辉格解释"的原则。他的科学史观以定义、定理、推论的形式表现出来：

> 定义：科学是系统的、实证的知识，或在不同时代、不同地方所得到的、被认为是如此的那些东西。
> 定理：这些实证的知识的获得和系统化，是人类唯一真正积累性的、进步的活动。
> 推论：科学史是唯一可以反映出人类进步的历史。事实上，这种进步在任何其它领域都不如在科学领域那么确切，那么无可怀疑。②

以这种原则编写的科学史，自然就要排除占星术、炼金术、巫术甚至盖伦的生理学，它们被认为是"伪科学"，是与"科学"对立的"进步的敌人"。在今天的一些科学史作品中，情况已经出现改变，这些内容被编写进科学的历史，它们以科学史上的一个阶段、一种样式的面貌出现，一句话，它们是今天令我们欢呼雀跃的伟大科学的前身，而不是它的丑恶、低下的对立面。

与"辉格解释"相对立的编史原则要求用研究对象所处时代的术语去理解被研究的对象，库恩为《国际社会科学百科全书》撰写的词条"科学的历史"说道：

> 内部编史学的新准则是什么呢？在可能的范围内……科学史家应该撇开他所知道的科学，他的科学要从他所研究的时期的教科书和刊物中学来……他要熟悉当时的这些教科书和刊物

---

① ［英］巴特菲尔德：《历史的辉格解释》，张岳明、刘北成译，商务印书馆2012年版，第10页。

② 刘兵：《克丽奥眼中的科学——科学编史学初论》，山东教育出版社1996年版，第36页。

及其显示的固有传统。①

但讽刺的是，巴特菲尔德的《近代科学的起源》却恰好是一部出色的辉格式的科学史。那些通常被认为是"伪科学"的东西在这本书里同样没有地位。于是，历史学以及科学史学以这种戏剧性的方式迫使人们像反思"辉格解释"一样反思"非（反）辉格解释"。但这种反思与之前的反思相比就温和多了，人们更多地愿意站在两者之间思考问题。这里仅举两例，一例是科恩结合牛顿的具体情况所谈的看法，一例是克拉夫（H. Kragh）更为一般化的意见。

科恩指出："我当然不提倡辉格式的科学史"，但"牛顿的关于炼金术的见解或他的神学信念并不值得我们像注意他的《原理》那样一页一页地仔细研究。例如，倘若牛顿没有撰写《原理》，学者们会像现在这样对牛顿的炼金术的'创造精神'感兴趣吗"？②

克拉夫认为，科学史不仅是历史学家同过去这两者间的关系，而且是历史学家、过去和当代公众三者间的关系，反辉格式的历史资料将不能起到与公众交流的作用。彻底反辉格式的科学史不能满足人们对历史的通常需求，它也许能真正代表过去，但它也将是古董式的，除了少数专家之外，大多数人都难以接近。在实践中，历史学家并不面临在反辉格式的和辉格式的观点之间的选择。通常两种思考方式都应存在，它们的相对权重取决于所研究的特定课题。③

---

① ［美］库恩：《必要的张力》，纪树立、范岱年、罗慧生等译，福建人民出版社1981年版，第108页。

② 转引自刘兵《克丽奥眼中的科学——科学编史学初论》，山东教育出版社1996年版，第44页。科恩的这段话很容易使我们联想到马克思著作的情况，不是说《1844年经济学哲学手稿》和《关于费尔巴哈的提纲》不值得我们一页一页、一条一条地仔细研究，而是说如果没有《共产党宣言》和《资本论》以及国际工人协会，人们会有多大兴趣从一连串伟大人物的名字中找到"马克思"然后去寻找并钻研一份不完整的手稿和一页提纲？这种设想只是由科恩这段话所引发的联想，不必然指向我们研究的主题。

③ 参见刘兵《克丽奥眼中的科学——科学编史学初论》，山东教育出版社1996年版，第44—45页。

但是这种"对立统一"的原则并不适用于国内科学史的情况，这个领域内的研究专著与普及读物还普遍以辉格式的原则编写，例如把科学与宗教极端对立起来，所以刘兵教授认为："就总体而言，中国科学史界似乎首先应该补上反辉格式研究方法这一课。"[①]虽然这话说于1996年，但20多年后说起来依然不觉过时。这种情况在哲学史的领域尤为突出。

正如刘兵教授指出，科学史的作者一般有两类，一类是职业科学史学家，一类是对科学史感兴趣的科学家，前者倾向于反辉格式的编史原则，后者则倾向于辉格式的编史原则。区别的原因在于只有专门的历史学训练才能使作者自觉地限制我们与生俱来的以今天的目光去看待历史的倾向。辉格式的解释是不可避免的，极端反辉格式的原则更是错误的，但"自觉"与"不自觉"还是根本不同的。在哲学界，哲学史从来没有独立成为一个学科，大多数哲学史的作者本身主要是哲学（理论）家，让他们不用自己的哲学观点去编写哲学史就等于说他不是一个哲学家一样，那是不可能的。康德和黑格尔是这方面的典型代表。

比如康德对"科学革命"的理解就是典型的"辉格解释"。他本人并不是专业的历史学家，他在叙述科学革命的历史的时候明确表示了自己对历史资料掌握的欠缺。而且很明显，叙述几门学科走上科学道路的历史绝不是康德的目的，其目的在于说明他所发动的"形而上学革命"的合法性和重要性。康德意图发动的革命要求人们转变思维方式，不让认识主体围绕认识对象旋转，而是让后者围绕前者旋转，不是像学生那样向"自然"这位老师求问，而是像法官那样向"自然"这位证人提问。为了说明这样一种转变的重要意义，康德就像英国著名历史学家、辉格党人哈兰（H. Hallam）说"英国自古以来就有一部不成文的宪法、一向就是主权在民的"[②]那样，说科学的历史上已经发生过两次革命，它们的实质都

[①] 刘兵：《克丽奥眼中的科学——科学编史学初论》，山东教育出版社1996年版，第47页。

[②] 刘兵：《克丽奥眼中的科学——科学编史学初论》，山东教育出版社1996年版，第29页。

是这样一种"思维方式的变革"。

我们今天已经知道被康德视为"先天综合判断"的几何学（那个时代只有欧氏几何）是纯粹演绎的知识，只不过恰好与我们日常生活中的物理几何学在一定的精度上重合罢了，所以康德所说的几何学是人们"把他根据概念自身先天地设想进去并加以表现的东西（通过构造）创造出来，而且为了可靠地先天知道某些东西，除了从他根据自己的概念自己置于事物之中的东西必然得出的结果之外，不必给事物附加任何东西"①，完全成了无稽之谈。就数学中的欧氏几何来说，它是先天的、演绎的，就日常生活中它的运用和正确性来说，则完全是经验的。

至于哥白尼和牛顿的伟大成就就更不用说了，哥白尼的核心原则是古老的柏拉图关于天体必须做完美的匀速圆周运动的信条，这个信条没有任何先天的根据，哥白尼不满意于托勒密的地方是，后者理论与实际情况符合得并不好，哥白尼不是要求令实际情况符合他的理论，而是设法改进理论以使之更好地符合实际。康德在"观察者"与"认识主体""天体"与"认识客体"之间以及用"旋转"这个词所做的隐喻十分形象但并不恰当。

> 牛顿对数学王国（在这里，开普勒定律均为正确的定律）与物理王国（在这里，那些定律只是"假说"或近似值）所做的区分，是牛顿天体力学富有革命性的特征之一。
>
> 牛顿……按照实验和批判性观察所揭示的情况用数学对外在的世界进行了描述。因为他并未假设这种数学构造物就是对物理世界的精确表述，所以，他可以无拘无束地去探究数学引力的属性和效应，尽管他发现，"超距作用的"控制力概念在名副其实的物理学王国中既是不相容的也是不允许的。……这种数学构造物哪里不足，牛顿就对哪里加以改进。这种思维方式，亦即……牛顿风格，在其伟大著作《自然哲学的数学原

---

① 《康德著作全集》第3卷，李秋零译，中国人民大学出版社2004年版，第8页。

理》的标题中就体现出来了。①

所以后来无论爱因斯坦的思想多么富有革命性,那依然是"牛顿风格"的产物。如果康德能够认真读一读《原理》,他就会发现牛顿明确说道:"在实验哲学中,由现象通过归纳推得的命题,在其他现象使这些命题更为精确或者出现例外之前,不管相反的假设,应被认为是完全真实的,或者是非常接近于真实的。"②这表明牛顿本人决不相信那些先天正确的公式就是大自然的本来面貌。

牛顿理论的正确性不是由理性本身的原则和概念规定的,而是由诸如勒维烈（Le Verrier）发现海王星这样的事件证实的,同样,它的局限性也不是出于理性的原则,而是由爱丁顿（Arthur Stanley Eddington）将两张星空照片重叠在一起所发现的东西证明的。这里绝不是贬低康德,否则这些论述本身就也变成辉格式的了。我们只是想说明康德的理论错了,他对科学革命的说法是一种"辉格解释"而已。但这丝毫不妨碍康德是有史以来最杰出的头脑之一。③

黑格尔、文德尔班（Wilhelm Windelband）、罗素等人的哲学史作品同样是辉格式的,从一定意义上讲,他们的哲学史作品是为了他们自己所创立或信奉的哲学服务的,这一点在黑格尔那里最早成为典型,哲学史甚至是他哲学理论的一部分。这种现象的原因大概就在于哲学与哲学史的高度统一,准确地说,时至今日哲学史仍

---

① ［美］科恩:《科学中的革命》（新译本）,鲁旭东、赵培杰译,商务印书馆2017年版,第251、252—253页。对导致16、17世纪的那场科学革命的思维方式,科恩与康德的理解正好相反,科恩相信牛顿能够清楚地区分"数学王国"和"物理王国",知道这两个领域并非完全重合,然而康德却认为数学和物理学作为纯粹理性的构造物,与经验世界是完全重合的,所以他才相信存在所谓"先天综合判断"。如果康德在考察科学革命时能够更多地关注牛顿的成就而非哥白尼的,或许会有不同的认识。

② ［英］牛顿:《自然哲学的数学原理》,赵振江译,商务印书馆2006年版,第478页。

③ 事实上,康德是对逻辑学、数学和自然科学的成就抱有极大热忱和信仰的哲学家的典范,他把《纯粹理性批判》理论上的正确性完全寄托在欧几里得、哥白尼、伽利略、开普勒和牛顿身上了。

然没有取得如科学史一般尽可能独立的地位，因而也就不会有专业的哲学史学家，哲学史的写作可能就成了哲学家们的业余爱好，至少不是主业。如此，一种从自己理论出发的辉格式写作就难以避免了。有人指出"哲学就是哲学史"，认为"史论结合"是哲学的独特之处，然而以库恩的观点来看，这种特征是一门学科尚不成熟、尚未取得它的"第一个范式"的表现。孙正聿教授已经中肯地说清了这个问题，即"哲学就是哲学史"与"哲学等于哲学史"完全是两回事。①

那种把整个哲学史写成唯物主义与唯心主义斗争的历史的做法，就是在一种辉格式的编史原则的指导下进行的，认为"过去"是遵循一种模式"进步"到"现在"的，现在的状态是整个历史的最高峰，是之前一切"过去"存在和发展的最终目的。这种原则在一定程度上来源于恩格斯，但能否就说应该归咎于他则需要细致分析。

在《终结》中恩格斯提出了"哲学基本问题"的说法，认为哲学家们依据对这个问题的不同回答而分成两个阵营，但这个问题是从来就有的吗？在未被十分清楚地提出来、在未获得它的完全的意义之前，这个问题存在吗？"全部哲学的最高问题"的根源在于蒙昧时代的愚昧无知的观念，也正因如此它不是自那个时代起就已经有了的。所以可以推测，恩格斯在这里指的是近代哲学中的情况。用这样的划分去解释整个哲学史恐怕就不能归咎于恩格斯了，或许列宁是这种编史原则的较早的提倡者。

这里所说的只是"辉格解释"的广为人知的例子，而与我们主题相关的情况并不那么显而易见。但这或许也要归因于列宁，从他的著作中我们大致能够找到"马克思哲学革命"这一说法突然出现的合理解释。

我们已经知道，马克思在世之时和逝世之际，无论他本人还是恩格斯，无论他的合作者、支持者、同情者还是反对者，都不曾或

---

① 参见孙正聿《"哲学就是哲学史"的涵义与意义》，《吉林大学社会科学学报》2011年第1期。

不多提到马克思的哲学方面的成就,然而今天我们却时常看到人们说"众所周知,马克思实现了哲学中的革命"。这个问题首先不是"革命"的问题,而是"哲学"的问题,即当人们都在谈论经济学家马克思的政治经济学的时候,是谁开始发现了他的哲学成就并指认他主要是一位哲学家?是什么因素促使今天的人们把更多的目光投向马克思的哲学成就?列宁大概是最早明确谈论马克思哲学思想的人中最有影响的一位,当然我们同样不是归咎于他。

在 1913 年 3 月撰写的《马克思主义的三个来源和三个组成部分》一文中,列宁谈到了"马克思主义的哲学",认为它就是唯物主义,包括对自然的认识和对人类社会的认识。① 但在 1914 年的文本中,对于"唯物主义的历史观"的学科性质就没有明确的说法了。

在 1914 年为《格拉纳特百科词典》撰写的"卡尔·马克思"词条中,列宁介绍了马克思的哲学思想,包括"哲学唯物主义"和"辩证法",至于"唯物主义的历史观",列宁说,"发现唯物主义历史观,或者更确切地说,把唯物主义贯彻和推广运用于社会现象领域,消除了以往的历史理论的两个主要缺点",这表明这里说的已经不是一种哲学学说了,所以下一小节介绍的是"阶级斗争"。这四点共同构成的不是马克思的哲学学说,用列宁的话说,是"他的整个世界观"。哲学是理论形态的世界观,但理论形态的世界观不都是由哲学提供的。而且列宁认为,"马克思主义的主要内容即马克思的经济学说","使马克思的理论得到最深刻、最全面、最详尽的证明和运用的是他的经济学说"。② 不过与恩格斯相比,列宁对马克思思想中的哲学成分的明确承认已经大大提升。

《联共(布)党史简明教程》第四章第二节"辩证唯物主义和历史唯物主义"的说法与列宁的说法几乎完全一致。③

---

① 参见《列宁专题文集·论马克思主义》,人民出版社 2009 年版,第 66—72 页。
② 参见《列宁专题文集·论马克思主义》,人民出版社 2009 年版,第 7—17 页。
③ 参见《联共(布)党史简明教程》,中央编译局译,人民出版社 1975 年版,第 115—146 页。

这些文本大概是关于马克思哲学特别是马克思主义哲学较早的最权威的说法。20 世纪 30 年代《1844 年经济学哲学手稿》的发现就更有力地说明了马克思有丰富且深刻的哲学思想。但此时"哲学"的含义是否已经与上一个世纪有所不同了？人们是不是在用"现在"的概念去理解"过去"？因为马克思首先是一位革命家，所以他的思想、观念也必然是革命性的，因而他的思想的各个部分也都是革命性的，因为他的思想由哲学、政治经济学和社会主义组成，所以其中的哲学也必是革命性的，于是必然有一场"马克思哲学革命"。这个推理几乎每一个环节都是错误的，但这并不否认马克思的思想在世界范围内取得了持续至今的巨大影响。但是，说马克思的哲学思想引发或实现了一场革命，这依然是一种"辉格解释"。这种说法是为后续目的服务的，它把那些马克思本人未曾意识到的事情归于马克思名下。

从"革命"的通常含义来看，如果说在苏联、中国和其他社会主义国家内部，哲学的研究和教育工作都是以马克思主义为原则的，那么说在这样的范围内实现了"哲学革命"还是较为准确的。但如果说早在 1844 年或 1845 年，当马克思、恩格斯写下那些《提纲》《手稿》的时候革命就已经发生甚至完成了，则没有充分的依据，这与辉格派说英国自古以来就有一部隐含的宪法并没有什么区别。

需要注意的是，"辉格解释"不能被简单地认为是一种错误（极端的"辉格解释"和极端的"非辉格解释"都不恰当，甚至是错误的），它通常是我们认识历史的一种难以避免的思维方式。正如人们把《天球运行论》的出版说成是一场"哥白尼革命"，这也是一种"辉格解释"，但一场可以追溯到哥白尼的天文学革命确实在一个半世纪之后实现了。因此也就没有什么理由否认，一个半世纪以前在马克思头脑中开始酝酿的革命性思想，将会在可以预见的未来真正实现一场"哲学革命"。

本章小结

在用人名命名的各场革命中,"拉瓦锡革命""达尔文革命""魏格纳革命"的发动者本人都曾明确表示自己将会在化学、生物学或地质学中引发一场革命;牛顿本人虽然没有这方面的说法,但许多与他同时代的人都表示,牛顿的科学成就实现了一场科学革命。然而,尽管马克思在《提纲》中表达了彻底变革哲学传统的意愿,恩格斯也在《终结》中总结了马克思和他早年思想转变的过程,也就是说,我们能够从他们的字里行间找到"革命"发生的蛛丝马迹,但事实上,马克思本人却从未像拉瓦锡、达尔文或魏格纳那样明确宣称自己要发动一场"哲学革命",他同时代的支持者和反对者对他的评价也不主要集中在他的哲学思想方面。如果我们认可科恩鉴别科学革命是否发生的检验标准,那么马克思本人和同时代人的看法就非常重要了。

"马克思哲学革命"的明确说法最早可能是在 20 世纪 30 年代后期才出现的,这使得"马克思哲学革命"与其他发生在思想领域中的革命相比具有一定的特殊性。用巴特菲尔德的理论来说,将马克思的某些并未使用哲学术语表述的思想解读为哲学,并据此认为这些思想导致了一场"哲学革命",是一种对历史的"辉格解释"。这并不是说"马克思哲学革命"因此就不存在,正如哥白尼在世之时及其逝世之后的数十年中,也都没有关于"哥白尼革命"的任何说法,可我们今天依然能够明确知道"哥白尼革命"指的是什么。但这一切都是以细致考察哥白尼本人及其同时代人的说法以及天文学在牛顿等人那里的发展为前提的,因此我们也对"马克思哲学革命"进行了类似的考察。这一考察的结果就是,"马克思哲学革命"并没有在与那些科学革命相同的意义上"完成"。当然,当今学界关于"马克思哲学革命"实质的种种研究,正是推动完成这一革命的重要力量。

第三章 "马克思哲学革命"观念中的"哲学"

之前的讨论对"马克思哲学革命"观念中的"马克思"这一命名方式在以人名命名革命的常规用法中提出了疑问,之后我们还将对这一观念中的"革命"概念进行反思,这两个方面相对较为容易理解。现在为什么对这一观念中的"哲学"概念也提出疑问呢?关于"马克思哲学革命"这个观念及其所指事件的研究多年以来不都是在哲学学科的范围内、由哲学专业的学者进行的吗?但马克思本人却不是职业哲学家,与历史上以及今天被我们称为"哲学家"的那些人非常不同,他本人既没有表示过自己已经建立了一种新的哲学理论,也不曾宣称自己发动了一场"哲学革命"。那么我们就不得不去追问,当我们说出"马克思哲学革命"这个术语的时候,这里面的"哲学"是什么意思。

本章第一节在"哲学革命"与"哲学观革命"的区分中讨论马克思在哲学领域可能引发的革命性变革。第二节指出,在不区分"哲学革命"与"哲学观革命"的情况下,说"唯物主义的历史观"是一种"新哲学"与说马克思实现了一场"哲学革命"之间是一种循环论证;而当我们严格区分"哲学革命"与"哲学观革命"的时候就会发现它们之间是相互矛盾的,因而不能同时发生。第三节基于《终结》《反杜林论》等文本指出,至少在恩格斯的语境中,马克思和他的理论并不能被称为"哲学"。这些分析的目的都在于澄清,如果一场以马克思思想为基本原则的"革命"最终完成了,那么它将在何种意义上是一场"哲学革命"。

第一节　马克思"哲学革命"与"哲学观革命"

与从事一项科学工作或任何意义上的学术工作相比，对这项工作本身加以研究并没有那么悠久的历史。没有哪种学问像数学那么早地产生，但直到 19 世纪中叶以后人们才第一次集中精力专门思考"什么是数学""什么是数学的基础"这样的问题。数学哲学的三个派别分别把数学理解为逻辑构造、心理构造和形式构造，但这些思考本身与具体的数学问题之间并没有非常直接的联系。虽然一方面罗素、怀特海（Alfred North Whitehead）、克罗内克（Leopold Kronecker）、希尔伯特（David Hilbert）等人本身就是一流的数学家，另一方面对数学的本质和基础的思考最初是为了解决具体的数学问题，特别是克服"第三次数学危机"，但事实上在这三大流派无一成功的情况下，数学本身却发展得很好，数学在尚未搞清楚自己本质和基础的情况下，不断取得丰硕成果。

对于一般科学而言情况也是这样，所谓"科学哲学"是最近一个世纪才有的学问，科学思想史在"忠实"记录科学的历史的同时，也或明或暗地表达了记录者对科学本身的看法。但工作在科学研究第一线的科学家们往往不是这类作品的读者，根本上讲，这是两种几乎完全不同的学问，物理学与物理学史的关系并不比物理学与经济学或心理学的关系更密切。如果说一位科学家在解决科学问题的时候一定程度上需要知道前人的工作，需要了解他的事业的历史，[①] 但对这门科学的本质就实在没有什么了解的必要了，"光的本质"与"光学的本质"没有任何逻辑上的关系。于是我们看到，尽管有些科学家也有科学史或科学哲学方面的论述，但他们在

[①] 这个"历史"并不必是而且往往的确不是历史的原貌与全貌，一项工作需要用到牛顿在 300 年前发现的定律，但却用不到它们在牛顿书中的原始表述，也不必了解牛顿发现它们的经历。

这些方面远不如他们的本职工作出色，至于科学史学家和科学哲学家就更不用说了，几乎不可能在科学上取得什么成就。总之，一门科学与对这门科学的历史及其本质的研究完全是两个不同的领域，对此人们一直区分得很好。

然而，对于哲学来说情况就非常不同了。从字面上看，并不存在一门像"科学哲学""数学哲学"那样叫作"哲学哲学"的学问，当然人们会立即指出这门学问只不过叫作"元哲学"或"哲学观"罢了，其本质就是关于哲学的哲学，即讨论哲学是什么的学问。但研究这一学问的学者被称作什么呢？"元哲学家"还是"哲学观学家"？都不是，他们还是叫作"哲学家"。这不是因为没有发明相应的词语，而是因为研究元哲学或哲学观的人就是哲学家，他们研究具体的哲学问题（如世界的本原和起源、知识的来源和标准、道德与审美等问题）与他们对哲学本身的看法是分不开的。这种亲密的关系同样表现在哲学与它的历史的关系上。饱受争议的"哲学就是哲学史"这句话最集中地反映了这种关系。黑格尔所讲的"哲学史"并不是发生在时空中的历史，所以在他的意义上，说哲学是一门不断把先前学说容纳于其中的学问是有道理的，这同时也就意味着黑格尔绝不会相信哲学史与发生在时空中的、有脾气个性的哲学家们的偶然经历和想法是一回事。所以一门研究诸如亚里士多德著作真伪、《纯粹理性批判》第一版是否立即引起广泛关注或马克思是否曾经说过自己要发动一场"哲学革命"的学问是可以与哲学（理论）分开的，这是一门不是哲学的哲学史。

对于"哲学观"也是一样。因为事实上那些最有影响力和说服力的哲学观往往都是哲学家们提出的，所以我们可能就忽视了其实但凡对哲学多少有所耳闻的人都有自己的哲学观，哲学观不过是对哲学的看法而已，没有什么理由认为只有深刻的、系统的甚至有可能的话正确的哲学观才是哲学观，但所有这些人都是哲学家吗？一个人想要写出一部出色的哲学史或哲学观作品，他不可能对哲学的各种理论、学说、观点没有一个较为深入的了解，例如像科恩这样的科学史学家，同时还是牛顿《自然哲学的数学原理》权威英译本的译者，但作为一个优秀的甚至杰出的科学史学家，绝不要求改进科学中的某个理论甚至创立新的理论，这根本就是两种不同的工作。所以，一个人即使不能在世界的本原和起源、知识的来源和标准，或"钵中之脑""电车难题"等问题上有任何新的想法，他依然可以通过对历史的细致考证和对材料的精心编排而成为一个杰出的哲学史或哲学观方面的专家。

但事实上，在哲学中并没有像卡尔纳普（Rudolf Carnap）、波普尔、库恩、拉卡托斯（Imre Lakatos）、科恩等同样分量的哲学史和哲学观方面的专家，这两个领域一直都被当作哲学（理论）的"附属国"，这方面的成果一直都被当作哲学（理论）的副产品，至多是先导性的或总结性的工作。在语言学和逻辑学还处于它们各自的古老形态的时候，这种混淆或"统一"还是可能的，但当现代的语言学和数理逻辑建立起来以后，这种混淆的问题就暴露无遗了。塔尔斯基（Alfred Tarski）的形式语义学表明，在语义封闭的形式语言中，定义"真"这个概念是不可能的，任何这方面的企图都必然导致"说谎者悖论"这样的语义悖论。人们通常所接触的哲学就是语义封闭的，这不仅是因为它是用自然语言表述的而自然语言是语义封闭的，更主要的是它在理论的结构上是语义封闭的，即理论与元理论是合一的。[①] 历史上那些杰出的哲学理论，一方面将自己的论断（对哲学问题给出的答案）宣布或默认为真理，另一方面又断言什么是真理，这种自己设定标准又宣称自己符合自己所设标准的理论，很难不让人怀疑。天文学研究天体运行的规律，但并不探讨这种规律何以可能或怎样判断它的真假，而我们相信"与观察的符合、不自相矛盾等是这些知识正确的标志"这样的信念本身并不属于天文学的研究课题。

一个典型的例子是康德的《纯粹理性批判》，在这部作品中作者讨论了数学和物理学所提供的知识为什么既拓展了人类的认识内容，又具有普遍性和必然性。这原本与科学知识构成了良好的层

[①] 参见本书附录二。另参见拙文《对塔尔斯基"真"理论的辩护——与陈晓平教授商榷》，《逻辑学研究》2014 年第 4 期。

次，我们也确实需要这样一种研究以探讨我们在数学和物理学中所不予探讨的问题，这就是元数学、科学哲学，就是罗素、克罗内克、希尔伯特所从事的"数学基础"之事业的先驱。这样一个良好的层次意味着《纯粹理性批判》所用的命题或陈述的正确性应该在更高的层次上加以讨论，[①] 然而作者却把这种探讨的有效性也适用于这一探讨本身。

哲学观与哲学史一样应该具有相对独立于哲学（理论）的地位。试想一位哲学家在回答了诸多哲学问题、建立了自己的哲学理论之后，又进行了一些哲学观和哲学史的研究，那么他的哲学观能不与他的哲学理论相匹配吗？他能一方面建立了一种解释世界本原的理论，另一方面又认为哲学不是解释世界本原的学问吗？他自己的哲学理论在他所编写的哲学史中能不占有一个特殊的地位吗？看看黑格尔和罗素的哲学史就知道了。

不过我们可以设想，当光的波动说与粒子说还处于竞争状态的时候，一位科学史作者会如何去写光学的历史呢？波动说的支持者与粒子说的支持者写出的光学史应该很不一样。这表明在哲学史的写作中至今仍然存在的难题在以往的科学史的写作中也存在过。黑格尔与罗素的哲学史固然都很精彩，但当我们想要了解历史上真实发生的事情的时候，我们应该读哪一部呢？当罗素说马克思是"大体系缔造者当中最后一人"[②]，文德尔班说"马克思和恩格斯创建了社会主义的唯物主义历史哲学，黑格尔和孔德的因素以其独特的方式交错于其中"[③]，而任何一本"马克思主义哲学史"都说马克思实现了哲学史上的伟大革命的时候，读者应该如何选择？选择的标准是什么？一门独立于任何哲学派别的、不是由专业哲学家的学者撰写的哲学史可能就很有必要了。一位科学史学家必定属于实

[①] 这里"高"并不具有价值上的意义，"数学哲学比数学高一个层次"仅仅类似于"二楼比一楼高一层"。

[②] ［英］罗素：《西方哲学史》下卷，马元德译，商务印书馆1976年版，第336—337页。

[③] ［德］文德尔班：《哲学史教程》下卷，罗达仁译，商务印书馆1993年版，第448页。

证主义、证伪主义、历史主义或其他什么派别，但他通常不属于波动说或粒子说、燃素说或氧化说中的任何一派——他通常必定会选择赞同其中某一派的观点，但他本人并不必须是而且往往都不是这一派别的实践者，因为这两类派别根本就属于两个完全不同的领域。

无论哲学观、哲学史是否由专业哲学家研究更好，从学科的意义上说它们与哲学都是不同的，这种关系与数学、数学哲学、数学史之间的关系别无二致。哲学的对象在历史上经历了一定程度的变化，许多在古代以哲学的名义进行研究的对象逐渐进入了科学的范围，但无论这个对象是"世界""知识"还是"意义"，抑或是它们之间的关系，都绝不能是哲学本身。因为如果哲学丧失了除它自己以外的全部对象而只剩下它本身可以追问，那么它有什么存在的必要呢？否则在一切对象都有专门的学科进行研究的情况下，我们也可以创造一门"X学"，它的对象就是它本身，于是它又是"X学学"，由于它是在一切对象与学科之外新创造的学科，所以它一定不属于任何已有的学科，它是"X学"的专门的对象，但这并没有什么意义。必须有些对象是其他任何学科都不研究的，它们只属于哲学的范围，哲学才有意义。①

就像当人们进行一场哲学讨论的时候，他们所谈论的既可能是哲学问题也可能是哲学观问题一样，宽泛地讲，"哲学革命"既可能指狭义的、发生在哲学内部的"哲学（理论）革命"，也可能指与之不是一回事的"哲学观革命"。按照苏联教科书、辞书和研究专著的说法，马克思实现的是一场狭义的哲学革命，马克思创立了辩证唯物主义这个崭新的哲学理论，取代了机械的唯物主义和唯心主义的辩证法，这一理论推广运用到社会历史领域又建立了历史唯物主义，取代了历史唯心主义，所以这是一场发生在哲学领域内的

---

① 孙正聿教授在《理论思维的前提批判——论辩证法的批判本性》《哲学通论》《哲学：思想的前提批判》等著作以及一系列相关论文中提出了一种使哲学具有明确对象的哲学观。这种哲学观认为，"哲学基本问题"即"思维和存在的关系问题"是哲学独特的理论对象，对这个问题的"不自觉的"肯定性回答是科学得以进展的前提，所以必然不为科学所考虑，因而构成了哲学的独特对象，赋予哲学以合法性。

革命。① 如果说哲学领域中一直是派别林立的状态，辩证唯物主义的出现结束了这种状态，之后的哲学都是以此为基础去探求更多奥秘的话，那么这就是一场康德意义上的"哲学革命"；如果哲学领域中（或其中的"历史哲学"中）唯心主义的历史观一直是具有支配地位的"范式"，而唯物主义的历史观取代这一理论而占据支配地位，那么这就是一场库恩意义上的"哲学革命"。无论在谁的意义上，这里都至少发生了一场真正意义上的哲学领域内的革命。

在近几十年的研究中，有不少学者认为马克思所实现的"哲学革命"实际上是一场"哲学观革命"，它改变了哲学的对象、性质、功能等等，也有人认为它既是"哲学观革命"又是"哲学革命"。② 由于哲学与哲学观的区别，"哲学革命"与"哲学观革命"之间自然也有着重要的区别，而那些认为只是发生了"哲学观革命"的研究也没有做这种明确的区分，最终还是认为"马克思哲学革命"是作为"哲学观革命"的"哲学革命"，马克思建立了不同于以往一切哲学的"新哲学"。如果说马克思创立了辩证唯物主义，实现了"哲学革命"，那么他就没有实现"哲学观革命"，因为辩证唯物主义与机械唯物主义、唯心主义的对象是一致的，只是对同一问题的不同回答。如果说马克思实现了"哲学观革命"，创立了唯物主义的历史观，而它与以往的一切哲学都有着根本不同的对象、性质和功能，那么依据什么特征说这个"历史观"（或以历史为原则的"新世界观"）是哲学呢？③

从康德、库恩的标准来看，"哲学革命"似乎还未发生过，但可以说一场"哲学观革命"在现代哲学的多个派别的分别努力下

---

① 这种说法的一个问题在于，它既表现为哲学的"范式转换"，又表现为使哲学"走上科学的道路"，然而，我们已经在第一章中指出，这两者是不能同时发生的。
② 其实在早期关于"马克思哲学革命"的研究中，也存在认为这场"哲学革命"是"哲学观革命"的观点，即"马克思哲学革命"中的"哲学革命"是广义的，包括唯物主义战胜唯心主义这种狭义的"哲学革命"，也包括改变了哲学的对象、功能、性质等的"哲学观革命"。但这两者之间可能的矛盾关系并没有被特别论及。
③ 后面我们会详细讨论哲学与世界观的关系，这里可以肯定的是，哲学是为人类提供世界观的一种方式，宗教和科学也为人类提供世界观，所以不能说因为唯物主义的历史观是马克思创立的新世界观，就说它是一种哲学。

悄然发生了,自然科学、社会科学和思维科学在这场革命中也发挥了巨大的作用。现在让我们考察一下马克思在这场革命中发挥了怎样的作用,以及他本人对此有何看法。

"哲学"一词在马克思文本中出现的频率随时间推移发生了一个变化,从青年时期对哲学的热爱,到后来对哲学本身的批判,这个过程就是马克思个人哲学观转变的过程。有学者指出,当马克思批判哲学的时候,他所说的不是哲学本身,而是"旧哲学",但是我们在很多论述中都没有看到"旧"这个字,而且如果只是用"新哲学"批判"旧哲学",那么这里就不存在"哲学观革命",因为"新哲学""旧哲学"这样的词也不过是把"理论"二字省略罢了,开普勒的"新天文学"、拉瓦锡的"新化学"不过是天文学、化学中的"新理论",而不是"新的天文学"或"新的化学"。而且让我们考察一下,有何种充分的证据表明马克思反对的不是哲学本身而是"旧哲学"。

马克思和恩格斯在《德意志意识形态》的序言中说:"本书的目的就是要揭穿同现实的影子所作的哲学斗争"①,虽然很明显这本书所针对的是德国的哲学家们,但从上下文中却看不出作者只是想要批判德国哲学家所做的"哲学斗争",而不批判英国、法国的哲学家所做的"哲学斗争",因而似乎并不是反对"哲学斗争"本身。然而这只是因为在英国和法国所发生的根本不是哲学斗争,用《英国状况·十八世纪》中的话说,英国发生的是社会革命,法国发生的是政治革命,德国发生的是哲学革命。②

在《形态》"圣麦克斯"章节中,作者们说:

> 由于费尔巴哈揭露了宗教世界是世俗世界的幻想,在德国理论面前就自然而然产生了一个费尔巴哈所没有回答的问题:人们是怎样把这些幻想"塞进自己头脑"的?这个问题甚至为德国理论家开辟了通向唯物主义世界观的道路,这一道路在

---

① 《马克思恩格斯文集》第 1 卷,人民出版社 2009 年版,第 510 页。
② 《马克思恩格斯文集》第 1 卷,人民出版社 2009 年版,第 87 页。

"德法年鉴"中指出了。但当时由于这一切还是用哲学词句来表达的,所以那里所见到的一些习惯的哲学术语,如"人的本质"、"类"等等,给了德国理论家们以可乘之机。……哲学和对现实世界的研究这两者的关系就像手淫和性爱的关系一样。①

《形态》全书由两位作者合作完成,这一部分特别提到《〈黑格尔法哲学批判〉导言》和《论犹太人问题》,即使不是马克思写的,他也必定读过而且同意。从这些描述中看不出马克思所说的"哲学"有什么特指而不指哲学本身。马克思认为他在《德法年鉴》的文章中使用了哲学术语,给论敌以可乘之机,这表明马克思认为这些文章实际上不是哲学的,否则即便没有使用哲学术语(哲学文章本应使用哲学术语)其哲学的实质也会给人以可乘之机。最后那句话更是表达得十分形象。

如果说这些文本虽然看不出是专门针对德国哲学的,但也看不出是针对哲学本身的话,那么1859年发表的《〈政治经济学批判〉序言》就表述得更为明确了:

> 随着经济基础的变更,全部庞大的上层建筑也或慢或快地发生变革。在考察这些变革时,必须时刻把下面两者区别开来:一种是生产的经济条件方面所发生的物质的、可以用自然科学的精确性指明的变革,一种是人们借以意识到这个冲突并力求把它克服的那些法律的、政治的、宗教的、艺术的或哲学的,简言之,意识形态的形式。我们判断一个人不能以他对自己的看法为根据,同样,我们判断这样一个变革时代也不能以它的意识为根据。②

这段论述是马克思对他在之前几行刚刚阐述的唯物主义的历史观的基本观点的进一步解说,即说明当我们承认那些基本观点的时

---

① 《马克思恩格斯全集》第3卷,人民出版社1960年版,第261—262页。
② 《马克思恩格斯文集》第2卷,人民出版社2009年版,第592页。

候，我们应该怎样研究社会历史的变动。社会历史变动过程中的一个重要事件就是生产关系会从生产力的推动者变成它的桎梏，这时社会变革就要到来了，为了研究这种变革，有两个对象可供考察，一是生产的经济条件方面发生的变革，二是力求克服生产力与生产关系之间矛盾的意识形态的形式，马克思认为当然应该研究前者。[①]

这段论述包含两层递进的信息：（1）解释了马克思为什么从早年研究法律、哲学和历史转变为现在进行政治经济学的研究。（作者在这篇序言的最后一段中说："我以上简短地叙述了自己在政治经济学领域进行研究的经过"[②]。）（2）马克思明确把具有自然科学般精确性的政治经济学与对法律、政治、宗教、艺术和哲学的研究对立起来。换言之，批判德国哲学家头脑中的意识形态对于理解社会历史的变革没有什么帮助，因为这些意识形态并不是直接的变动本身，而是试图克服冲突的东西。这里他对哲学以及关于哲学的研究的看法与《形态》中的看法十分接近，马克思在《形态》中把哲学斗争看作与"现实的影子"所做的斗争，以及类似于手淫与性爱的对立一般的关于现实的研究的对立面，无非是说哲学是对现实的歪曲的反映，而不是现实本身以及对现实本身的研究，既然我们有能力运用政治经济学去研究现实本身，我们为什么要研究"现实的影子"？我们为什么不与现实的对象发生关系而要与想象中的对象、实际上是与自己发生关系？

在上述文本中，如果还说其中作为意识形态的哲学指的不是哲学本身而是"旧哲学"，那么应然性的哲学本身亦即马克思的"新哲学"难道是对"生产的经济条件方面所发生的物质的"变革所进行的具有"自然科学的精确性"的研究？在这段论述中，马克思并没有给所谓的"新哲学"留下位置。如果非要将这里所表现

---

① 在《社会主义从空想到科学的发展》中，恩格斯说："一切社会变迁和政治变革的终极原因，不应当到人们的头脑中，到人们对永恒的真理和正义的日益增进的认识中去寻找，而应当到生产方式和交换方式的变更中去寻找；不应当到有关时代的**哲学**中去寻找，而应当到有关时代的**经济**中去寻找。"参见《马克思恩格斯文集》第3卷，人民出版社2009年版，第547页。粗体字为原文所加。

② 《马克思恩格斯文集》第2卷，人民出版社2009年版，第594页。

出来的哲学观指认为马克思的"新哲学",那似乎还是有道理的,因为第一,它着实是新的观点;第二,人们尚未公认哲学与哲学观并不相同。但是,这里不只表达了他对哲学的看法,还述及法律、政治、宗教和艺术,亦即表达了法律观、政治观、宗教观和艺术观,大大降低了其中哲学观的分量。

需要注意的是,这里与哲学并列的是法律、政治、宗教和艺术,而不是法学、政治学、宗教学或艺术学,恩格斯也曾把"哲学革命"与宗教改革、政治革命、社会革命并列起来。这表明马克思把哲学视为一种由特定的经济基础滋生出的意识形态,他不仅反对这种意识形态本身,正如他反对政治、法律和宗教那样,同时还反对对它进行研究。因此,如果马克思在《〈政治经济学批判〉序言》中诚实地表达了自己的想法并且忠诚地践行了这一观念,那么他就不会再从事哲学工作,既不会从事解决哲学问题、构建哲学理论的工作,也不会从事哲学观与哲学史的研究工作,因为这些工作对于指出"生产的经济条件方面所发生的物质的、可以用自然科学的精确性指明的变革"没有什么帮助。

但是否存在这样一种可能,马克思所实现的"哲学革命"太过彻底,以至于在他所建立的新的哲学理论中不仅不出现传统哲学的习惯用语?甚至连"哲学"一词都不再使用,更彻底的是,马克思也绝不发明什么新词代替传统哲学的术语,也不为自己的"新哲学"起一个与众不同的名字,而是专门使用政治经济学的术语,并且宣称自己所从事的是政治经济学?

然而,如果马克思实现了一场"哲学观革命",他的新理论与传统哲学没有任何共同点,那么我们是如何辨认出这一理论是哲学的呢?甚至在马克思自己都说这是政治经济学的情况下[①],我们是如何辨认出他的哲学的呢?那些可以用数学表达的"政治经济学

---

① 在《〈政治经济学批判〉序言》的结尾处,马克思说:"我以上简短地叙述了自己在政治经济学领域进行研究的经过"。参见《马克思恩格斯文集》第 2 卷,人民出版社 2009 年版,第 594 页。在 1862 年 12 月 28 日给库格曼的信中,马克思介绍《资本论》(第 1 卷)时说:"这一卷的内容就是英国人称为'政治经济学原理'的东西"。参见《马克思恩格斯文集》第 10 卷,人民出版社 2009 年版,第 196 页。

原理"的东西应该不在此列,那么剩下最重要的东西就是唯物主义的历史观了。有观点认为唯物主义的历史观如其名字那样是一种历史观,是以历史变动原因为对象的关于历史的科学;还有观点认为这就是马克思的"新哲学"。如果这的确是哲学,那么或许真的可以认为马克思既实现了一场"哲学观革命",同时又实现了一场"哲学(理论的)革命"。

第二节 "马克思哲学革命"论述中的逻辑问题

如果人们接受唯物主义的历史观,不再把哲学看作与自然科学一样的永恒的学科,[①] 而是看作特定经济条件下一部分人(如统治阶级,有时是被统治阶级)出于自己利益而对现实的歪曲反映的话,那么无疑一场"哲学观革命"就发生了。一位引发了深刻的"哲学观革命"的人竟然不是哲学家,这是难以接受的,特别是像维特根斯坦那样批判哲学本身的人,最终还是被认作20世纪最伟大的哲学家(之一)。但也有学者从最质朴的观点出发,认为:

> 马克思关于哲学的确有过十分重要的评论,但是,马克思并不因此就是可以与柏拉图、亚里士多德、康德、黑格尔等并列在一起的"哲学家",易言之,如果那些人是哲学家、马克思就不是哲学家。也没有一种可以与柏拉图哲学、亚里士多德哲学、康德哲学、黑格尔哲学等并列在一起的"马克思哲学",易言之,如果那些哲学是哲学,马克思就没有哲学。
>
> 除非严重地改变"哲学"的含义,否则《资本论》是不能被看做哲学的。
>
> 马克思不是哲学家,马克思没有哲学,除非为了马克思的某种形象,不顾千百年来哲学家和哲学的历史,率尔重新规定

[①] 这里仅就科学和意识形态的区别来说科学是"永恒的"。

"哲学家"和"哲学"的含义,但是那样,"哲学家"和"哲学"实际也就没什么意义了,马克思也就没什么意义了。①

如果"哲学"如其字面意思所示,意味着一种智慧或者对智慧的追求,一种对人生、宇宙的深刻思考,那么说马克思没有哲学思想是完全不能接受的,但同时也就意味着历史上所有伟大人物,特别是从事科学研究和文学创作的伟大人物都有这种意义上的哲学思想。《几何原本》《天球运行论》《自然哲学的数学原理》《神曲》《哈姆雷特》《浮士德》哪部作品解读不出哲学思想呢?就更不必说从公开承认自己是黑格尔学生的作者的《资本论》中读出哲学思想了。但这样一来,说马克思是哲学家或不是哲学家,《资本论》是哲学或不是哲学就都没有什么意义了。②

讨论马克思哲学的现实意义在于弄清马克思所反对的那种形态的哲学是否真的已经没有什么意义或价值了,如果我们认可这一批判,那我们就不再从事这种形式的哲学工作了,如果我们并不放弃哲学本身,就再去考察马克思是否为我们留下了构造新哲学的理论资源。"分析运动"就明确地是这样一种批判与建构并重的活动,分析哲学家们并非主张"终结哲学",他们所反对的是作为冒充科学的形而上学的哲学,而一种为科学命题澄清意义的哲学是受欢迎的。批判的工作由维特根斯坦(Ludwig Wittgenstein)、石里克(Moritz Schlick)这样的领军人物完成了,像卡尔纳普(Rudolf Car-

---

① 马天俊:《马克思与哲学》,《江海学刊》2011 年第 1 期。
② 或许我们可以通过某种技术,把关于马克思是哲学家、《资本论》是哲学著作的论证平移到对牛顿及其《原理》的解读中,我们会发现它们有着一定的相似性:马克思在《资本论》中表面上使用的是传统政治经济学的术语,实际上赋予了它们新的内涵,牛顿在《原理》中表面上使用的是传统物理学的术语,实际上也赋予了它们新的内涵;马克思认为哲学的终极使命不是解释世界而是改变世界,牛顿则认为哲学的终极标准不是理性而是经验;马克思开启了一种关注人本身的而非外在世界的哲学,牛顿开启了一种以实验而非推理为基本原则的哲学;如此等等。因此,牛顿与马克思一样,都以一种迂回的方式反对旧哲学并建立了一种不像哲学的新哲学。如果试图对关于牛顿的这种解读加以反驳,则这种反驳一定能够毫无保留地平移回关于马克思的解读中。如果这种解读得以普遍成立,即对于一切"名著"都适用,那么它就毫无意义。参见拙文《略论对〈资本论〉的越界阐释》,《哲学研究》2017 年第 8 期。

nap）这样的后继者则致力于构建为科学服务的哲学。那么马克思是否为人们留下了一种构建新哲学的资源呢？甚至是否已经构建了这种新哲学呢？许多人说这就是历史唯物主义或唯物主义的历史观。①

在围绕这个问题所展开的各种讨论中，最尖锐的就是关于历史唯物主义是哲学还是科学的争论。比如俞吾金教授认为哲学的对象是"存在"，（实证）科学的对象是"存在者"，马克思的历史唯物主义的对象是"存在"或"社会存在"，所以历史唯物主义是哲学。② 段忠桥教授认为这个"三段论"推理的错误在于：（1）大前提不是人们公认的知识，只是海德格尔个人的观点；（2）海德格尔所说的"存在"与马克思所说的"存在"不是一个东西。③

这种争论反映了双方不同的哲学观，以及对马克思作品的不同认识，但还有一个问题是哲学界通常不予讨论的，那就是对科学的理解问题。比如俞吾金教授在文中表达了他对科学的理解：（1）"一般说来，现代文明在精神形态上是由四大板块——宗教、艺术、哲学和实证科学组成的"④，这里不说"科学"而说"实证科学"，表明在作者看来科学就是实证科学；（2）"马克思的……两个伟大的发现都不可能通过单纯的经验直观而达到，它们同时必须诉诸长期的理论研究和深入的理论思维。""然而，……段忠桥教授不仅指出'历史唯物主义的出发点是可以用纯粹经验的方法来确认的'，而且强调'历史唯物主义……是从经验事实出发的'。这样就把历史唯物主义降格为一种单纯经验性的理论，从而把它与'真正的实证科学'等同起来。"⑤ 这段论述包含很多信息：（a）实

---

① "历史唯物主义"与"唯物主义的历史观"之间有着细致而重要的区别，但本书以及本书所引文献都不依赖于对这种区别的辨识，所以根据语境及引文的情况，在相同的含义上分别使用这两个术语。

② 参见俞吾金《历史唯物主义是哲学而不是实证科学——兼答段忠桥教授》，《学术月刊》2009年第10期。

③ 参见段忠桥《历史唯物主义："哲学"还是"真正的实证科学"——答俞吾金教授》，《学术月刊》2010年第2期。

④ 俞吾金：《历史唯物主义是哲学而不是实证科学——兼答段忠桥教授》，《学术月刊》2009年第10期。

⑤ 俞吾金：《历史唯物主义是哲学而不是实证科学——兼答段忠桥教授》，《学术月刊》2009年第10期。

证科学是可以通过单纯的经验直观而达到的，不需要诉诸长期的理论研究和深入的理论思维；（b）实证科学是比哲学（至少是马克思的哲学）低一格的东西。

数学是单纯经验直观所能达到的吗？引力波是经验直观到的吗？[1] 科学发展到今天的水平，许多理论都不具备经验直观的意义，甚至是人脑所不能想象的，科学家们只能通过方程的解来推断物理世界的现象，最后由实验证实。[2] 如果我们把最后的实验证实这一至关重要的环节指认为"经验直观"的话，那么历史唯物主义是否需要这样一个环节？假设广义相对论与历史唯物主义都是在没有任何经验材料的基础上由作者经过长期的理论研究，依靠深入的理论思维而得到的假说，那么我们为什么放弃信仰了几百年甚至上千年的牛顿引力学说和唯心主义的历史观？难道不是因为它们能够解释更多旧理论解释不了的现象吗？不是因为它们还能修正旧理论出现错误的地方吗？如果我们没有观察到光线通过引力场发生偏折的现象，我们为什么要相信广义相对论？如果我们没有看到政治变动往往跟随经济变动而发生，那么我们为什么要相信唯物主义的历史观？如果我们没有看到利润率下降的现象，我们为什么相信《资本论》？

---

[1] 实际上早在牛顿物理学中，经验观察就已经不能起到直接导致理论的作用了。为什么树上的苹果会落到地上而天上的月亮却不会呢？牛顿的回答是，月亮与苹果相比并没有本质区别，它每时每刻都在做自由落体运动。这是没有任何一个人能够经验直观到的结论，甚至也绝不是一般智力水平的人"诉诸长期的理论研究和深入的理论思维"就能发现的。

[2] 比如，"汉密尔顿用数学方法证明，如果入射角刚好合适，入射光线将不会被分裂为两束，而会被分裂为一个中空的光锥。同牛晚些时，汉弗来·劳伊德在他的实验室里证实了圆锥折射的存在。新的物理现象首先通过纯数学方法预测，然后通过实验得到证明，圆锥折射是第一批这种现象之一。"再如，1942 年"加利福尼亚理工大学的卡尔·安德森就在一次实验中发现了狄拉克预言的带正电荷的电子，即正电子。这是世界上第一次，一位理论物理学家通过纯粹数学的手段成功预言了过去未知的粒子的存在。……狄拉克的发现全然改变了游戏规则；理论家们不再必须等待实验结果了"（[美] 麦肯齐：《无言的宇宙》，李永学译，北京联合出版公司 2015 年版，第 108、170 页）。康德如果知道非欧几何和相对论，那么他就不会相信"先天综合判断"已有了确凿无疑的证据；我们如果知道狄拉克方程或现代物理学的普及知识，甚至牛顿的科学故事，也就不会把自然科学同"经验主义""实证主义"扯上关系。我们与康德的区别在于，康德不可能看到非欧几何和相对论，而现代物理学的普及知识对于我们来说却唾手可得。因此，康德是不能被责怪的。

在俞吾金教授看来，哲学与实证科学的区别在于前者在经验直观之外还要进行理论研究，而后者则只需要经验观察。科学史上第谷·布拉赫（Tycho Brahe）的成就差不多主要是通过经验观察取得的，他"利用当时最先进的观测技术，广泛、系统、细致、精确地观测并记录天象，达到了那个时代的最高水平。他的天象记录几乎包罗了望远镜发明之前肉眼所能观测到的全部"；"第谷是一个天才的观测家，但在理论上因循守旧"。[①] 所以只有开普勒通过理论研究得出三大定律之后，天文学才有了实质性的进展，仅仅通过经验直观就能达到的实证科学最多只是一部空前精确的星表。爱因斯坦对于开普勒的成就评价道："开普勒的惊人成就，是证实下面这条真理的一个特别优美的例子，这条真理是：知识不能单从经验中得出，而只能从理智的发明同观察到的事实两者的比较中得出。"[②] "实证"与科学密切相关，但它绝不是科学的唯一要素。而"实证主义"并不是科学的标签，而只是一种哲学思潮。把科学等同于实证科学，认为实证科学比哲学低一个档次，对于理解哲学是没有好处的。[③]

科恩认为牛顿最伟大的贡献不是建立某个理论，而是确立了

---

① 参见吴国盛《科学的历程》，湖南科学技术出版社2018年版，第244、245页。

② ［美］《爱因斯坦文集（增补本）》第1卷，许良英、李宝恒、赵中立、范岱年编译，商务印书馆2009年版，第402页。

③ 马克思在《资本论》中曾经说过，"分析经济形式，既不能用显微镜，也不能用化学试剂。二者都必须用抽象力来代替"，俞吾金教授认为，"显然，马克思这里说的'显微镜'和'化学试剂'都从属于经验直观的范围，因而'抽象力'则涉及理论思维。在《剩余价值学说史》中，马克思在批判亚当·斯密的剩余价值理论时指出'粗率的经验主义（Der grobe Empirismus）一变而为错误的形而上学、经院主义挖空心思要由简单的、形式的抽象（Empirische Phaenomene），或用狡辩，说它们本来和这个规律相一致。'在这里，马克思尖锐地批评了'粗率的经验主义'，认为它与'形而上学'和'经院主义'是相通的，习惯于从某些错误的规律或概念出发，随意地解释各种'经验现象'。这实际上暗示我们，'纯粹经验的路径'是不存在的，因为总会有理论思维渗透在经验中，而只要这些理论思维是有偏向的，经验和经验直观就必定会出现相应的偏差。"（俞吾金：《历史唯物主义是哲学而不是实证科学——兼答段忠桥教授》，《学术月刊》2009年第10期）然而，（1）马克思说分析经济形式不能用显微镜和化学试剂，但并没有说分析细胞结构和燃烧现象就不用"抽象力"；（2）"'纯粹经验的路径'是不存在的"，这种看法开普勒和牛顿早就提出了；（3）所以认为"历史唯物主义必须依靠理论思维而所谓'实证科学'只靠经验直观，因此历史唯物主义是哲学而不是实证科学"的看法，既不符合事实，又不符合逻辑。

"牛顿风格",即用建立数学模型加上实验观察的方法去研究问题,这种风格使得各门学科得以成为科学。以自然科学为典范的科学之所以能取得知识领域的支配性地位,就在于它成功结合了经验论和唯理论的两大原则,用科恩的话说:"牛顿的《原理》最具有革命性的方面,在于他对一种难以置信的成功方法的详尽阐述。这个方法是,用数学处理由实验和观察揭示的,并由理性整理的外部世界的实际情况。"[①] 那些主张理性或先天的认识形式是认识的终极来源的人最终构造出了各种独断论,而坚持经验或后天的认识内容是认识的终极来源的人最终走向了怀疑论和不可知论。而远离这些争论的人则不断扩展着我们对外部世界和自身的认识,这些人在历史上可能被叫作"哲学家"或"自然哲学家",但今天人们则称他们为"科学家"。

这是关于历史唯物主义性质的争论中第一个方面的问题,即对科学的错误理解,但这只是容易发现并做出改变的一个方面,另一个方面,人们没有认清争论的实质,往往纠结于根本不同的问题。

1818 年美国纽约市法院审理了鱼油市场监察官 James Maurice 控告蜡烛制造商 Samuel Judd 违反了纽约市有关监控鱼油的法令,双方对事实都没有争议,即 Judd 完全承认他购买了"鲸鱼油"并且没有检测和交税——正如 Maurice 所控告的那样,有争议的地方在于原告认为鲸鱼当然是鱼,而被告却认为鲸鱼不是鱼。当年 12 月 31 日法庭判决原告胜诉,这意味着法庭裁决"鲸鱼是鱼"。后世对这个问题的讨论所取得的认识在于,这个问题并不是一个单纯的事实性的问题,这其中包含语言的成分。在 19 世纪初的基督教世界的日常生活中,凡在水里生活的动物都被认为是鱼,鲸当然是鱼,而在当时最新的生物学的知识中,鲸就不是鱼而是哺乳动物。与基督教主张"地心说""神创论"而自然科学相信"日心说""进化论"不同,当生物学家解剖鲸发现它用肺呼吸之后并没有对基督教关于"鱼"的说法构成任何反驳,因为《旧约》是把生活

[①] [美]科恩:《牛顿革命》,颜锋、弓鸿午、欧阳光明译,郭栾玲校,江西教育出版社 1999 年版,第 57 页。

在水里的动物定义为"鱼",并不是双方接受相同的关于鱼的定义,而一方将鲸误认为鱼。①

对一个对象的归类问题的研究不只是一个事实性的问题,即考察这一对象事实上的属性,然后与一个业已存在的定义相匹配,从而确定它的类别;而且这还是一个牵涉到语言的问题即在不同的语言中对对象的描述通常是不一样的。比如历史唯物主义的性质问题,我们对于某些事实是没有争议的,比如马克思在《〈政治经济学批判〉序言》中明确表达了科学与意识形态的对立,比如马克思在论述历史唯物主义这一思想的时候没有使用以往的哲学术语,而是使用了经济学、社会学的术语,再如大家都读到了《德意志意识形态》所说的"这些前提可以用纯粹经验的方法来确认"②,"它的前提是……可以通过经验观察到的……人"③,为什么有人据此认为历史唯物主义是科学,而有人则不以为然呢?情况是已经有一个公认的定义规定了什么是科学、什么是哲学,而我们只需要搞清楚历史唯物主义的特征再去与定义匹配即可吗?事实上根本不存在这个定义,与其说争论双方的分歧在于对历史唯物主义的认识,倒不如说至少还有对科学、哲学的认识。

数学是自然科学吗?从它的非经验性上讲,不像物理学、化学;从它的客观性上讲,又很像物理学、化学。在这个争议中,我们对数学本身的属性没有分歧,都承认它既不是依赖经验的,又不是主观任意的,可我们为什么还是有分歧呢?因为我们对自然科学的认识不一样。如果认为使用了辩证法那就是哲学著作,那么《资本论》就是哲学著作;如果认为使用了数学公式那就是科学著

---

① 《旧约·创世记》第1章第26节:神说:"我们要照着我们的形象,按着我们的形式造人,使他们管理海里的鱼、空中的鸟、地上的牲畜和全地,并地上所爬的一切昆虫。"亚里士多德曾注意到"鱼这类动物无一例外地是有血的,其中有些为卵生,有些为胎生。"([古希腊]《亚里士多德全集》第4卷,苗力田主编,中国人民大学出版社1996年版,第55页)在亚里士多德的动物学中,今天所说的鱼与鲸、海豚等水生哺乳动物是能够区分得开的,若以此为依据说鲸是鱼,并没有错误,只是不同的分类和命名方法而已。

② 《马克思恩格斯文集》第1卷,人民出版社2009年版,第519页。
③ 《马克思恩格斯文集》第1卷,人民出版社2009年版,第525页。

第三章 "马克思哲学革命"观念中的"哲学" / 111

作,那么《资本论》就是科学著作。对于《资本论》既运用了辩证法又包含数学公式这个事实人们没有争议,但至于它是哲学还是科学的争论却会持续下去,因为人们从来就没有对什么是科学、什么是哲学达成一致。从这个意义上说,"柯尔施问题"是一个伪问题,马克思学说是哲学的还是科学的不取决于我们对马克思学说的研究,而取决于我们对哲学与科学的定义。①

哲学与科学各自的定义、哲学与科学的关系通常是哲学家关心的问题。哲学与科学或诸学科之间的划分似乎已经由亚里士多德给出了先天的定义,但当一位哲学家试图给出自己的定义时,他不可能不去参照那些已经被人们公认为是哲学或科学的东西。因为我们注意到通常被用于作为例子的科学的形象是由牛顿、达尔文、爱因斯坦确定的,他们的工作似乎总是与对大自然的观察分不开,而由于确定哲学家形象的康德、黑格尔似乎没那么关心经验世界的事情而是专注于在自己的头脑里发生激烈的风暴,② 于是"经验""直观""实证"就成了最常见的哲学与科学的界限。但正如我们已经指出的,数学绝不是一门依靠经验、直观和实证的科学,虽然对于它的本质尚无公论,但作为常识的是,"无穷大"的概念是纯粹理智的构造物③,绝不像恩格斯说的那样在自然界中有原型。④ 这似乎可以作为评判一种科学定义的标准,即以"经验"界定科学并没有把人们通常认为是科学的数学包括进去,所以不是一个好定

---

① 可以很清楚地看见,认为马克思学说偏重于科学性的与持相反看法的学者在论证他们的观点时,通常选取的是马克思的不同文本,前者往往不会拿《手稿》谈马克思学说的科学性,后者也不会拿《资本论》除第一卷第一版序、第二版跋和第一章以外的其他章节谈马克思学说的哲学性。如果后者能在公式和数据的字里行间解读出哲学的内容,那要比援引《手稿》让人更为信服。

② 康德和黑格尔以及几乎全部哲学家都十分关心人类社会的变动和自然科学的最新进展,这里只是说那些能够用经验观察得到的证据对于哲学家们的学说来说并没有什么重要的意义,与科学家相比,他们对于所谓"反例"并不敏感。

③ 康托尔(Cantor Georg)最早定义,如果一个集合能够与它的一个非空真子集取得一一对应的关系,那么这个集合就是一个无穷集。"无穷大"这个概念不仅有严格的定义,而且能够参与运算。康托尔的工作改变了长久以来人们认为"无穷大"只是不断增大的过程或一种潜能的看法。

④ 《马克思恩格斯文集》第9卷,人民出版社2009年版,第538—544页。

义。但这里并没有什么强制性的标准说明数学必须是自然科学。所以我们应该寻找一种定义的逻辑上的困难。

唯物主义的历史观的哲学性质是与"马克思哲学革命"联系在一起的。这个问题之所以有争议，就是因为无论"马克思哲学革命"还是"唯物主义的历史观"，都与通常观念中的"哲学革命"（实际上是以科学革命为典范的"哲学革命"）或哲学太不相同。于是人们就会发问：

（1）为什么说马克思实现了一场"哲学革命"？

回答：因为马克思建立了历史唯物主义，这种新哲学取代了旧哲学。

（2）为什么历史唯物主义与以往的哲学很不一样？

回答：因为马克思实现了一场"哲学观革命"，变革了哲学的形态。

在不区分"哲学革命"与"哲学观革命"即把二者都代以广义的"哲学革命"的前提下，这不是一个循环论证吗？为了避免循环论证，就必须详细区分"哲学革命"与"哲学观革命"，然而那又将使关于"马克思哲学革命"的论述陷入自相矛盾之中。

"哲学终结论"是一种典型的哲学观理论，但有观点认为这一理论本身就是一种哲学理论，因而它在宣布"哲学终结"的同时又创造了一种新的哲学理论，于是得出结论说哲学是不可终结的。然而这种观点却有逻辑上的缺陷。如果我们通过研究人类的经济与文化的历史得出结论说，法律、政治、宗教、艺术、哲学都是统治阶级头脑中对现实的由于阶级利益而歪曲了的反映，是借以控制被统治阶级的意识的工具，那么这着实表达了一种对哲学的看法，表达了一种哲学观，如果人们广泛接受这种观点，哲学也将终结。这个论断本身是哲学的吗？如果是，那它不也是法律的、政治的、宗教的、艺术的观点吗？然而这是一个循环论证，当我们说"哲学终结论"也是"哲学"的时候，前一个"哲学"的合法性是由后一个给予的，后一个则是由前一个给予的，更准确地说它们就是同一个。所以把带有"哲学"字样的句子归为哲学陈述是没有道理的。

　　"哲学革命"是发生在哲学领域中的革命，是一种哲学理论取代另一种哲学理论而占据支配地位的事件，正如"日心说"取代"地心说"那样，而在这个过程中哲学本身（它的对象、功能等）并不发生改变，正如天文学这个学科的对象不会因为那场革命而发生改变一样。所以它显然与"哲学观革命"没有任何关系，或者说"哲学革命"的发生必然以哲学观的稳定为前提，否则革命发生前后"哲学"这一概念变化了，我们怎么知道新旧理论都属于哲学领域呢？也就没法说这是一场"哲学革命"了。那么可不可能有一种"哲学观革命"呢？事实上，"科学观革命"也是存在的。比如在康德看来，科学是一种一旦走上科学道路就会在正确的方向上不断增长知识的事业，而库恩则认为科学的进步是一个"常规科学——反常——危机——科学革命——新的常规科学"的过程；在"辉格解释"中，占星术、炼金术、巫术、灵魂学说都是伪科学，科学只是正确知识的集合，而在"非辉格解释"中，它们就分别是天文学、化学、医学和心理学的分支或前身，它们的确错了，但并不荒谬，不是"伪科学"。如果这些观点曾经有一个占据支配地位而后又被另一个所取代，那么我们就说发生了一场"科学观革命"，这种革命是由专门研究科学史或科学观的学者发动并完成的，科学家们的最新成就是造成他们观点的一个原因，他们的观念也会对科学家们对自己工作的看法产生影响。

　　由此可以想见，一位饱读科学史和哲学史，或准确地说，对亚里士多德、托勒密、哥白尼、牛顿、古希腊自然哲学家、培根（Francis Bacon）、笛卡儿（René Descartes）、康德等人著述学说了如指掌的人有可能对他从学校里学到的哲学观产生怀疑。假如学校里教给他"哲学是探究宇宙奥秘的学问"，那么他立刻就会发现在牛顿之后哲学家们的主要兴趣并不是探究宇宙的奥秘，事实上他们首要关注的问题变成了认识论问题。于是这个人会宣称哲学不再是探究宇宙的学问了，而是探究知识的学问。如果人们都接受了他的这一看法，那么一场"哲学观革命"就发生了。然而这个人绝不需要对哲学理论本身有任何建树。

我们常说近代哲学发生了"认识论转向"，这是我们由当时哲学家们的理论兴趣与先前哲学家的不同所推断出的，但是否在那个时候就发生了一种"哲学观革命"呢？这很值得怀疑。在亚里士多德看来，"最高原因的基本原理"是第一哲学的对象，对于笛卡儿来说哲学不也是这样的吗？黑格尔难道不认为哲学是探求"最高原因的基本原理"的吗？那么这里发生"哲学观革命"了吗？甚至在马克思的年代，哲学依然是这种学问，而马克思正因为认识到了不存在什么抽象的最高原因，所以才批判哲学这种意识形态本身，才有可能引发一场"哲学观革命"。"分析革命"所做的是同样的事，他们也不认为有超越于具体因果链条的所谓最高原因，传统哲学言之无物，于是哲学应该只是为科学澄清意义的学问。所以在20世纪之后人们才开始广泛相信哲学并不是凌驾于科学之上的东西，也不存在所谓"最高原因"。这场"哲学观革命"是最近才发生的，而在一个世纪以前，人们依然相信所谓"最高原因"，自然也相信探究这一原因的学问。如果一种"哲学观革命"在近代已经发生，那么马克思和分析哲学家们重述这一革命的信条就没有什么意义了。

哲学在今天整个学术界以及广大群众心目中的形象较一两个世纪以前已经发生了根本性的变化，就不用说与更早时候相比了。一种哲学观点如果与科学相一致，那么人们直接参考科学就行了；如果不一致，人们也不会相信哲学；只有那些不被科学论及且不与科学冲突的哲学观点才可能有些听众。这种变化现在被认为是一场"哲学观革命"并不草率。哲学崇高形象的变化是许多人相对独立工作的结果，他们的工作之间也可能是冲突的。

如果这里发生的是一场"哲学革命"，那么应该有一种新的哲学理论取代旧的哲学理论，而在这一过程中，人们对哲学的看法不会改变，比如亚里士多德不满意柏拉图关于"最高原因"的理论，他自己建立了新的关于"最高原因"的理论，但哲学依然是关于"最高原因"的学问。这里所发生的一切正如天文学中所发生的一切一样，天文学本身的对象、功能并不应该发生什么变化。严格地说，"哲学观革命"绝对不可能是一种"哲学革命"，因为"哲学观革命"意味着对哲学根本看法的改变，原来是哲学的东西"革命"之后将不再被认为是哲学的，如果"哲学革命"这一事件本身是在原先哲学的意义上发生的，那么怎么可能说发生了哲学观的改变呢？

另一方面，从内容上看，唯物主义的历史观对哲学持否定性的看法，因此把它说成是一种哲学理论是自相矛盾的。这里的逻辑困难与把"哲学终结论"本身说成是一种哲学理论所遇到的困难是一样的，而且在马克思这里表现得更为明显。毕竟支持"哲学终结论"的主要都是学院哲学家，他们反对的是思辨哲学或形而上学，实际上认同一种为科学服务的"科学的哲学"。然而马克思并不是学院哲学家，他首先是一位革命家，其次是发现了历史变动规律和资本主义社会运动规律的科学家。造成矛盾的根源在于人们笃信，制造"哲学观革命"的理论必定是哲学理论，既然是一种新的哲学理论造成了这种"革命"，所以也就同时存在一场"哲学革命"。然而，"哲学观革命"与"哲学革命"不仅是两回事，而且是不能同时发生的，一旦发生了"哲学观革命"，彻底改变了哲学的面貌，我们怎么能够认出所谓"新哲学"和"旧哲学"都是"哲学"呢？所以：

（1）如果"马克思哲学革命"指的是辩证唯物主义取代机械唯物主义和唯心主义、历史唯物主义取代历史唯心主义的"哲学革命"的话，那么就不存在"哲学观革命"，因为唯物主义和唯心主义是对同一问题的不同回答，并没有理论对象上的不同；

（2）如果"马克思哲学革命"指的是唯物主义的历史观对哲学本身的批判而导致的"哲学观革命"的话，那么就不存在"哲学革命"，作为所谓"新哲学"的唯物史观与一切"旧哲学"都没有任何共同点，根本不构成竞争关系。

因而，"哲学革命"与"哲学观革命"完全是相互矛盾的，也就不能用"哲学观革命"去证明历史唯物主义是一种"新哲学"，同样不能用"历史唯物主义是一种新哲学"去证明发生了"哲学革命"。

无论是"马克思哲学革命"还是历史唯物主义，它们的性质都没有一个外在于它们的标准去评判和衡量，特别是对于马克思的哲学思想，人们乐于强调它与传统哲学的巨大不同，却很少有人关心相同的地方。这本身就在制造把马克思的学说认定为哲学的困难，马克思的"哲学观革命"过于彻底，以至于在马克思的学说与传统哲学之间没有任何共同特征，以供我们把它们都辨认为"哲学"——"新哲学"与"旧哲学"：

> 可以简要地把这场哲学领域的革命变革概括为以下几个方面：哲学研究对象的革命变革、哲学内容的革命变革、哲学社会作用的革命变革。①
>
> 马克思在哲学史上所实现的变革，……改变了哲学的对象、性质和功能，改变了哲学问题的提法和探讨哲学问题的思维方式，从而也改变了哲学的存在形态和存在方式。②

那么库恩是怎样评价所谓"哥白尼革命"的呢？

> 《天球运行论》的意义不在于它自己说了什么，而在于它使得别人说了什么。这本书引发了它自己并未宣告的一场革命。它是一个制造革命的文本而不是一个革命性的文本。这样的文本……可以说是转变了科学思想的发展方向的文本；一部制造革命的著作既是旧有传统的顶峰，又是未来新传统的源泉。……《天球运行论》一书具有双重特性。它既是古代的又是现代的，既是保守的又是激进的。因此它的意义只有同时从它的过去和未来，产生它的传统和由它产生的传统中，才可

---

① 祝大征：《哲学中伟大革命的系统总结》，陕西师范大学出版社1988年版，第238—242页。

② 杨学功：《超越哲学同质性神话：马克思哲学革命的当代解读》，北京大学出版社2010年版。

能找到。①

因此，说马克思与传统发生了彻底的断裂不仅是不符合历史事实的，而且是存在逻辑困难的，在何种意义上我们能与过去彻底断裂呢？因此，说马克思是"大体系缔造者当中最后一人"也绝不是贬义，因为这并不影响他同时是现代思想的开拓者。

但我们必须时刻区分的是，究竟是马克思本人在他的任何一部文本中宣告了"哲学革命"的到来，还是多年以后我们从出版的或尘封的字里行间中解读出了一场"哲学革命"，再或是我们想以此为"导火线"发动一场"哲学革命"？还应区分的是，究竟是马克思的学说符合公认的哲学的定义，还是我们把马克思的学说定义为哲学并以此去规范哲学的历史与未来？

当然，如果承认"哲学是人类把握世界的一种基本方式"，既"不能用哲学方式代替其他方式"，也"不能以其他方式代替哲学方式"的话②，那么一种严格意义上的"哲学观革命"就只可能在"哲学终结论"的意义上发生。但正如人们对科学的看法在历史上不是一成不变的一样，人们对哲学的看法当然也会发生变化，其中具有实质性意义的变化可以在较为宽泛的意义上被认为是一种"哲学观革命"。这样，我们就可以避免"哲学革命"与"哲学观革命"之间的尖锐对立。辩证唯物主义、历史唯物主义战胜旧唯物主义和唯心主义是一场"哲学革命"；它们使哲学的使命从"解释世界"变为"改变世界"，则是一种宽泛意义上的"哲学观革命"。因此，之前严格意义上的探讨纯粹是理论上假说性质的尝试，并不否认马克思（主义）哲学在哲学理论和哲学观两个方面同时具有的革命性。

---

① ［美］库恩：《哥白尼革命——西方思想发展中的行星天文学》，吴国盛、张东林、李立译，北京大学出版社 2003 年版，第 133—134 页。
② 孙正聿：《哲学的形而上学历险》，《天津社会科学》2011 年第 5 期。

第三节 "马克思哲学革命"论述中的术语问题[①]

1. "哲学"一词在《终结》中的用法

《终结》通常被认为是恩格斯阐述马克思主义哲学基本原理的重要著作。但是,恩格斯在这部著作中却并没有用"哲学"一词去称谓马克思的理论。因而,当我们试图将马克思的某些理论称为"哲学"的时候,就必须考虑是否与恩格斯在《终结》中对"哲学"这一术语的理解有所不同,甚至截然相反。那么,《终结》中的"哲学"一词适合用来称谓马克思的理论吗?

马克思理论的学科性质是马克思主义学术研究中的重要问题,简单地说就是"马克思的理论是不是哲学"的问题,在《终结》的语境中则可以表述为"'全部哲学'是否包括马克思的理论""'思维和存在的关系问题'是不是马克思理论的基本问题(之一)"等。这个问题引发了人们对马克思理论的性质的一系列追问和思考。马克思本人对哲学持何种看法?他是否称自己的理论为哲学?他的理论与以往全部哲学是什么关系?与他之后的各种现代哲学又是什么关系?为了回答这些问题,一个简单的思路就是确定马克思理论有什么特性,确定哲学有什么特性,再把它们相比较,看看马克思理论是不是哲学。然而这种思路的困难之处就在于,人们从来没有就哲学的特性达成共识,每个人都从自己的哲学观出发去判断马克思理论是或者不是哲学,因而始终不能取得一致,甚至时常引用相同的文本去证明相互对立的观点。[②]

[①] 本节第1、2小节选自拙文《〈费尔巴哈论〉中的"哲学"一词是否适合称谓马克思的理论》,《宁夏社会科学》2017年第3期;第3小节选自拙文《为什么"现代唯物主义"不是哲学》,《海南大学学报》(人文社会科学版)2018年第5期。

[②] 比如,马克思说"哲学家们用不同的方式解释世界,而问题在于改变世界",有学者据此认为马克思反对旧哲学、向往新哲学,有学者则认为马克思反对任何哲学或哲学本身;再如,恩格斯说"现代唯物主义已经不再是哲学,而只是世界观",有学者据此认为马克思理论不是哲学,有学者则认为这种世界观就是马克思的新哲学。

为了回答马克思理论的学科性质问题，要求人们在哲学观上达成一致显然是不现实的，我们总是不得不从某位哲学家、某个哲学派别甚至我们自己对哲学的看法出发。考虑到恩格斯与马克思个人以及与马克思主义哲学的独特关系，可以认为，考察在恩格斯的哲学观中马克思理论与哲学的关系，是这一系列工作中较为优先也较为重要的一项。这里我们主要选择《终结》，考察作者在这个文本中如何使用"哲学"这个词，进而推论这样的用法是否适合用来称谓马克思的理论。

《终结》通篇讨论哲学问题以及与哲学有关的问题，其中最集中的论述就是第二节关于"哲学基本问题"的讨论。恩格斯说，"全部哲学，特别是近代哲学的重大的基本问题，是思维和存在的关系问题。"① 作者以提出其"基本问题"或理论对象的方式规定了"哲学"一词在文中的一个用法，而且"哲学"一词在文中的大多数出现都属于这种用法。比如"德国古典哲学""黑格尔哲学"都属于以"思维和存在的关系"为"基本问题"的哲学。再如"给哲学提出的任务""穿着哲学的外衣""一切哲学上的怪论""推动哲学家前进的"② 这些短语中的"哲学"一词也都是这种用法。在《反杜林论》中，恩格斯还使用"凌驾于其他一切科学之上的特殊科学""关于总联系的特殊科学""特殊的科学的科学"③ 这些说法去称谓这种意义上的哲学。哲学在这种意义上有以下几个特点：

（1）哲学最基本的理论对象是思维和存在的关系问题；

（2）"哲学"一词所称谓的理论的范围从哲学开端到黑格尔以及黑格尔身后的一些理论，尚不能确定是否包含马克思理论；

（3）哲学的内容包括自然哲学、历史哲学、精神哲学等；

（4）哲学与各门科学的关系是前者凌驾于后者之上，讨论各个领域的总联系。

---

① 《马克思恩格斯文集》第4卷，人民出版社2009年版，第277页。
② 《马克思恩格斯文集》第4卷，人民出版社2009年版，第273、274、279、280页。
③ 《马克思恩格斯文集》第9卷，人民出版社2009年版，第26、28、146页。

这种哲学向人们呈现出来的成果是关于"总联系"的种种说法，然而这些联系是"从头脑中想出"①的，恩格斯说"推动哲学家前进的，决不像他们所想象的那样，只是纯粹思想的力量"②，这表明作者认为以往的、历史上的哲学都是从头脑中想出联系，黑格尔哲学就是典型的代表。那么，对于这里所说的哲学，恩格斯持怎样的态度呢？

就"哲学基本问题"来说，恩格斯指出，"对这些以及其他一切哲学上的怪论的最令人信服的驳斥是实践，即实验和工业"③，也就是说这个问题已经被科学实验和工业生产解决了，这些实践活动及其成果证明了世界是物质性的，而物质的世界是能够被人的意识所认识的。哲学的历史就是逐渐使"哲学基本问题"获得完全的意义并力求解决这个问题的过程，现在这个问题被解决了，那么以这个问题为基本研究对象的学科也就没有继续存在下去的必要了。

比如普朗克在大学毕业之际，他的老师就劝告他不要投身于理论物理学，因为这门学科的基本问题都已经被解决了，这门学科的成果当然还非常有用，并且可以在精确化的道路上继续前进，但实质性的发展已经不可能了。所以一门学科的基本问题对于这门学科的意义是格外重大的，它不只规定了这门学科的性质，它是否被解决更是决定了这门学科能否存在的依据。一门学科的发展过程就是不断解决重大的基本问题并提出新的重大的基本问题的过程。在《终结》中，恩格斯明确表示"哲学基本问题"已经被解决了，但并没有暗示有新的足以成为"基本问题"的哲学问题被提出，这就意味着哲学终结了，也就是这部著作的标题所说的"德国古典哲学的终结"，也就是以"思维和存在的关系问题"为"基本问题"的"全部哲学"的终结。既然实验和工业能够回答思维和存在"何为第一性"以及"有无同一性"的问题，还需要哲学做什

---

① 《马克思恩格斯文集》第4卷，人民出版社2009年版，第312页。
② 《马克思恩格斯文集》第4卷，人民出版社2009年版，第280页。
③ 《马克思恩格斯文集》第4卷，人民出版社2009年版，第279页。

么？而且至少从笛卡儿、霍布斯开始，推动哲学发展的主要力量就是自然科学和工业的进步，那么哲学本身就完全是多余的了。

这是从哲学的"基本问题"或理论对象的丧失的角度说，恩格斯认为哲学终结了，另一方面从哲学的具体内容或与其他学科的关系来说，恩格斯认为，"一旦对每一门科学都提出要求，要它们弄清它们自己在事物以及关于事物的知识的总联系中的地位，关于总联系的任何特殊科学就是多余的了"①，因此，这种意义上的哲学就没有存在的必要了。

以往的哲学涉及世界的全部领域，包括自然界、人类社会和人类思维，但哲学对这些领域的研究都是从头脑中"想出联系"，现在人们已经在自然界和人类社会的事实中"发现联系"，那么哲学在这两个领域中就都是多余的了。那么还有什么领域能够从头脑中想出联系呢？恩格斯说，"对于已经从自然界和历史中被驱逐出去的哲学来说，要是还留下什么的话，那就只留下一个纯粹思想的领域：关于思维过程本身的规律的学说，即逻辑和辩证法。"②"还留下什么"用《反杜林论》中的短语来说就是"在以往的全部哲学中仍然独立存在的"③。

这里所说的"哲学"，即"还留下的哲学""仍然独立存在的哲学"显然不是前文所说的"全部哲学"，因为"全部哲学"的理论对象是"思维和存在的关系问题"，而"还留下的哲学"的理论对象只在于纯粹思想的领域，即"思维过程本身的规律"，因而是不同的。④

这就是恩格斯在《终结》中所使用的"哲学"一词的两种情况，哪一种情况适合用来称谓马克思的理论呢？我们首先来看恩格

---

① 《马克思恩格斯文集》第9卷，人民出版社2009年版，第28页。
② 《马克思恩格斯文集》第4卷，人民出版社2009年版，第312页。
③ 《马克思恩格斯文集》第9卷，人民出版社2009年版，第28页。
④ 可以看出，当恩格斯回顾哲学的历史时，他心目中的"哲学"基本上还是亚里士多德意义上的"知识的总汇"，既研究存在问题，又研究思维问题，还研究二者的关系问题，当然，以二者的关系问题为"基本问题"。那么显然恩格斯相信，存在问题早早归于自然科学的研究了，二者的关系问题也得到了科学和工业的解决，如果还剩下什么，那就只有纯粹思维的问题了。

斯提及马克思的理论时都有什么样的说法。

2. 马克思的理论在《终结》中的称谓

在《终结》1888年单行本序言中，恩格斯说明了他撰写这部著作的原因："在这种情况下，我感到越来越有必要把我们同黑格尔哲学的关系，我们怎样从这一哲学出发又怎样同它脱离，作一个简要而又系统地阐述。"① 但从语法上讲，这里与黑格尔哲学脱离的不能是"我们"，而应该是"我们的哲学"之类的表述。在全文中，恩格斯大致使用了以下几种说法来称谓与黑格尔哲学想脱离的那个东西：

（1）"我们的观点"②；

（2）"马克思的世界观""新世界观""这个世界观"③；

（3）"关于现实的人及其历史发展的科学"④；

（4）"从黑格尔学派的解体过程中还产生了另一个派别，唯一的真正结出果实的派别"⑤；

（5）"这一理论""我们的理论"⑥。

在《反杜林论》中，恩格斯还用了"现代唯物主义"⑦ 这一说法。恩格斯多次提及"我们的观点"，但都没有使用"哲学"这个词，这应该不是偶然现象，那么原因何在？

一个简单的回答可以在《反杜林论》中找到，恩格斯说，"现代唯物主义……已经根本不再是哲学，而只是世界观，这种世界观不应当在某种特殊的科学的科学中，而应当在各种现实的科学中得到证实和表现出来"⑧。也就是说，恩格斯将马克思与他共同的理论称为"现代唯物主义""世界观"等等，但明确表示不是哲学。所以在《终结》谈及马克思理论的所有地方，当然都不会用"哲

---

① 《马克思恩格斯文集》第4卷，人民出版社2009年版，第266页。
② 《马克思恩格斯文集》第4卷，人民出版社2009年版，第265页。
③ 《马克思恩格斯文集》第4卷，人民出版社2009年版，第265、266、297页。
④ 《马克思恩格斯文集》第4卷，人民出版社2009年版，第295页。
⑤ 《马克思恩格斯文集》第4卷，人民出版社2009年版，第296页。
⑥ 《马克思恩格斯文集》第4卷，人民出版社2009年版，第296—297、297页。
⑦ 《马克思恩格斯文集》第9卷，人民出版社2009年版，第28页。
⑧ 《马克思恩格斯文集》第9卷，人民出版社2009年版，第146页。

学"这个词去称谓它了。但这会不会只是一个遣词造句的问题呢？是否意味着恩格斯反对一切旧哲学，甚至反对"哲学"这个名称本身，而用"世界观"这样的词去称谓他们的"新哲学"呢？

首先，这种做法就是恩格斯所批判的"通常的哲学偏见""不反对事情本身而反对唯物主义这个名称的偏见"①。其次，恩格斯并没有只是用"哲学"这个词去称谓"以往的全部哲学"，他还用这个词去称谓"已经从自然界和历史中被驱逐出去的哲学"，亦即"在以往的全部哲学中仍然独立存在的"哲学，即形式逻辑和辩证法，而恩格斯并不反对形式逻辑和辩证法的合法性。恩格斯反对上节所说的"哲学"的第一种用法所指的知识、思想或理论，但并不反对第二种用法的所指。

换言之，恩格斯并不反对"哲学"这个名称，他所反对的是妄图凌驾于各门学科之上的、以"总联系"为理论对象的那种哲学。恩格斯说，"我们不仅生活在自然界中，而且生活在人类社会中，人类社会同自然界一样也有自己的发展史和自己的科学"，他把后一种科学称为"关于社会的科学"，并解释说这门科学就是"所谓历史科学和哲学科学的总和"。②恩格斯在这里所说的"哲学科学"显然不是他所反对的凌驾于各门科学之上的特殊的科学，因为在这段论述中它是与历史科学并列起来的，它们从属于关于社会的科学，而关于社会的科学又与关于自然界的科学相并列。

恩格斯之所以反对哲学，是因为他认为哲学是从头脑中想出联系，而不是在实际中发现联系。但以往全部哲学中以思维规律为对象的部分，虽然也是从思想中想出联系，但这个领域的"实际"就是思想本身，所以是可以独立存在并得到保留的。既然恩格斯保留了"哲学"这一名称，并且明确表示"仍然独立存在的哲学"包括逻辑和辩证法，同时我们又一致承认辩证法是马克思理论的重要部分或重要原则，那么还不能说马克思理论是哲学吗？

---

① 《马克思恩格斯文集》第 4 卷，人民出版社 2009 年版，第 281 页。
② 《马克思恩格斯文集》第 4 卷，人民出版社 2009 年版，第 284 页。

恩格斯确实明确表示哲学还可以存在，包括逻辑和辩证法，但这里的"辩证法"是关于思维及其规律的学说，属于纯粹思维的领域。我们可以看到在恩格斯的文本中，"辩证法"一词有不同的含义，除了这里所说的"关于思维过程本身的规律的科学"外，更主要的，恩格斯认为"辩证法就归结为关于外部世界和人类思维的运动的一般规律的科学"①，也就是说有一门关于外部世界（包括自然界和人类社会）的运动规律的科学，还有一门关于人类思维的运动规律的科学，它们看起来是不同的，但实质上是一样的，都可以叫作"辩证法"。

那么各种不同的"辩证法"之间是什么关系呢？恩格斯在《自然辩证法》中对这个问题有明确的回答：

（1）"头脑中的辩证法只是现实世界即自然界和历史的各种运动形式的反映"②；

（2）"辩证法的规律是从自然界的历史和人类社会的历史中抽象出来的。辩证法的规律无非是历史发展的这两个方面和思维本身的最一般的规律"③；

（3）"所有这三个规律都曾经被黑格尔按照其唯心主义的方式当做纯粹的思维规律而加以阐明"④；

（4）"辩证法规律是自然界的实在的发展规律"⑤。

就"对立统一""质量互变""否定之否定"作为辩证法的最一般规律来说，黑格尔已经给出了相近的阐述和规定，而且他也认为自然界和人类社会都要服从这些规律。黑格尔的错误在恩格斯看来则在于，他误以为先有思维中的辩证规律，而外部世界的辩证规律不过是思维规律的"外化"。恩格斯的观点则恰恰相反，思维中的辩证法不过是外部世界的辩证法的反映。对此，马克思是完全同意的，他在《资本论》第二版跋中阐明了他的辩证法与黑格尔辩

---

① 《马克思恩格斯文集》第4卷，人民出版社2009年版，第298页。
② 《马克思恩格斯文集》第9卷，人民出版社2009年版，第454页。
③ 《马克思恩格斯文集》第9卷，人民出版社2009年版，第463页。
④ 《马克思恩格斯文集》第9卷，人民出版社2009年版，第463页。
⑤ 《马克思恩格斯文集》第9卷，人民出版社2009年版，第464页。

证法的不同之处。① 因此可以看出，当恩格斯说哲学中还可以剩下辩证法，马克思承认自己的方法是辩证法的时候，这两个"辩证法"绝不是同一个意思，前者是纯粹思维的规律，后者则是思维和存在的普遍规律。

综上，在《终结》的语境中，恩格斯在两种意义上使用了"哲学"一词，这两种用法所指称的哲学从时间上说是连续的，"以往的全部哲学"在被逐一驱逐出自然界和人类社会的领域之后就只能存在于纯粹思维的领域，就是第二种意义上的"哲学"。如果恩格斯认为马克思的理论是哲学，那么一定是其中一种。

一方面，不能是第一种意义上即以"思维和存在的关系"为"基本问题"的"哲学"，因为这个问题已经得到了最终的解决，尽管哲学上的唯物主义和可知论都得到了正确的答案，但在恩格斯看来这些正确答案是由科学实验和工业生产提供的，哲学家们误以为是纯粹思维的力量推动他们接近正确的答案，实际上却是科学和工业的发展。因此，至少在《终结》的语境中，"思维和存在的关系问题"已经不再成问题了，以此问题为理论对象的哲学也就没有存在的必要了，哲学提出这个问题却始终没有判决性的回答而一直处于派别的冲突之中，自然科学和工业一举解决了这个问题。显然，马克思和恩格斯都没有必要建立理论去求解思维和存在"何为第一性"以及"有无同一性"的问题了，恩格斯也就不可能在这个意义上把他们的理论称为"哲学"。

另一方面，"仍然独立存在的""还留下的"那个"哲学"仅仅存在于"纯粹思维的领域"，只是关于思维过程本身的规律，马克思和恩格斯的著作基本上都是揭示人类社会历史发展规律的，也涉及自然界本身、人类社会与自然界的关系、人的意识与外部世界的关系等问题，但几乎没有关于纯粹思维规律的内容，这个仍然独立存在的"哲学"也不适合用来称谓马克思的理论。

---

① "我的辩证方法，从根本上来说，不仅和黑格尔的辩证方法不同，而且和它截然相反。在黑格尔看来，思维过程——是现实事物的创造主，而现实事物只是思维过程的外部表现。我的看法则相反，观念的东西不外是移入人的头脑并在人的头脑中改造过的物质的东西而已。"（《马克思恩格斯文集》第5卷，人民出版社2009年版，第22页）

这样我们就能够解释为什么恩格斯没有用"哲学"这个词来称谓马克思的理论。因为在他的观念和语境中，马克思的理论根本就不是哲学。那么马克思会否接受恩格斯的这种做法呢？

马克思有一句经常被引用的名言，往往用来表征马克思反对旧哲学、向往新哲学的意愿，表征马克思所引发的"哲学革命"，我们也可以从另外的角度解读——"哲学家们用不同的方式解释世界，而问题在于改变世界"，马克思在这句话中并没有暗示这个"问题"或引申地说"任务""使命"是哲学家们的，在没有更进一步证据支持的情况下，应该理解为"我们"或"与我们志同道合的人"的"问题"（任务、使命）是改变世界，而哲学这种意识形态、这种从头脑中想出来的联系，只能用来以不同的方式解释世界，而它们的解释还都是错误的。既然哲学思考不能改变世界，那什么可以呢？实践。什么是实践？科学实验、工业生产和社会革命。

尽管单就《提纲》来说并不容易判断哪种解读更为准确，但在《终结》的语境中，恩格斯显然不认为马克思认为改变世界是新哲学的任务。这里不是说恩格斯的理解就一定是正确的，就一定是理解马克思的标准，而是说既然这个标准至今没有定论，那么我们能够逐一澄清在不同的语境中作何理解，就很重要了。

3. "现代唯物主义"的理论性质

早在《终结》发表之前十年、马克思尚在世时，恩格斯就在《反杜林论》中明确指出，"现代唯物主义""已经根本不再是哲学，而只是世界观"[①]。"现代唯物主义"即马克思和恩格斯的世界观，很多学者都不加反思地默认现代唯物主义与以往各种形态的唯物主义一样，都是一种哲学。然而，这种看法至少在字面上与恩格斯的表述不符。通过进一步分析我们还会发现，对"现代唯物主义是哲学"这一论断的论证存在着逻辑错误和逻辑困难。无论在字面上还是在逻辑上，现代唯物主义都不是哲学，而只是世界观。

在诸多马克思主义著作和论文中，"现代唯物主义是哲学"并

---

① 《马克思恩格斯文集》第9卷，人民出版社2009年版，第146页。

不是作为专门被论证的命题而出现的，往往都是作为论证其他命题的前提而存在，而它本身仿佛是不证自明的。但是，这个命题的真实性并非显而易见，无论使用这个命题的作者是否自觉，它都依赖于一定的论证。在对这个命题的论证中，存在着诸如偷换概念、循环论证、违反三段论推理规则等逻辑错误。

有文章指出，"马克思主义哲学的创立，表明作为科学之科学的旧哲学的消灭，而哲学仍然以世界观的形式作为自身的存在方式并真正发挥哲学的作用。"① 这段论述是对恩格斯下述论述的推论或解释，恩格斯指出，"现代唯物主义""已经根本不再是哲学，而只是世界观，这种世界观不应当在某种特殊的科学的科学中，而应当在各种现实的科学中得到证实和表现出来。因此，哲学在这里被'扬弃'了，就是说，'既被克服又被保存'；按其形式来说是被克服了，按其现实的内容来说是被保存了。"②

恩格斯认为现代唯物主义这种世界观，不应当在某种特殊的科学的科学中表现出来，在《终结》中他也指出，"马克思的历史观"和"辩证的自然观""结束了历史领域内的哲学"，并"使一切自然哲学都成为不必要的和不可能的"。③ 在这个意义上，说"现代唯物主义的创立，表明作为科学之科学的旧哲学的消灭"是符合恩格斯原意的，但该文章却将"现代唯物主义"偷换成了"马克思主义哲学"，实际上就是未经任何证明地默认了"现代唯物主义是哲学"。

此外，在恩格斯的论述中，哲学的现实内容指的是唯物主义观点，而其形式就是哲学本身，但这种形式却被世界观这种形式所取代。所以，是"现代唯物主义以世界观的形式作为自身的存在方式并真正发挥世界观的作用"，而不是"哲学仍以世界观的形式作为自身的存在方式并真正发挥哲学的作用"。这里仍然默认了"现代唯物主义是哲学"。

---

① 陈先达：《哲学中的问题与问题中的哲学》，《中国社会科学》2006 年第 2 期。
② 《马克思恩格斯文集》第 9 卷，人民出版社 2009 年版，第 146 页。
③ 《马克思恩格斯文集》第 4 卷，人民出版社 2009 年版，第 312 页。

还有文章在引证恩格斯关于现代唯物主义的这段论述时自觉到了这段论述对于马克思、恩格斯唯物主义的性质是一个"最为严峻的理论问题",并追问"不再是哲学的世界观还是不是哲学?与世界观相区别的哲学是何种哲学?作为世界观的哲学又是何种哲学?"文章认为恩格斯对此给出了回答:与世界观相区别的哲学是一种"特殊的科学的科学";作为世界观的哲学则是"在各种现实的科学中得到证实和表现出来"的哲学。①

然而,在恩格斯的论述中,相互区别的是"哲学"和"世界观",而不是"与世界观相区别的哲学"和"作为世界观的哲学",这里显然是把"世界观"偷换成了"作为世界观的哲学"。世界观确实"应该在各种现实的科学中得到证实和表现出来",但恩格斯并没有说它是"在各种现实的科学中得到证实和表现出来的哲学"。这里也是默认了"现代唯物主义是哲学"。

不只是偷换概念,在这段论述里还存在着循环论证。该文章要回答的问题是"不再是哲学的世界观还是不是哲学",而其给出的备选答案要么是"与世界观相区别的哲学",要么是"作为世界观的哲学",无论如何都是哲学,所以不管答案具体是什么,现代唯物主义都不得不是哲学了。既然结论已经包含在前提中了,那么追问"不再是哲学的世界观还是不是哲学"也就没有意义了。

再如,《终结》通常被视为"恩格斯阐述马克思主义哲学基本原理的重要著作"②。而事实上,恩格斯在这部著作中使用了多种方式去称谓马克思和他的观点,如"我们的观点""马克思的世界观""新世界观"等等,但唯独没有将其称为"哲学"。所以,应该说"《终结》是恩格斯阐述马克思和他的基本观点,或马克思的历史观和辩证的自然观,或现代唯物主义的重要著作"。有的文章不仅不对这些说法加以区分,反而特别说明:"在本文中,马克思主义(哲学)、历史唯物主义、唯物主义历史观、新唯物主义、新

---

① 孙正聿:《历史唯物主义与哲学基本问题——论马克思主义的世界观》,《哲学研究》2010年第5期。
② 参见各个版本的《马克思恩格斯选集》《马克思恩格斯文集》对《终结》的说明,以及其单行本的"编者引言"。

哲学同义，可以无差别交替使用，都指称马克思与恩格斯于1845年左右创立的唯物主义哲学。"①

在上述文本中，现代唯物主义不经有效证明就被默认为是哲学，而这种默认所依赖的论证却是基于偷换概念或循环论证，这样的论证在逻辑上是无效的。

上述诸文本通过偷换概念或循环论证"解决了""现代唯物主义是不是哲学"这个问题，或者更准确地说，使这个问题不成为问题。但这样并没有使"现代唯物主义是哲学"这个命题获得先天的真实性，这个命题依然依赖于一定的前提和推理才能得以确立，只不过这个推理过程并未得到学者们的注意，或因其似乎过于明显而被省去了。但我们还是能够在这些文本中发现被隐藏的推理过程。这样的推理至少有两个，分别围绕"唯物主义"和"世界观"而展开。

第一个推理以"唯物主义"为中项：

大前提：哲学要么是唯物主义，要么是唯心主义；
小前提：现代唯物主义是唯物主义；
结　论：现代唯物主义是哲学。

这一推理过程是一个选言推理，同时也是一个三段论推理，其形式是 PM，SM，⊢SP，是三段论的第二格。这一格有一个特殊规则是，两个前提必有一个是否定判断。然而在这个推理中，两个前提都是肯定判断，违反了第二格的推理规则，所以这是一个无效的推理。当然，在恩格斯的语境中，大前提和小前提都是真命题，但由于推理是无效的，所以结论并不能被必然地推出。

另一个推理以"世界观"为中项：

---

① 郭滢、刘怀玉：《马克思主义的哲学基本问题论与哲学终结论——读〈路德维希·费尔巴哈和德国古典哲学的终结〉的再思考》，《南京政治学院学报》2016年第6期。

大前提：哲学是一种世界观。
小前提：现代唯物主义是一种世界观。
结　论：现代唯物主义是哲学。

这一推理是一个直言三段论，同样是第二格，推理的无效之处同样在于违反了前提中必须有一个否定判断这一规则。两个前提都是真命题，但由于推理是无效的，所以结论也不能由前提必然地推出。

尽管至此还不能证明"现代唯物主义是哲学"是假命题，但我们已经指出这一命题由以得出的两个可能的推理都是无效的。而在具体的论文中，这样的推理过程的确是隐含地存在着的。

比如有文章提出，恩格斯在《终结》中在历史上第一次回答了什么是马克思主义哲学这个问题。[1] 我们已经考察过，恩格斯在《终结》中从未使用"哲学"一词去称谓马克思和他的观点，那么该文章为什么还坚持将他们的观点称为"马克思主义哲学"呢？应该说这并不是因为没有注意到恩格斯未称他们的思想为"哲学"，而是文章默认了一个推理过程，由此"逻辑地"推出了他们的观点是哲学。文章认为，恩格斯以其所提出的"哲学基本问题"为线索，确定了马克思主义应当归属的哲学阵营。[2] 因此这里暗含的推理就是，全部哲学都分属于两个阵营，要么是唯物主义阵营，要么是唯心主义阵营；马克思主义属于唯物主义阵营；所以马克思主义是哲学。[3]

因为唯物主义和唯心主义作为关于世界本原问题的总观点，亦

---

[1] 郭莹、刘怀玉：《马克思主义的哲学基本问题论与哲学终结论——读〈路德维希·费尔巴哈和德国古典哲学的终结〉的再思考》，《南京政治学院学报》2016 年第 6 期。

[2] 郭莹、刘怀玉：《马克思主义的哲学基本问题论与哲学终结论——读〈路德维希·费尔巴哈和德国古典哲学的终结〉的再思考》，《南京政治学院学报》2016 年第 6 期。

[3] 前文我们已经运用三段论推理规则指出了这个推理的无效性，这里我们可以更为形象地类比说明：全部鸭子都分属于两个性别，要么是雄性的，要么是雌性的；公鸡是雄性的；所以公鸡是鸭子。这个推理的荒谬是显而易见的。

即一种世界观，未必只能通过哲学思考而得到，神学也可以得出唯心主义的世界观，科学也可以得出唯物主义的世界观。世界观是一种观点，而哲学、神学、科学是获得这些观点的方式。[①] 所以马克思、恩格斯的观点——现代唯物主义——是唯物主义，也是一种世界观，但不必是哲学。[②]

当然，仅就现代唯物主义是唯物主义，而唯物主义可以由哲学得出也可以不由哲学得出而言，还不足以证明现代唯物主义就不是哲学。但恩格斯已经明确指出，"现代唯物主义，……已经根本不再是哲学"，所以，举证的责任就落到主张"现代唯物主义是哲学"的学者身上，而上述三段论推理显然起不到证明其主张的作用。

既然现有的关于"现代唯物主义是哲学"的论证都存在逻辑错误，那么我们为什么不能就按照字面含义去理解恩格斯的论断呢？其原因可能就在于人们难以摆脱一类哲学观——认为哲学与其他学科或其他把握世界的基本方式相比，总有一种特殊地位。无论是"特殊的科学的科学"，还是"概括各门科学，总体把握世界"的学问，还或是具有"最大普遍性和最大普适性"的知识，再或是对各种把握世界的基本方式的"不自觉的和无条件的前提"的批判，都赋予了哲学以一种特殊地位。这里我们既不争论哲学是否真的具有这种特殊地位，也不关心上述说法是否适合于现代唯物主义，我们只需要讨论，现代唯物主义若要具有这种特殊性、概括性、总体性、普遍性、普适性或批判性，就一定要以哲学的形式而存在吗？

相对于马克思主义政治经济学和科学社会主义，现代唯物主义的确具有特殊的地位，它为前两者提供了一种总体上的和根本性的观念或原则，它规定了整个马克思主义的本质属性和发展方向。对于具有这样地位的观点，我们应该用什么概念加以述谓呢？恩格斯

---

① 严格地说，哲学并不是"理论化的**世界观**"，而是"提供世界观的**理论**"。

② 这就是否认了另一种可能的三段论推理：唯物主义是哲学；现代唯物主义是唯物主义；现代唯物主义是哲学。这个直言三段论第一格的推理过程是完全正确的，但大前提是假的，所以结论也不必然为真。

已经说得非常明确："世界观"。而现代唯物主义是世界观却不是哲学就在于：第一，世界观未必是理论形态的，但哲学却是理论形态的；第二，哲学是理论形态的世界观，但理论形态的世界观却未必是哲学；第三，哲学总是要提供一种世界观，但一种世界观却未必是哲学提供的。对此，恩格斯也给出了明确的说明：现代唯物主义这种世界观是"在各种现实的科学中得到证实和表现出来"的，也就是说，现代唯物主义是世界观，甚至也可以是理论形态的世界观，但它却是与现实的科学而非哲学联系在一起的。所以这种世界观不仅在逻辑上未必是哲学，而且在事实上也着实不是哲学。

和维特根斯坦以及所有重要哲学家一样，马克思、恩格斯也表达了他们的哲学观。但与哲学家们不同的是，哲学家们对自然、历史所发表的意见构成了他们的自然哲学、历史哲学（也包括自然观、历史观），再对自然哲学、历史哲学发表意见便形成了他们的哲学观。他们的哲学观是凌驾于现实和哲学之上的。而马克思、恩格斯的哲学观则是包含在他们的历史观之中的。在这种观念中，哲学是一种历史现象，是在一定的经济条件下产生又在一定的经济条件下消灭的历史现象。所以哲学不是研究历史的，相反，它是被历史观和历史科学研究的。另外，正因为马克思、恩格斯的哲学观包含在其历史观之中，是对一种历史现象的客观描述，所以不是哲学命题，不必像维特根斯坦的那些命题那样在人们理解之后就必须抛弃掉。

可见，所谓"马克思哲学革命"并不是以新哲学代替旧哲学的哲学学说的更替，而是以新哲学观代替旧哲学观、新世界观取消哲学本身的哲学观革命。总之，说"现代唯物主义不是哲学"比说"现代唯物主义是哲学"更能得到逻辑上和文本上的支持，也更符合现代唯物主义批判的、革命的气质。因此，不是以往的哲学家们只是解释世界，而现代的哲学家们的问题在于改变世界；而是全部的哲学家都只是解释世界，而现代唯物主义者的问题在于改变世界。

本章小结

马克思没有建立传统样态的哲学理论，但也有著述认为唯物主义的历史观就是马克思的哲学理论。然而这一理论不仅形式上与一切传统哲学不同，而且实质上也包含反对"哲学本身"的观点。"哲学革命"可以作为解释这样一种特殊情况的可能方案，但用唯物史观指认马克思有哲学理论并实现了"哲学革命"，与用"哲学革命"解释唯物史观是哲学理论，是一种循环论证。除非认为马克思同时实现了"哲学革命"与"哲学观革命"，即唯物史观作为一种新的哲学理论战胜了旧唯物主义和唯心主义，实现了"哲学革命"，同时因为马克思实现了"哲学观革命"，所以唯物史观的对象、性质和功能与一切传统哲学都不一样。但"哲学革命"与"哲学革命观"在严格的意义上不能同时发生——唯物主义取代唯心主义是一种"哲学革命"，但因为它们关注的哲学问题是同样的，所以不存在"哲学观革命"；唯物史观包含对哲学的革命性看法，因而有可能实现一种改变人们哲学观的"哲学观革命"，但摧毁现有的哲学观将会导致人们很难辨认出这种变革是不是"哲学革命"。

恩格斯关于"哲学基本问题"的论断表明，马克思和恩格斯的世界观，即现代唯物主义，与包括旧唯物主义与全部唯心主义在内的一切"旧哲学"的根本分歧不仅在于观点上的对立，更为深刻的则在于马克思和恩格斯确立其世界观的方式对思辨哲学家的超越。现代唯物主义是以包括马克思和恩格斯创立的科学的社会历史理论在内的现代科学，以及工业生产和社会革命的最新成就为基础的世界观，是以"从事实中发现联系"的方式而不是"旧哲学"的"从头脑中想出联系"的方式来确立的世界观。正是在这个意义上，恩格斯指出，"现代唯物主义""已经根本不再是哲学，而只是世界观"；"哲学在这里被'扬弃'了"，"按其形式来说是被克服了，按其现实的内容来说是被保存了"。从而，在明确区分哲学的"思辨形式"与"现实内容"的前提下,"马克思哲学革命"可以被认为是一场克服了哲学的思辨形式的、否定了"哲学本身"的"哲学观革命",也可以被认为是一场保留了哲学的现实内容的、实现了"范式转换"的"哲学革命"。

第四章 "马克思哲学革命"观念中的"革命"

在关于"马克思哲学革命"的讨论中,无论究其实质如何,人们在一点上基本达成了共识,那就是几乎都承认马克思发动并实现了这场革命。在前两章中,我们的研究已经表明,说马克思意图在哲学上发动一场革命的说法并不准确。但现在让我们假设这种说法成立,专门考察一下关于革命的实现或完成的说法。

一般认为,马克思发起并实现了一场哲学革命。①

很少有人否认马克思哲学的产生是哲学史上的一次革命性变革。②

当前学界对于"马克思实现了哲学史上的一场革命"、"马克思终结了传统形而上学"等诸如此类的观点已成为共识。③

历史唯物主义的创立,无疑是哲学史上的革命变革。④

我国马克思主义哲学界的学者们普遍认为,马克思实现了

---

① 邹广文、崔唯航:《如何理解马克思的哲学革命》,《天津社会科学》2003年第1期。

② 杨学功:《超越哲学同质性神话——从哲学形态转变的视角看马克思的哲学革命》,《复旦学报》(社会科学版)2005年第2期。

③ 朱虹、吴楠:《马克思哲学革命视域下的现代性批判话语》,《求实》2008年第2期。

④ 杨耕:《哲学主题的根本转换与理论空间的重新建构——在日本一桥大学的演讲》,《北京师范大学学报》(社会科学版)2009年第4期。

一次"哲学革命"。①

国内哲学界普遍认为,马克思在西方哲学史上实现了一场深刻的哲学变革。②

马克思实现了哲学史上的伟大变革,这是一个不争的事实。③

在这些常见的论述之外还有三种不多见的情况:
(1) 关于"马克思哲学革命"开端标志的不同观点

"马克思主义理论研究和建设工程重点教材"《马克思主义哲学史》一书认为:"《关于费尔巴哈的提纲》是马克思哲学思想变革的开端。"④ 这里并没有讨论这个开端是马克思个人思想观念发生改变的开端,还是后来被人们称为"马克思哲学革命"的事件的开端,但后一个开端不可能早于前一个。

而《马克思哲学革命的源头活水和思想基因》一文则认为:"马克思哲学革命的起点不是 1845 年的《提纲》,而是《手稿》。"⑤ 苏联哲学家巴日特诺夫(Л. Н. Пажитнов)著《哲学中革命变革的起源》就是以"马克思的《1844 年经济学—哲学手稿》"为副标题的。

《论恩格斯对哲学革命的理解》一文认为,《终结》"这一文本是晚年恩格斯对已故马克思与他在 40 年前撰写的《形态》中共同发动并完成的哲学革命的性质及其意义做深刻总结,进而重新阐释马克思哲学本真意义的重要文献。"⑥ 也就是说,"马克思哲学革

---

① 刘召峰:《费尔巴哈与马克思的哲学革命——对我国学者相关分歧的评析及启示》,《内蒙古社会科学》2011 年第 6 期。
② 石华灵:《关于"马克思哲学革命"问题的研究综述》,《高等函授学报》(哲学社会科学版)2012 年第 2 期。
③ 李勇:《阿尔都塞对马克思哲学革命的历史指证》,《北华大学学报》(社会科学版)2014 年第 5 期。
④ 《马克思主义哲学史》,高等教育出版社、人民出版社 2012 年版,第 45 页。
⑤ 王东、刘军:《马克思哲学革命的源头活水和思想基因——〈1844 年经济学哲学手稿〉新解读》,《理论学刊》2003 年第 3 期。
⑥ 任平:《论恩格斯对哲学革命的理解——120 年后对〈费尔巴哈论〉出场学视域的新解读》,《江苏社会科学》2006 年第 2 期。

命"的开端与完成都是在《形态》之中。这自然就引向第二个争议——革命完成的标志。

(2) 关于"马克思哲学革命"完成标志的不同观点

《论〈关于费尔巴哈的提纲〉的哲学革命与当代价值》一文认为:"《提纲》实现了哲学史上的又一次哲学革命"[①]。

《马克思主义哲学史》是在介绍完《共产党宣言》之后说"马克思主义哲学实现了哲学史上的革命性变革"[②] 的。

《〈资本论〉与马克思的哲学革命》一文认为:"如果说历史唯物主义实现了对传统哲学的彻底变革,那么,《资本论》就是这场变革的最终完成。"[③]

可以看出,对于"马克思哲学革命"的开端与完成的标志都至少有三种看法。这绝非是一个无足轻重的问题,比如《科学革命起止时间背后的编史学观念》[④] 一文就把这个问题当作很重要的问题对待。

(3) 关于"马克思哲学革命"唯一性的不同观点

《解构与超越:马克思和维特根斯坦哲学革命路向比较研究》一书认为,"哲学史就是哲学革命的历史",在马克思之前,哲学史上一共发生了三次"哲学革命",马克思和维特根斯坦又分别实现了两场"哲学革命",并且发生在稍晚时候的"维特根斯坦哲学革命"不仅不是针对"马克思哲学革命"的,而且不如其深刻。[⑤]

《论〈关于费尔巴哈的提纲〉的哲学革命与当代价值》一文的"《提纲》实现了哲学史上的又一次哲学革命"的说法显然暗示在"马克思哲学革命"之前还曾发生过"哲学革命"。

《怎样理解马克思开辟的哲学道路——评阿尔都塞对马克思哲

---

① 陈剑涛:《论〈关于费尔巴哈的提纲〉的哲学革命与当代价值》,《江西社会科学》2008 年第 2 期。
② 《马克思主义哲学史》,高等教育出版社、人民出版社 2012 年版,第 60 页。
③ 孙乐强:《〈资本论〉与马克思的哲学革命》,《天津社会科学》2014 年第 5 期。
④ 参见张卜天《科学革命起止时间背后的编史学观念》,《科学文化评论》2013 年第 4 期。
⑤ 参见李包庚《解构与超越:马克思和维特根斯坦哲学革命路向比较研究》,中国社会科学出版社 2014 年版,第 1—9、14—20 页。

学观的激进解读》一文提出"为什么只有马克思才实现了哲学史的一次真正革命"[①] 这个问题，然后用阿尔都塞的观点作为回答，反映了作者认可"马克思哲学革命"的唯一性。

《超越哲学同质性神话：马克思哲学革命的当代解读》有这样的说法——"以马克思哲学产生为标志的哲学革命变革和以现代西方哲学产生为标志的西方哲学改变形态"[②]，这种说法应该不是"互文"的修辞方式，而是作者当真认为现代西方哲学没有实现"哲学革命"。

围绕"马克思哲学革命"所展开的研究多集中于对革命实质的讨论，这与存在上述争议但又没有针对这些争议而进行专门研究的现象，其实是一回事。无疑，革命的实质是最先映入人们眼帘的主题，往往也是核心问题。但要从整体上去认识一场革命，只抓住它的实质是远远不够的。有时正是因为过于重视实质而轻视甚至忽视了革命的其他要素，反而会影响到我们对于实质的理解。所以我们要把"马克思哲学革命"的实质"悬置"起来，去考察它作为革命事件的外部条件，即仅仅从外部来看，"马克思哲学革命"是否满足一个事件算得上"革命"的最基本的条件。否则，无论它有何其丰富而深刻的实质，都未必是一场"革命"。

本章第一节援引科恩关于科学革命的"四个阶段"的理论以及波普尔对"科学革命"与"意识形态革命"的区分，考察历史上那些科学革命或"哲学革命"究竟是哪个阶段或何种意义上的革命。第二节专门考察可能的"马克思哲学革命"的各个阶段，以确定如果存在这样一场革命，那么此时此刻它处于什么阶段。第三节考察为了处理"马克思哲学革命"与革命概念的一般用法之间的间距，人们已经进行的哲学观变革，以及或许有益的革命观和科学观方面的变革。

[①] 张盾：《怎样理解马克思开辟的哲学道路——评阿尔都塞对马克思哲学观的激进解读》，《学习与探索》2005 年第 6 期。

[②] 杨学功：《超越哲学同质性神话：马克思哲学革命的当代解读》，北京大学出版社 2010 年版，第 114 页。

第一节 科恩论科学革命的四个阶段

关于"马克思哲学革命"的研究在一定程度上已经触及了这一事件的开端、发展、成熟、完成、影响等外部特征。但这种"触及"不是普遍的、专门的和自觉的。而在科学革命的研究中，人们已经有了较为细致的专门讨论。

在"科学革命的几个阶段"这一章中，科恩介绍了《科学中的革命》与其他科学史学家和科学哲学家（费耶阿本德〔Paul Feyerabend〕、拉卡托斯、劳丹〔Larry Laudan〕、波普尔、夏皮尔〔Dudley Shapere〕、图尔明〔Stephen Toulmin〕）特别是库恩研究的不同："我一直在探讨：对这四个世纪期间科学中所发生的那些革命性变革，参与其中的见证者和同时代的分析家们各持什么态度。"[①] "我对科学中的革命的辨别，主要是以对历史证据的检验为依据，而不是看它们是否符合某一固定的分类"，"其首要的一步是考察科学中引起革命的那些思想的起源和发展的模式"，"下一步就是对科学中的革命的细微结构加以考察"[②]。这种考察就是："把新思想或新理论的起源或者新体系（或新范式）的起源当作出发点，然后追溯它们公之于世和普及传播的过程，最后，明确划定那几个为科学共同体所接受的阶段，亦即导致人们所公认的革命的那几个阶段"[③]。

"在对大量的革命进行研究的过程中"，科恩发现，"所有的科学中的革命都有四个主要的阶段，这四个阶段清晰可辨、前后相

[①] ［美］科恩：《科学中的革命》（新译本），鲁旭东、赵培杰译，商务印书馆2017年版，第54页。
[②] ［美］科恩：《科学中的革命》（新译本），鲁旭东、赵培杰译，商务印书馆2017年版，第55页。
[③] ［美］科恩：《科学中的革命》（新译本），鲁旭东、赵培杰译，商务印书馆2017年版，第55页。

继"。① 它的前三个阶段分别是：

（1）"思想革命（intellectual revolution）"，或称"自身中的革命（revolution‑in‑itself）"：由一个或数个科学家私下或单独进行的过程；②

（2）"信念的革命（revolution of commitment）"：对一种新的方法、概念或理论的信仰，写出研究纲领，其载体可能是：日记本、笔记本、一封信、一组短文、一篇报告、一份详尽报告的概要。但它依然是私下进行的；③

（3）"论著中的革命（revolution on paper）"：公开的阶段，把思想传播给朋友、同事、同行，以至随后在整个科学界范围内传播。④

"科学中的革命在这最初三个阶段的任何一个阶段中，都有可能会失败。"⑤ 这在自然科学的发展过程中是极为常见的，因为在一定时期内整个科学界都热衷于共同的课题，所以一种新的富有革命性的思想如果不能尽早付印，就可能被同行抢先一步。而在自然科学以外的领域这种情况并不多见，这些领域并没有严格的"同行"的概念，一个人的新想法如果不公之于众，可能永远也不会有第二个人和他有同样的想法。科恩担心，"一个发明者或发现者私人的文献材料被放在档案中，在相当长的时间里无人问津，以致

---

① ［美］科恩：《科学中的革命》（新译本），鲁旭东、赵培杰译，商务印书馆2017年版，第56页。

② 从这个阶段的含义以及与其他阶段的关系来看，把它称为"头脑中的革命"更为恰当。

③ "信念的革命"这个词可能造成歧义，将这一阶段称为"手稿中的革命"似乎更为直观。

④ 参见［美］科恩《科学中的革命》（新译本），鲁旭东、赵培杰译，商务印书馆2017年版，第56—60页。科学革命从第一阶段发展到第三阶段的过程被作者称为"从思想革命到论著中的革命"，以与第四个也是最后决定性的阶段"科学中的革命"相区分。此处"思想革命"是在最狭窄的意义上指科学家自己头脑中的"革命"，而不是"发生在思想领域内的革命"。

⑤ ［美］科恩：《科学中的革命》（新译本），鲁旭东、赵培杰译，商务印书馆2017年版，第58页。

落满了灰尘,而这时再想用这些思想引发一场革命,已经为时过晚了"①。马克思的《手稿》大概就是这种情况,但它似乎在尘封了近一个世纪以后依然引发了一场革命,或许是因为它的论域从来就不是整个学科所共同致力的领域,如果"异化"是全世界共同关注的话题,那么情况就会完全不同了。正因如此,科学史上常有的"优先权"的争议在哲学史上就几乎从未发生过,这种情况可能更接近于文学艺术的历史。

当然,"即使某位科学家的著作公之于世了,但在有足够数量的其他科学家开始相信论著中的理论或发现,并且开始以新的革命的方式从事他们自己的科学事业之前,科学革命仍不会发生。"② 我们经常说哥白尼发表了《天球运行论》,实现了天文学革命,牛顿发表了《原理》,实现了物理学革命,对达尔文、爱因斯坦的评论也都是如此,但这明显是一种辉格式的极不精确的说法。从这些著述的发表到整个科学界共同接受是需要时间的,只有当整个科学界都接受以后并真的开始以新的"范式"去从事科学工作的时候,一场革命才告完成。

所以,直到整个科学界知晓并且接受了之前三个阶段所形成的"论著中的革命"之时,我们才有把握说先前"就某位科学家或某一科学家群体的思想上的成就进行的公开交流,往往会变成一场科学革命"③。这是科学革命的第四个也是最后一个阶段。

我们仍然以康德及其在哲学上的成就为例,来考察如果在哲学上发生了一场革命,那么它将经历怎样不平凡的过程。在取得教授职位以后,康德经历了一段长达十一年的沉默期,终于在1781年发表了《纯粹理性批判》。作者本人可能是第一个称这部著作的成就为一场革命的人,而在今天的哲学界这已经变成了一种"常

---

① [美]科恩:《科学中的革命》(新译本),鲁旭东、赵培杰译,商务印书馆2017年版,第58页。
② [美]科恩:《科学中的革命》(新译本),鲁旭东、赵培杰译,商务印书馆2017年版,第60—61页。
③ [美]科恩:《科学中的革命》(新译本),鲁旭东、赵培杰译,商务印书馆2017年版,第61页。

识"。可以想见，在那十一年的时间里，在康德的头脑中就开始发生一种"思想革命"了，他个人已经开始尝试让对象围绕认识主体旋转了，他把这些想法记录在日记或笔记中，也许在与别人的书信中谈到了这些想法，这显然是科恩所说的前两个阶段①。而到了1781年《纯粹理性批判》出版的时候，事情就进入了第三阶段，成为"论著中的革命"，并准备向第四阶段做"惊险的跳跃"②。

据说，"康德生前，他的哲学已经广泛传播。康德之后，他的哲学更为各界人士所熟知。"但"与此同时，德国的经验论者、怀疑论者和'普及哲学家'也纷纷批判康德的理论体系"。③ 无论费希特还是谢林，都不是以康德理论为"范式"进行工作的，他们不是在康德已经取得的成果基础上，进一步推进这个理论，解决更多康德没有顾及的问题。很明显，费希特与康德关注的是相同的问题，即知识的合法性问题，由此我们便可以推知，费希特一定不同意康德的理论，如果一位科学家同意牛顿的万有引力定律，他会再去追问力的大小与距离的平方成反比还是与其立方成反比吗？他只会去测定定律中的常数"G"，运用定律去发现海王星，这是"牛顿革命"真实存在的表现。黑格尔也是康德的反对者。与此同时，欧洲其他地区的哲学并没有受到德国哲学的完全的影响，英国的经验论传统一度被布拉德雷的新黑格尔主义赶下台，但很快又被分析运动、逻辑经验主义把阵地夺了回来，而在这支队伍中还有大批极其重要的德国和奥地利的哲学家。

因为熟悉哲学史的人都知道——至少默默地承认——在哲学的历史上从来没有任何一种观点、学说在整个哲学界取得支配性的地位，没有任何人能像亚里士多德、牛顿、爱因斯坦那样接力支配物理学分别长达2000年、300年和100年直至今日那样支配哲学界，

---

① 对于我们不那么精细的研究来说，没有必要对这两个阶段作进一步的区分。
② 此处借用马克思对商品价值从商品体跳到金体上的说法。参见《马克思恩格斯文集》第5卷，人民出版社2009年版，第127页；《马克思恩格斯全集》第31卷，人民出版社1998年版，第483页。
③ 赵敦华：《西方哲学简史》，北京大学出版社2001年版，第328页。

亚里士多德本人也不曾做到。① 所以我们不需要多么细致地考察和分析就能断定,所谓"康德哲学革命"并没有成功地过渡到科学革命的最后一个阶段,它经历了一系列的智力上的冒险,终于落实在纸面上得以进入学术圈的视野并得到了一定程度的讨论和接受,收获了不少信仰者、追随者,但最终与它所有前辈一样没有在整个哲学的领域内取得支配性的地位。今天几乎不会有人致力于"先天综合判断"相关的事业,但康德的批判精神依然激励我们。可是,亚里士多德的精神又何尝不曾激励着每一个热切反对他的人呢?

科恩关于科学革命几个阶段的研究的一个结果就是,让人们注意到那些失败了的"科学革命"的意义。之前的科学史学家往往忽视了这个问题,因为"失败的科学革命通常注定会销声匿迹"②,科恩注意到这或许就是科学革命与政治革命的一个不同之处。"一场政治革命或社会革命(例如1848年的那些革命和1905年流产的俄国革命)失败了,它仍然可能是一个很有意义的事件,它可以用来作为社会政治状况或问题的一个标志,依然值得历史学家们去重视","有些失败了的政治革命,其目标也许仍旧能在一定的程度上在革命以后的时期得以实现"。③ 就这种细小的特征而言,"哲学革命"似乎更接近于政治革命,甚至整个哲学史都不是一个以成败论英雄的历史,以至于今天的人们会产生这样一种错觉,认为哲学不是一个用是非曲直、真假对错来评价的领域。然而,哪一位哲学家(至少是绝大多数哲学家)不向往欧几里得或牛顿那样的成就呢?谁不认为自己的理论与他人的理论之间的区别是那种严格的逻辑上的对错之分呢?这里没有现成的裁决表明"哲学革命"

---

① 在物理学这段漫长的历史中,对于每个时期占支配地位的理论来说,不是没有反对意见,而是反对意见无论就当时看还是从现在看、无论就理论说还是就影响说都不值一提。然而在哲学的历史上,没有什么学说是不值一提的,正如没有什么学说是占据支配地位的一样。
② [美]科恩:《科学中的革命》(新译本),鲁旭东、赵培杰译,商务印书馆2017年版,第74页。
③ [美]科恩:《科学中的革命》(新译本),鲁旭东、赵培杰译,商务印书馆2017年版,第74页。

到底更接近于或干脆说属于科学革命的模式还是政治革命的模式。但无论如何，当我们阅读那些论述"马克思哲学革命"的文献时，我们读到的是"实现了""完成了"这样的字眼，无疑，在这些作者的心目中，这场革命是成功了的，它是有所谓成功与失败之分的。

《科学革命研究的十个问题》讨论了"关于科学革命的标志"问题，认为：

> 科学革命的存在必须具备两个标志：其一是从认知方面看应该有合科学性的反传统科学观念出现；其二是从社会方面看科学共同体的忠诚分布明显地实现了从旧观念到新观念的转化。前者是科学革命的潜在性或产生性的标志，后者是科学革命的现实性或完成性的标志。缺乏其中任何一个方面的标志都不能算是真正意义上的科学革命。①

而且作者认为这两个标志都是可以实际操作的。这种说法大概最为简洁地说清了库恩、科恩观点中的可以操作的部分。于是我们可以看出，围绕"马克思哲学革命"所进行的种种讨论基本上都是致力于揭示它的第一个标志，人们热衷于发现马克思学说与传统哲学的区别，这种区别无疑提供了发生一场革命的巨大的可能性与潜能。但人们往往却到此为止便急匆匆地宣布："马克思实现了一场哲学革命"。能够意识到"革命"包含两方面要素的文献并不多。② 苏联《简明哲学辞典》的"哲学"词条说：

> 在19世纪40年代，哲学上发生了最伟大的变革。在科学

---

① 诸大建：《科学革命研究的十个问题》，《科学技术与辩证法》1997年第6期。
② 人们谈论科学革命和政治革命时的侧重点往往不同，因为失败的科学革命几乎不会被人们铭记，而失败的政治革命有时仍能产生巨大而持久的影响。当人们谈论科学革命的时候，由于他们所谈论的几乎都是成功了的科学革命，所以人们并不会在意革命性成果被人们逐渐接受而表明革命业已成功的过程，只愿意把注意力集中在革命性成果产生的标志上。

最新成就的基础上产生了马克思主义的哲学。一切旧的哲学派别和思潮从未有过很多信徒，也从未对广大人民群众发生过影响。①

这段文献暗示马克思主义哲学有很多信徒，无论这种说法是否符合事实，或说这里的"很多"究竟是多少，都表明作者意识到"很多信徒"是革命存在的重要标志。但任何派别或思潮都有信徒，而这里只是说"马克思哲学革命"的信徒达到了前所未有的数量和比例，但却并没有说清楚这种数量和比例究竟达到了什么程度。

严格地说，科学革命被人们承认不等于旧理论再也没有信徒了，据说时至今日仍有一个小规模的团体相信大地是平坦的而非球状，相信"地圆说""地动说"的人依然没有达到总人数的100%，但如果有人因此怀疑"科学革命"的话，那可能比怀疑地球是球状还可笑。因为我们能够明确区分科学中的这种"并非100%"的情况与哲学中的至今仍是派别林立的情况。马克思学说的反对者一直存在，这里不讨论他的经济学说，仅就可能归入哲学范畴的学说来说，无论唯物论、辩证法还是唯物主义的历史观，它们的反对者绝不会比支持者少太多，至于关于人类未来命运的构想就更是如此了。这些反对意见的确普遍存在着歪曲马克思本意的情况，但这正是反驳一种观点的常用手法，他们歪曲他的观点不是因为他们学习掌握得不好，而是他们打算反驳他。如果真的只是学习掌握得不好，那也绝不能归咎于读者，因为马克思自己说过"理论只要彻底，就能说服人"②，这句话的逆否命题是：理论若没有说服人，就不够彻底。

正如马克思主义有着空前多的支持者，或许它的反对者也是空前多的，从这个角度说，作为一种有可能最终实现革命的力量，马

---

① [苏联]罗森塔尔、尤金编：《简明哲学辞典》，中央编译局译，人民出版社1958年版，生活·读书·新知三联书店1973年重印，第375页。
② 《马克思恩格斯文集》第1卷，人民出版社2009年版，第11页。

克思主义的学说是值得在"革命"的话题中进行讨论的。科恩认为：

> 社会中的或政治上的激进分子，对于我们的生活方式、我们的政体模式、我们的价值系统是一种直接的或潜在的危险，甚至似乎会给我们的家族体系、我们的家庭、我们的财产和我们的职业带来危险。……另一方面，科学中的激进分子对科学中现行的知识结构或状态构成了直接的威胁，但并没有在整个社会范围内构成威胁。
>
> 然而，有少数革命性思想却遭到普遍反对，因为从某种程度上讲，它们似乎威胁着一些对于社会秩序十分重要的信念。①

从作者的例证来看，丝毫没有在心中默想马克思的痕迹，但我们却能读出这些文字仿佛就是针对马克思而说的一样。马克思实际上首先是社会和政治领域的革命家，然后才是哲学或科学领域中的革命性的思想家，显然他在这两个领域中都是"激进分子"，他的行动和思想都威胁着固有的社会秩序和对这种秩序的信念。

1973年在牛津的一次"斯宾塞讲座"上，波普尔对科学革命和意识形态革命作了区分：前者是"一种新的理论合理地推翻一种已被确立的科学理论"，后者则包含着"对于思想意识（甚至那些把某些科学结果掺入其中的思想意识）'社会给予保护'或'社会予以承认'的所有过程"。② 在对旧理论的动摇上，牛顿的影响远远超过哥白尼，但在对旧观念的动摇上，哥白尼的影响更大。这两种动摇亦即科学革命与意识形态革命的区别就在于，前者所产生的影响通常在发动者的意料之内，而后者所产生的影响往往会令发动者本人也大吃一惊。没有证据表明哥白尼想要动摇人类的中心地

---

① ［美］科恩：《科学中的革命》（新译本），鲁旭东、赵培杰译，商务印书馆2017年版，第36—37页。

② 转引自［美］科恩《科学中的革命》（新译本），鲁旭东、赵培杰译，商务印书馆2017年版，第39页。

位，更不用说挑战教会权威。这一点在爱因斯坦身上表现得最为明显，"相对论"仅仅依靠它的名称就给人们造成了"任何事物都是相对的"这样的印象，以至于人们据此联想到"对于宗教、伦理和道德方面的'绝对'信仰而言，不再有什么可以站得住脚的标准了"。[①] 然而，爱因斯坦从未想得如此"深远"，而被"相对性"的观念所震撼的大多数人却根本写不出相对论的一个公式。

这种看法在一定程度上能够解释在马克思学说上呈现出巨大反差的现象。一方面，被作者本人、恩格斯、列宁共同认为是最重要的经济学学说，显然没有引起一场经济学的革命，今天世界上一切文明国家都以宪法的形式体现对私有财产的尊重和保护，就"利润率下降的规律"而言，皮凯蒂（Thomas Piketty）的数据统计表明并没有发现这方面的能够辨别出的任何信息[②]；另一方面，没有哪个对人类命运表现出深切关注的思想家能够闭口不谈马克思，可是这种谈论却可以绕开"剩余价值""剥削"和"利润率下降"。当宾克莱（L. J. Binkley）说"作为我们选择世界观时的一位有影响的预言家的马克思永世长存，而作为经济学家和历史必然道路的预言家的马克思则已经降到只能引起历史兴趣的被人遗忘的地步"[③] 的时候，人们时常挂在嘴边的究竟是"牛顿式的马克思"还是"哥白尼式的马克思"？或许我们所指认的"马克思哲学革命"就是马克思经济学革命的意识形态部分吧。

马克思主义哲学的真正魅力在于它不可战胜的道义力量，为无产阶级和劳动人民、为社会底层的阶级和群众真诚思考、谋求其解放道路，这是任何没有丧失社会良知的人们所不能拒

[①] ［美］科恩：《科学中的革命》（新译本），鲁旭东、赵培杰译，商务印书馆2017年版，第39页。

[②] 参见［法］皮凯蒂《21世纪资本论》，巴曙松、陈剑、余江、周大昕、李清彬、汤铎铎译，中信出版社2014年版。考虑到作者自称从未完整读过《资本论》，也没有向马克思致敬的意思，所以书名"Capital in the Twenty-First Century"译为"21世纪的资本"更不容易引起误解。

[③] ［美］宾克莱：《理想的冲突——西方社会中变化着的价值观念》，马元德、陈白澄、王太庆、吴永泉等译，商务印书馆1983年版，第106页。

绝的。①

可以说，马克思主义的真正魅力正是在于其不可战胜的道义力量和无法比拟的文化力量，在于其对资本主义彻底的现代性批判而敞开的崇高文化精神和价值境界。②

在这个意义上说，马克思与耶稣基督就没有什么实质区别了，他们都不是知识上的权威，而是道义上的先知。做出这种解读就是我们研究马克思主义的最终目的吗？如果我们相信一种学说不是因为它能够解释种种现象，不是因为它所做出的预测接二连三地被证实，而是因为它"为无产阶级和劳动人民、为社会底层的阶级和群众真诚思考"，那么16、17世纪的那场"使基督教兴起以来产生的一切事物相形见绌，同时把文艺复兴和宗教改革降到仅仅是一支插曲、仅仅是中世纪基督教体系内部改朝换代的等级"③的科学革命就毫无意义了。"少数人"与"多数人"的概念在历史上具有一定的相对性，而真正构成区别的是一种学说究竟是从某些人的利益出发还是从客观存在的事实出发。恩格斯说过，"科学越是毫无顾忌和大公无私，它就越符合工人的利益和愿望"④——注意这句话的语序，一种学说必须首先是科学的，才可能符合工人的利益和愿望，而不是反过来，绝不是也绝不能从工人的利益和愿望出发。在真正从事政治经济学研究之前，马克思认为现存的社会制度是不道德的；而在《资本论》中，马克思"决不用玫瑰色描绘资本家和地主的面貌"⑤。因为资本主义制度不是不道德的，而是包含不

---

① 孙利天：《寻求和建设马克思主义哲学的当代形态》，《社会科学战线》1996年第4期。

② 庞立生：《马克思主义中国化的文化自觉与精神家园的建构》，《吉林师范大学学报》（人文社会科学版）2012年第5期。

③ ［英］巴特菲尔德：《近代科学的起源（1300—1800年）》，张丽萍、郭贵春等译，金吾伦校，华夏出版社1988年版，第1页。

④ 《马克思恩格斯文集》第4卷，人民出版社2009年版，第313页。

⑤ 《马克思恩格斯文集》第5卷，人民出版社2009年版，第10页。

可调和的矛盾；资本主义制度不是**应该**灭亡，而是**必然**灭亡。①

作为非专业人士，在谈论哥白尼与牛顿时给予前者更多青睐是没有问题的，但当我们专业地研究"马克思哲学革命"或"马克思经济学革命"的时候，如果不是在牛顿物理学取代亚里士多德物理学的意义上谈论这场革命的话，那么我们就必须承认我们所谈论的是一场"意识形态的革命"。不是说"意识形态革命"较"科学革命"低等，而是说它们不同。

第二节 "马克思哲学革命"的发展阶段

《科学革命起止时间背后的编史学观念》一文认为："相比科学革命的开端时间，有关其完成的意见要统一得多"，虽然"也并非只有一种声音"。② 而在"马克思哲学革命"的研究中，对其完成时间的争议反而更大。对于"马克思哲学革命"的开端，一般有三种看法，分别认为它开端于《手稿》《提纲》或《形态》，尽管这三个文本在时间上很接近，但从写作背景到立场、观点、方法再到外在的形式都有很大区别。以哪个文本作为"革命"的开端最终取决于人们对革命实质的认识，如果认为"唯物主义的历史观"是革命的实质，那么就会把开端确定为《形态》，如果认为革命的实质是"实践唯物主义"，则会认为开端在于《手稿》，当然这里所说的只是此种划分的一种理由。就我们研究的主题而言，确定这场"革命"的开端并不是首要的任务，往往是在一场革命的存在确定无疑的时候，它才会被重点考虑。现在我们要考察的是人们对于这场革命完成的标志的看法，因为革命完成的标志往往决定着革命的性质，而与关于开端的认识（由实质定位开端）正好相反，它也是人们对这场革命的一般看法的依据所在，人们看不到思

---

① 参见拙文《不能要个人对这些关系负责——〈资本论〉对资本主义的非谴责性批判》，《贵州大学学报》（社会科学版）2021年第1期。

② 张卜天：《科学革命起止时间背后的编史学观念》，《科学文化评论》2013年第4期。

想在科学家头脑中激烈碰撞的场面,对那个标志性的成果的兴趣也远远大于笔记和手稿。所以当人们谈起科学革命的时候,首先映入脑海的无疑是那些科学家的名字,然后就是他们得以名垂青史的著作——《天球运行论》《原理》《物种起源》等等。那么当我们面对"马克思哲学革命"的时候,哪部著作能够代表人们对这场革命的最具标志性的看法?这实际上就是在问"马克思哲学革命"完成的标志何在。

> 我们的观点是,马克思在《手稿》中实现了哲学革命。①
> 在《共产党宣言》中,马克思和恩格斯对未来社会做出了科学设想……至此,马克思的哲学革命已经完成。②
> 《终结》……是晚年恩格斯对已故马克思与他在40年前撰写的《形态》中共同发动并完成的哲学革命的性质及其意义做深刻总结,进而重新阐释马克思哲学本真意义的重要文献。③
> 如果说历史唯物主义实现了对传统哲学的彻底变革,那么,《资本论》就是这场变革的最终完成。④

以不同文本为革命完成标志的各种看法,背后的观念在于对革命实质的不同理解,认为《手稿》即告完成的,是以"实践"作为革命的实质,认为《形态》《宣言》或《资本论》为完成标志的,则是以"唯物主义的历史观"作为革命的实质,而这两者的不同则在于对唯物史观彻底建立的标志的认识不同。但我们这里的研究不是从实质入手,而是考察外在的可以看得到因而容易达成共

---

① 丁立卿:《马克思的哲学革命——〈1844年经济学哲学手稿〉的哲学观》,《学术交流》2013年第1期。
② 吴倬、赵丽:《论马克思哲学革命的价值目标》,《清华大学学报(哲学社会科学版)》2005年第1期。
③ 任平:《论恩格斯对哲学革命的理解——120年后对〈费尔巴哈论〉出场学视域的新解读》,《江苏社会科学》2006年第2期。
④ 孙乐强:《〈资本论〉与马克思的哲学革命》,《天津社会科学》2014年第5期。

识的方面。①

如果真的存在一场"马克思哲学革命"的话,哪怕它仍在孕育之中并将在未来实现,那么那种革命性的新思想也一定经历了一个在马克思的头脑中激烈碰撞的阶段,同时马克思会将这些想法记录下来,比如后来被人们称为"手稿""提纲"的文献。多年以后,当革命已被世人公认的时候,我们可以指认说,这场革命就发端于这一份(或几份)宝贵的文献中。但在历史上的这一时刻,世界上可能还没有第二个人知道马克思在想什么,甚至纯粹是偶然的原因这些手稿才得以保存并重见天日。一场革命怎么可能在悄无声息的情况下就已经完成了呢?即使到了写作《形态》的时候,情况也基本相同,只不过马克思的新思想得到了交流,但这个文本仍然没有出版,说此时就已经实现了一场革命并不准确。我们可以说马克思在1844—1845年间产生的哲学思想在20世初引发了一场"哲学革命",并最终于20世纪中叶得以完成。这种说法当然不完全是事实,只是设想中的一种合理的说法。对比科学革命的情况我们就能感受到这种不甚准确的地方了。

近代天文学革命从1543年《天球运行论》发表到1687年《原理》发表才宣告完成,历时144年;现代地质学革命从1912年魏格纳提出大陆漂移说到1968年地质学界接受海地扩张说才告基本完成,历时56年;而相对较快的化学革命和生物学革命也经历了15~20年的时间。这里说的还只是从开端到标志性成果面世的时间,如果要按被人们广泛接受来算则还要更久。所以,认为马克思在1844—1845年间就已经完成了哲学革命的这种看法,留给马克思完成革命的时间只有大约1年,而那些认为在《手稿》中即完成革命的看法留给马克思的时间就更少了。

当然,人们可以辩称,他们所说的"实现"或"完成"并不是科学革命中所说的"实现"或"完成",只是说这种足以引发一场革命的思想在那个时候已经形成了、成熟了,用《科学革命研究的十个问题》中的说法来说,就是提供了一种革命的潜在性,

---

① "内在""外在"原本只是一种方位隐喻,却不幸带上了感情色彩。

但"潜在性"恰恰与"现实性"站在相对的位置。

我们再来考察认为革命完成于《宣言》或《资本论》的说法。

"《哲学的贫困》是马克思主义哲学公开问世的第一部著作。"① 但此时马克思及其著述的影响力还不及蒲鲁东（Pierre-Joseph Proudhon）和《贫困的哲学》，这部著作在马克思自己的全部著述中的重要性排名上也不靠前。这部著作发表的时候，马克思的学说还谈不上有很多信徒，谈不上有多大影响，一场革命绝不可能在这个时候就已经完成了，那就更不用说世人闻所未闻的《手稿》和《提纲》了（也包括《形态》）。《马克思主义哲学史》认为："《共产党宣言》的发表及其在实践中的运用，实现了人类思想史和社会发展史上的伟大革命，深刻影响了人类历史的发展进程。"② 这种说法，无论是否与实际情况相符，都是一种正常的论述"革命"的说话方式。

至于《资本论》的出版，成为"工人阶级的圣经"③，就更进一步传播了马克思的思想，取得了更多的支持者、同情者和信徒。后来在广大社会主义国家中，马克思的学说在学术界取得了支配性的地位，此时宣布在这些国家中实现了一场哲学或经济学的革命是完全说得通的，当时人们对于社会主义在世界范围内取得胜利是乐观的，因此，正如牛顿学说刚刚问世之时人们就有权利预测这必将引发革命一样，对于已经获得阶段性、局部性胜利的"马克思哲学革命"，人们也完全有理由做出同样的预测。但是在今天这种情况下，我们明明看到马克思的学说并未被所有人接受，就哲学而言，以马克思的基本原则为指导的哲学家还不是很多，哲学的各个分支学科，各种传统、派别、思潮都有自己的研究纲领和具体观点，很多与马克思的思想还是冲突的。在这种情况下，说"马克思实现了一场哲学中的革命"就显得不太准确了。

事实上，这些研究都不是在科恩所说的"历史研究"的意义

---

① 《马克思主义哲学史》，高等教育出版社、人民出版社2012年版，第54页。
② 《马克思主义哲学史》，高等教育出版社、人民出版社2012年版，第59页。
③ 《马克思恩格斯文集》第5卷，人民出版社2009年版，第34页。

上进行的,作者们从来没有在"实现""完成"这些词的通常的意义上使用它们,特别是说革命在那些早期作品中就已经"完成了"的说法,一个合理的解释就是,这里说的是"潜在性""可能性"的完成。如上一章所讨论的,如果这是一个命名或定义的问题,那么管它叫什么都行,但是既然学术需要交流,就得有交流的规范。最基本的规范就是尊重语言的一般的使用方法。我们可以明显地看到,在马克思主义哲学的学术共同体之外,几乎没有人谈论所谓"马克思哲学革命",他们不是反对或批判,而是根本无视。原因之一或许就在于关于这个问题的讨论,或"马克思哲学革命"这个观念与很多更为基本的观念不相协调。当人们已经习惯了谈论牛顿、拉瓦锡、达尔文的科学革命之后,当人们也一定程度上谈及"康德哲学革命"和"马克思经济学革命"的时候,人们就已经习惯了"革命"一词在这些话题中的用法,这种用法又与人们谈论光荣革命、法国大革命、十月革命时的用法是一致的,所以难以接受"马克思哲学革命"的观念。对于一个从未宣称过要发动"哲学革命"的人,对于一个无论在世之时还是逝世之际都没有人热烈讨论过其哲学思想的人,对于一个自称实现了"经济学革命"并且毕生精力耗费于政治经济学研究的人,突然谈论所谓"马克思哲学革命",是极难让人接受的。

与通常观念相冲突是"马克思哲学革命"观念所遭遇困难的一个方面,另一方面,这个观念也存在着一种内在的矛盾,即与"学说""派别""思潮"这些概念区分不开。在一本名为《哲学中的革命》的文集中收录了一篇题为"逻辑原子论:罗素和维特根斯坦"的文章,文章开篇指出:"在本世纪初,哲学经历了一个迅速发展的时期,思想史家把这个时期称为革命的时期。"[①]《解构与超越:马克思和维特根斯坦哲学革命路向比较研究》甚至就是专门对比研究"马克思哲学革命"与"维特根斯坦哲学革命"的。但是严格说来,如果我们承认"马克思哲学革命",那我们还能承

---

① [英]皮尔士:《逻辑原子论:罗素和维特根斯坦》,载[英]艾耶尔等《哲学中的革命》,李步楼译,黎锐校,商务印书馆1986年版,第31页。

认"分析革命"或"维特根斯坦哲学革命"吗？罗素曾评价道："马克思是大体系缔造者当中最后一人，是黑格尔的后继者，而且也像黑格尔一样，是相信有一个合理的公式概括了人类进化的人。"① 即使"分析革命"不是针对马克思的，但也必定包括他在内，换言之，如果我们相信分析哲学和逻辑原子主义的观点，那么我们就不可能相信辩证唯物主义和历史唯物主义。所以，当我们撰写哲学史的时候，只有在相信分析哲学已经完成了对包括马克思哲学在内的20世纪以前的全部哲学的批判与超越，才能说有一场"分析革命"。若如《解构与超越》所说，后发生的革命还不如先发生的深刻，那后来的那个在何种意义上算革命呢？辛亥革命能发生在新民主主义革命之后吗？

所以，像《超越哲学同质性神话：马克思哲学革命的当代解读》采取的那种说法就避免了这种尴尬——只称马克思哲学为"哲学的革命变革"，而称现代西方哲学为"西方哲学改变形态"。这是调和马克思哲学与现代西方哲学发展现状的一种努力。调和的一个思路就是表明这二者之间不是针锋相对的，它们只是从不同的角度反对共同的"敌人"。所以作者说："笼统地说现代西方哲学的产生是针对马克思主义哲学，因而一开始就是对马克思主义的反动，显然是不符合历史事实的。"这是毫无疑问的，但作者所给出的理由却没有说服力：（1）"二者都是针对旧的传统哲学而言的"；（2）"二者又是大体并行地发生的"。② 说马克思反对传统哲学是对的，说现代西方哲学反对传统哲学也是对的，但因此说他们反对的是同一个东西就错了，因为"传统哲学"这个词在前后两个句子中的外延是不同的，至少从罗素的说法来看，作为现代西方哲学一种思潮的分析哲学所反对的"传统哲学"恰好包括马克思哲学。如果以黑格尔的逝世作为现代西方哲学的开端，那么它甚至比马克思哲学的产生还早，如果我们仅就分析哲学而言的话，虽然它的诞

---

① ［英］罗素：《西方哲学史》下卷，马元德译，商务印书馆1976年版，第336—337页。

② 杨学功：《超越哲学同质性神话：马克思哲学革命的当代解读》，北京大学出版社2010年版，第115页。

生比马克思哲学的诞生晚数十年，这在整个哲学史的漫长历程中只是非常短暂的一个"瞬间"，但正是马克思逝世之后所发生的一系列事件，使得分析哲学家们有了完全不同的视野。的确，与马克思一样，分析哲学家的一个重要的"敌人"是黑格尔，但分析哲学家是通过集合论、数理逻辑、非欧几何、相对论和量子力学以及两次世界大战这些透镜去看待传统哲学和人类历史的，这就是短短几十年间发生的事情，这些决定了今天世界面貌的事情马克思一件也没有看到，而同样是改变了世界面貌的马克思主义，分析哲学家们却看到了。这些因素决定了马克思哲学与分析哲学的调和是极为艰难的。

这里绝不是说在时间上后出现的事物就必定更好，现代西方哲学依然是学院化的活动方式，如果真如马克思所言哲学是一种意识形态，那么他的看法无疑更为深刻。从形态上看，马克思哲学可以归为传统哲学；但从实质上看，现代西方哲学还得归于学院哲学。如果最终发生的是摧毁传统哲学的革命，那么现代西方哲学就取得了胜利；如果最终发生的是摧毁学院哲学的革命，那么胜利的就是马克思哲学。实际上这种说法相当不精确，现代西方哲学包含很多派别，形成了几大思潮，彼此之间的冲突不见得比与马克思哲学之间的冲突更小。但可以确定的是，无论是传统哲学的活动方式还是学院哲学的活动方式，都是今天世界范围内哲学研究与教学的主要方式。不得不承认，在哲学领域，并没有显而易见的革命发生。

《作为意志和表象的世界》出版于1819年，马克思1岁；马克思出版《政治经济学批判》（第一分册）翌年（1860年）叔本华（Arthur Schopenhauer）逝世；马克思逝世当年（1883年）尼采（Friedrich Wilhelm Nietzsche）开始写作《查拉图斯特拉如是说》。克尔凯郭尔（Soren Aabye Klerkegaard）、柏格森（Henri Bergson）、自由主义者、功利主义者、新康德主义者、实用主义者都活跃在这个时代。值得一提的是，《共产党宣言》发表的那一年，穆勒（John Stuart Mill）发表了《政治经济学原理》；《政治经济学批判》（第一分册）出版那年，穆勒发表了《论自由》。在这些人中，似乎没有一个其名气和影响能超过马克思，但同样马克思的思想也没有实现对这些思潮或派别的彻底征服。

然而在《自然哲学的数学原理》出版之后，引力学说不仅彻底征服了古老的"天球说"，连同同一时代的笛卡儿的"以太漩涡说"也一并征服，这种征服的一个表现就是今天那些只受过基本科学教育的人，对这两种已经被征服但曾经支配整个西方文明的学说甚至连名字都没听说过。我们把思想史上发生的这样的事件小心地称为"革命"。马克思的学说已经产生的影响、正在产生的影响和仍将产生的影响都是毋庸置疑的，甚至可能在未来的某一时刻真的在整个思想领域取得支配地位，但现在还没有。

在对"马克思哲学革命"的评述中，关于马克思的思想何以引发并实现一场革命的很多说法都是不准确的，不是与事实不相符合，而是说法本身有逻辑上的缺陷。许多论证都不构成因果关系。比如《怎样理解马克思开辟的哲学道路——评阿尔都塞对马克思哲学观的激进解读》一文设问："为什么只有马克思才实现了哲学史的一次真正革命？阿尔都塞的回答是，因为马克思真正做到了与西方学院哲学的整个传统彻底决裂。"[①] 马克思与西方学院哲学的整个传统彻底决裂，这是对他个人思想的一个判断，或者说这是纯粹私人的事情，为什么当马克思决心要与学院哲学传统决裂的时候，包括存在主义、自由主义、功利主义、新康德主义、实用主义、分析哲学、现象学、解释学、新自由主义以及中国哲学、印度哲学等在内的整个哲学领域就发生革命了呢？现今对"马克思哲学革命"的研究构成了严格意义的学院哲学，如果"马克思哲学革命"意味着学院哲学的消灭，那这场革命无疑是失败了的。

这些说法实际上混淆了马克思个人思想观念的转变与在整个学科中发生的革命。在科恩的"四个阶段"的说法中，尽管第一阶段不易观察，往往都是在革命成功之后才被推断得知的，但这个阶段非常重要，因为那些革命者通常所接受的都是传统教育[②]，他们中的相当多人最初的时候还是旧的信念的忠实信徒，比如"分析

---

① 张盾：《怎样理解马克思开辟的哲学道路——评阿尔都塞对马克思哲学观的激进解读》，《学习与探索》2005 年第 6 期。

② 严格地说，就他本人是革命的发动者而言，他所接受的教育必然是传统教育。

革命"的两位领袖罗素和摩尔都追随英国新黑格尔主义者布拉德雷,青年马克思也一度是德国古典哲学的信徒。"马克思和恩格斯并不是天生的辩证唯物主义和历史唯物主义者。他们成为马克思主义哲学的创始人,曾经历了一个从唯心主义到唯物主义、从革命民主主义到共产主义的转变过程。"[1] 如果这种转变是真实存在的,那么很明显,从《〈黑格尔法哲学批判〉导言》开始的一系列发表与未发表的文本记录了马克思思想转变的过程,这就是革命的第二、三阶段。毫无疑问,通过这些文本我们能够清晰地看到在马克思的头脑中唯物主义战胜唯心主义而取得支配地位的过程,但直到此刻,唯物主义对唯心主义的这种胜利还并未超出马克思头脑的范围。当然,越来越多人阅读、学习马克思的学说,成为他的信徒,在这些人的头脑中,新思想战胜了旧思想,于是一股力量强大的思潮形成了。但无论如何思潮还不等于革命。

第三节 "马克思哲学革命"研究中的观念变革

当人们处在一种思潮中,甚至作为它的同情者、支持者而亲身经历着它的发展壮大的时候,很难不去憧憬这种思潮在未来取得全面胜利的情景。这不是马克思主义哲学界才有的心理状态,当 D. 皮尔士(D. Peirce)在 20 世纪 60 年代讲述"分析革命"的时候[2],"分析运动"也没有取得完全的胜利,至少我们知道此时还有另外相当数量的人相信存在一场"马克思哲学革命"。但是当苏联解体、奎因(W. V. Quine)逝世之后我们再去观察当时人们的想法,总该想到一些不一样的东西。可以相信,当作者们写下"一般认为""普遍认为""很少有人否认""已成为共识""不争

---

[1] 黄楠森主编:《马克思主义哲学史》,高等教育出版社2011年版,第15页。
[2] 参见[英]皮尔士《逻辑原子论:罗素和维特根斯坦》,载[英]艾耶尔等《哲学中的革命》,李步楼译,黎锐校,商务印书馆1986年版。

的事实"的时候，他们是完全诚实的，但若与其他任何一场公认的革命相比较，"马克思哲学革命"都不那么像一场革命。于是，这个所谓的"事实"只能是对原有"教科书时代"这方面说法的抽象继承。

1. 哲学观的变革

随着科学史学科的建立，科学革命的研究不断取得进展，以相同的方式考察"哲学革命"或许也是一种有益的尝试。哪怕研究最终表明"哲学革命"与科学革命是两种不同的东西，我们依然有权问人们口中的"某某哲学革命"真的发生过吗？"某某革命"为什么足以成为一场革命而不只是一股思潮？等等。"马克思实现了一场哲学革命"是各种版本的传统教科书共有的说法，但它本身只是一个历史陈述，并不包含实际的理论内容，所以"教科书改革"并未真正涉及这个说法。但由于时代的变化，人们不可能不注意到，即使仍然承认"马克思哲学革命"的存在，也不能像教科书旧有的说法那样去评述这场革命了。当今哲学界几乎没有什么有影响力的观点认为，哲学已经成为科学，所以现在的教科书都不再强调"马克思哲学革命"的实质是使哲学成为科学。

这其中蕴含着极为深刻的变革。第一，越来越多的人不再认为马克思哲学是科学，不认为必须以科学的标准去衡量它的发展水平；第二，人们开始认为哲学既不是"科学之科学"，也不是科学之一种，而是与科学并行的把握世界的基本方式。在这种新的观念下，"马克思哲学革命"就不能与历场科学革命进行一一对应地比较，因为它们本来就是不同的东西。于是，先是在马克思主义哲学界发生了一场哲学观念的变革，然后人们就更容易地辨认出"马克思哲学革命"的实质或许就是"哲学观革命"。如果哲学是一种不同于科学的学问，那么或许适用于科学革命的那套理论就不适用于"哲学革命"，也就不应该用来评价"哲学革命"。但是，在决心驱逐科学革命研究成果之前，还有些基本问题需要考虑，比如："哲学革命"是哲学领域中的革命还是"哲学观革命"？

假设其答案是哲学领域中的革命，那么发生革命就意味着一种新的理论取代旧的理论在整个哲学领域内取得了支配性的地位，那

第四章 "马克思哲学革命"观念中的"革命" / 159

么新的理论为什么会取代旧的理论呢？从表面上看，当然是更多的人接受了新理论以致最终旧理论几乎再无追随者，革命便告完成。那么为什么会有越来越多的人接受新理论呢？这其中有两种模式可供选择，其一是我们所熟悉的"日心说"取代"地心说"的模式，因为越来越多可供观察的证据支持前者而反对后者，这无非就是说，在现有精确度的要求内，新理论是正确的，而旧理论是错误的。第二种模式大概类似于宋代时填词成为文学界的主流而取代了作诗，这里当然无法再举科学史上的例子，因为它们不可能不是第一种模式，而第二种模式中新事物取代旧事物即使可以分辨出再细致、再复杂的原因，毕竟与第一种不同，并没有真假对错的问题起决定性作用，终归是一种主观上的偏好而已。

假设"马克思哲学革命"指的就是辩证唯物主义取代机械唯物主义和唯心主义、历史唯物主义取代历史唯心主义的事件——这里已经存在问题，如果辩证唯物主义取代的是机械唯物主义与唯心主义，那么机械唯物主义与唯心主义谁曾经是占支配地位的呢？——那么与后两者相比，辩证唯物主义与历史唯物主义为什么更为人所接受呢？是因为它们在一定精确度内较唯心主义等更正确吗？如果是，那么这种正确性是依靠逻辑推论出来的还是由观察证实的呢？这两者对于认为哲学不是科学的哲学观来说都是不能接受的。如果不是，那只是因为唯物主义比唯心主义更具有理论上的美感或道义上的正义感？至少马克思和恩格斯本人更认可前一种可能，无论唯物论还是辩证法在他们看来都是由自然科学与社会科学的最新成果所证实了的。在勒维烈发现海王星、工业上合成茜素之前，无论推理多么细腻、精彩，唯物主义都还只是一种假说。这里只是以辩证唯物主义和历史唯物主义举例，例子换成所谓实践唯物主义、异化理论等也都是一样的，都得面对这样的提问。

现在考虑，假设"马克思哲学革命"指的是一场"哲学观革命"，也就是变革了哲学的对象、性质和功能，改变了哲学问题的提问方式和求解哲学问题的思维方式，改变了哲学的存在形态、存在方式和活动方式，一句话，旧哲学所具有的特征全都被改变了，新哲学与旧哲学不再有任何共同点了，那么它们为什么都叫哲学？

历史上的天文学革命、力学革命、化学革命、生物学革命、物理学革命不可谓不深刻，但都没有深刻到改变学科性质的程度。"日心说"取代"地心说"造成了一场天文学革命，但天文学这门学科的对象、性质和功能等一切特征都没有改变，这些特征是天文学区别于其他学科的地方，正是这些特征规定了什么是天文学，如果这些东西也要被改变的话，那么改变的不只是天文学，其他学科也得随之改变，这样的科学革命在历史上还从未发生过。

许多不同的学科可以共享同一些方法，那些比较接近的分支学科甚至在理论功能、思维方式、存在方式上都没有什么区别，但毕竟它们属于不同的学科，根据就在于它们研究的对象不同。事实上每一门学科的名字就是由这门学科的对象规定的，这些对象本身是中立的，不偏袒任何一个派别，所以已知的科学革命都只可能改变对这个对象的看法，而不可能改变对象。然而"哲学革命"有没有可能就是一种改变研究对象的革命呢？也就是一种"哲学观革命"呢？其实从历史上哲学的几次"转向"来看，哲学确实有改变研究对象的动作，认识论转向与语言转向分别提出"没有认识论反省的本体论无效"以及"没有语言学反省的认识论无效"，认识或语言成了哲学的首要对象，但关于世界的本原问题并没有被抛弃，而认识和语言的问题在古代哲学中也被关注，所以严格地说这几次转向并没有改变哲学的对象，只是把哲学中的几个不同对象的首要顺序做了调整。比如在光学的漫长历史上，几何光学是早期光学的主题，物理光学是后来才占据主要地位的，但时至今日这两个分支也都是光学的组成部分。

但这一切在马克思的学说中却显得不同，无论世界的本原、知识的来源还是语言的意义都不是马克思学说的主要对象[①]，可以说其学说的对象是人类解放问题或社会进步问题等等，那么这种学说为什么不是"解放学""社会学""人学"而叫"哲学"呢？如果对马克思学说的性质的界定是任意的，那么叫"哲学""马克思哲

---

① 如果说这些还都是辩证唯物主义的理论对象，那么"马克思哲学革命"并没有改变哲学的理论对象。

学""马克思学"等都是无所谓的，也没有讨论的意义，因为根本没有讨论的标准。如果可以有标准，那么除了以研究对象来规定学科这种标准外就没有别的选择了。既然我们坚持把马克思的一部分甚至全部思想称为"哲学"，那么它就应该与传统哲学有共同之处，也应与现代哲学的其他流派有共同之处，至少现代哲学的其他派别依然关注传统哲学的古老对象。如果这个共同之处不是对象，那么就只能是"都不能归入一门别的学科"这一尴尬的特征了。

现在假设，"哲学观革命"是常规的或常见的，哲学就是以对象的变革来实现进步的，那么问题就是：以什么标准判断哲学的对象由 A 变成 B 就是一种进步呢？这个问题同样可以就"思维方式""活动方式"等特征提出：为什么"生成论的思维方式"就比"现成论的思维方式"进步呢？为什么"非学院式的哲学"就比"学院式的哲学"进步呢？为什么"以人类解放为对象"就要比"以世界、认识、语言为对象"进步呢？这种对进步的判断是由某个更高层次的、更为公认的公理经过逻辑推导得出的吗？是由直接的经验观察或自然科学、社会科学的成果所证实的吗？如果是，哲学的进步，哲学理论之间、哲学观之间的比较最终还是归为逻辑和实证的问题；如果不是，目前人们尚未找出第三种方法；如果拒绝做这种评判，那么怎么说一种观点取代另一种观点就是进步甚至是革命呢？

无疑，马克思学说的产生给我们认识和改造自然界与人类社会提供了一种不同于资本主义、自由主义的可能性，开辟了崭新的道路；至于在哲学上，它也提供了不同于传统哲学、分析哲学、现象学、实用主义等学派的另一种不同的可能性。提供一种可能性，恰恰是诸种思潮、派别相互竞争的开始，最后胜出的那种可能性将会完成一场革命。

于是我们看到，哲学发展的实际情况迫使相信"马克思哲学革命"的人们做出改变，当然，哲学界的哲学观变革并不是专门为了理解"马克思哲学革命"而进行的，但这种变革的一个结果就是为理解"马克思哲学革命"的特殊性提供了一个解释：既然哲学与科学不同，那么"哲学革命"就不应该以科学革命的标准来衡量。然而，哲学与科学的概念毕竟与革命概念不同，不属于同一个范畴，正如"科学革命可以说首先是一个科学史中的概念"[①]，"哲学革命"与"主体""真理""感性"等词汇不同，它首先是用来指称历史事件的术语，对它的指认与对哲学或科学的界定不是同一个学科领域内的问题。所以，哲学可以与科学极为不同，但"哲学革命"与"科学革命"都是"革命"，甚至与"社会革命""政治革命"也都只是在一些细节上有所不同。如果一场革命只是有新的东西出现，而没有被广泛接受以至于能够完全取代旧的东西，那么这场革命就太反常了，不足以被算作革命。它可能是失败的或未完成的。像人们以《手稿》等文本阐释"马克思哲学革命"的这种情况，只应在追溯一场已经完成多时且为世人广泛认可的革命的起源时出现。所以，哲学观念的变革不足以应付对"马克思哲学革命"这一说法的严格的诘问，于是改变"革命"的观念或许是一种办法。

2. 革命观的变革

所谓变革"革命观"，就是扩展对"革命"概念的理解，既然"康德哲学革命""马克思哲学革命"这样的说法在一定的范围内被人们接受和使用，固定地指称一些事件或概念，并且在这个范围内并没有引起误解或产生歧义，甚至可以认为，"哲学革命"已经成为一个专有名词，并不能被视为科学革命或思想革命、一般革命之一种。但是如何界定"哲学革命"以使之与学说、派别、思潮、转向等概念区别开来，目前还没有这方面的研究。如果我们一方面默认这些词有区别，另一方面又说不清楚这种区别，那终究还是会造成混乱。

康德与库恩的科学革命观是完全不同甚至对立的，在康德看来，每一门学科都要发生革命，但只会发生一次，这一次具有决定意义的革命使得这门学科从"来回摸索"的状态一跃"走上科学的道路"，成为真正的科学。一门学科在革命前后的状态是有本质

[①] 刘兵：《科学编史学视野中的"科学革命"》，《自然辩证法通讯》1992 年第 3 期。

第四章 "马克思哲学革命"观念中的"革命" / 163

区别的,甚至是真理与谬误的区别,而一门学科一旦走上了科学的道路,它的真理就会源源不断地累积。作为历史上最早使用"革命"概念述说思想历史的人,没有理由要求他想到只有在目睹物理学中的又一场革命之后才敢去设想的东西。库恩有幸目睹了更多的科学革命事件,因而很容易认识到,400年前的那场革命绝没有使物理学一劳永逸地走上科学的康庄大道,革命在科学的历史上将会时有发生——可以说,科学就是以发生革命的方式进步的。在库恩的观念中,革命意味着"范式转换",如果一门学科第一次取得它的"范式",那么这一过程并不是革命。库恩和康德都同意自然科学在哥白尼、伽利略、开普勒和牛顿的共同努力下实现了一场革命,按照库恩的理论,这一革命意味着自然科学在革命之前就已经取得了"范式",可以说它在亚里士多德那里就已经走上了科学的道路。如果康德看到他的德国同胞们——高斯(Johann Carl Friedrich Gauβ)、黎曼(Georg Friedrich Bernhard Riemann)、普朗克、爱因斯坦——的伟大成就,他就不会认为欧氏几何和经典力学就是"先天综合判断"的典范了。

如果我们不采取库恩的观点,即不认为"马克思哲学革命"是以一种"新范式"取代"旧范式"的过程,那么有一个困难便可以解决,即在马克思之前被归于"哲学"名下的研究从未在共同的信念、知识和方法的基础上进行过,如果我们认为所谓"新范式"就是辩证唯物主义,那么被取代的"旧范式"是什么?在一门学科中,同一时刻只能有一个"范式"——这正是它的定义,所以那个"旧范式"是什么呢?是机械唯物主义还是辩证唯心主义?很显然并不存在这个所谓的"旧范式",库恩意义上的科学革命也就不可能以辩证唯物主义取得支配地位的方式发生。如果有证据表明在唯物主义的历史观建立以前历史研究领域中的支配性的观念是唯心主义的历史观,那么这倒可以算作一场革命,只是我们在上一章已经说过,这不是一场"哲学革命",比如恩格斯说是"世界史观的革命",除非我们拥有随意定义哲学的权力。但是,如果我们以康德的模式去看待"马克思哲学革命",则会发现存在革命的可能性,哲学在它的两千多年的历史上始终处于观点对立、派别冲突的状态，无论唯名论与唯实论、唯物论与唯心论、独断论与怀疑论、经验论与唯理论、有神论与无神论、可知论与不可知论，总之始终没有得到决定性的裁决。

很多人认为这种状态就是哲学的特点，是它区别于其他学科的独到之处。然而这种状态实际上毫无特别之处，几乎每一门学科在走上科学道路之前或取得它的"第一个范式"之前不都是处于这种状态吗？用康德的话说叫"来回摸索"，用库恩的话说叫"前范式"。如果我们相信哲学并不是艺术创作而是科学研究的话，那么我们就应该相信哲学也会像其他学科一样走上科学的道路，取得它的"第一个范式"。每一位哲学家提出一种哲学观或哲学理论时难道像创作一部小说一样只要表达了自己的意志、愿望、情感就好，难道他不希望以他自己的观点规范整个哲学学科吗？如若不然，我们说"马克思哲学革命"改变了哲学的对象、功能等也就没有意义了，因为那说的不过是马克思私人的一点想法罢了，与哲学学科无关。相信存在一场"马克思哲学革命"的人，一定相信马克思的哲学观和哲学观点是对的，他们不可能不是在"日心说"战胜"地心说"的那种意义上理解马克思哲学与其他哲学的关系，否则一场"哲学革命"会是由于结构上的美感与价值上的正义感促成的吗？同时我们也得注意到，希望结束哲学中派别林立状态的思潮还有很多，它们与马克思哲学构成了直接的竞争关系。如果有一场"马克思哲学革命"的话，它或许应该出现在未来的某一个时刻，在经历了与分析哲学、现象学、解释学、实用主义、新自由主义等的斗争之后取得胜利的那个时刻。若非如此，我们便不能明白"革命"是什么意思。

3. 科学观的变革

另一种观念变革的对象可以是"科学"的观念。人们有时会把"科学"当作"经验科学"或"实证科学"，进而把"实证科学"等同于"实证主义"，且不说物理学、化学这些学科的学者们是否认为自己的工作叫"实证科学"，即便如此，它与作为一种哲学思潮的"实证主义"也不是一回事。正如恩格斯所说的"形而上学的思维方式"，它在自然科学中是必要的考察方法，当我们试图描述太阳与地球的关系时,我们并不需要考虑整个宇宙的结构和演化;当我们试图揭示燃烧的本质的时候,也没有必要考虑原子核内部的结构。这种方法只是在"被培根和洛克从自然科学中移植到哲学中以后",才"造成了最近几个世纪所特有的局限性,即形而上学的思维方式"。①

马克思是崇尚科学的,而且公开表示自己所从事的就是科学工作,然而他又是反对实证主义的,所以在马克思的语境中说到科学就想到实证主义,是没有道理的。但是为事实所证明无疑是科学的必要条件。如果我们认为马克思哲学与他的政治经济学和科学社会主义学说有着密不可分的关系的话,那么其哲学的可取之处就不可能与他的科学学说的被证实分开。唯物主义为什么是正确的?用纯粹的逻辑推理证明不了它的正确性,它是被自然科学的最新成果所证实的,它们证明是客观的、物质性的力量支配着整个世界,世界是从来就有的而不是神创的,这些都是自然科学的结论。②

19 世纪正是近代科学达到顶峰的时代,马克思和恩格斯不仅熟悉自然科学的几乎全部成就,还能够在英国目睹实验和工业的巨大力量。然而,就是在这个时代,一场影响力不亚于"牛顿革命"的科学革命正在酝酿之中。遗憾的是,马克思和恩格斯都没能亲眼看到这场伟大革命。所以,马克思、恩格斯以及许多马克思主义者和马克思主义学者都受到科学知识的局限,有的是时代的原因,有的则是教育条件和个人兴趣的原因。这里我们以恩格斯对自然科学的理解为例。

"《自然辩证法》是恩格斯研究自然界和自然科学中的辩证法问题的重要著作"③,其中论述电和磁的部分在同级别标题的文本

---

① 参见《马克思恩格斯文集》第 3 卷,人民出版社 2009 年版,第 539 页。
② 参见拙文《如何理解关于现实的人及其历史发展的"科学"》,《马克思主义哲学研究》2017 年第 2 期。
③ 《马克思恩格斯文集》第 9 卷,人民出版社 2009 年版,"第九卷说明"第 3 页。有学者对此持有不同看法,认为《自然辩证法》的理论对象是自然科学的理论思维,而不是自然界,但通过统计可以发现,该书讨论自然界本身的篇幅至少在 60% 以上,而这个比例在各种版本的节选本中就低很多,比如篇幅最长的关于电和磁的论文一般都不被节选本选入。

中是篇幅最长的，但作者对电磁现象的解释和对电磁学未来发展的预测都是错误的。梁赞诺夫（Давид Борисович Рязанов）怀疑伯恩施坦（Eduard Bernstein）只是把这一部分给爱因斯坦审阅才使后者对《自然辩证法》的理论价值持否定态度。① 恩格斯对自然科学的许多解释和预测都与实际情况不符，越来越多的马克思主义者和马克思主义学者也都承认这一情况，因而有学者提出《自然辩证法》并不是研究自然界本身存在的辩证规律的，而是研究自然科学的理论思维中的辩证法的。然而，在我们承认唯物主义认识论基本原则的情况下，如果自然界中没有辩证法，那么头脑中怎么会有辩证法？更重要的是，如果我们对自然科学的解释和预测并不正确，我们怎么能够准确地把握自然科学的理论思维的特征呢？这里我们仅举一例来考察恩格斯对自然科学的历史的错误理解，以及由此可能导致的对自然科学思维方式的错误解读。

牛顿是历史上少有的在世之时就获得至高荣誉的科学家，当时人们对他的评价就基本上成为延续至今的公论。然而恩格斯对牛顿的评价却显得过低了：

> 同18世纪法国人传下来的把牛顿神化（英国使他满载荣誉与财富）这种做法相反，黑格尔指出：开普勒（德国让他饿死）是现代天体力学的真正奠基者；牛顿的万有引力定律已经包含在开普勒的所有三个定律中，在第三定律中甚至明确地表达出来了。
>
> 这是一个掌握已有材料的时期，它在数学、力学和天文学、静力学、动力学的领域中获得了伟大的成就，这一点尤其要归功于开普勒和伽利略，牛顿就是从他们那里得出自己的结论的。
>
> 在太阳系的天文学中，开普勒发现了行星运动的规律，而

---

① 有证据表明，爱因斯坦看到了《自然辩证法》的全部手稿。参见［美］《爱因斯坦文集（增补本）》第1卷，许良英、李宝恒、赵中立、范岱年编译，商务印书馆2009年版，第299页。

牛顿则从物质的普遍运动规律的角度对这些规律进行了概括。

牛顿的万有引力。能够给予它的最好的评价就是：它不是解释而是描述行星运动的现状。

如果牛顿所夸张地命名为万有引力的吸引被当做物质的本质特性，那么开初造成行星轨道的未经说明的切线力又是从哪里来的呢？……哥白尼在这一时期之初向神学下了挑战书；牛顿却以神的第一推动这一假设结束了这个时期。

牛顿在晚年也热衷于注释《约翰启示录》。

最重要的数学方法基本上被确立了；主要由笛卡儿确立了解析几何，耐普尔确立了对数，莱布尼茨，也许还有牛顿确立了微积分。

莱布尼茨——以无限为研究对象的数学的创始人，和他比较起来，归纳法的蠢驴牛顿是个剽窃者和破坏者。

数学中的转折点是笛卡儿的变数。有了变数，运动进入了数学，有了变数，辩证法进入了数学，有了变数，微分和积分也就立刻成为必要的了，而它们也很快就出现了，并且是由牛顿和莱布尼茨大体上完成的，但不是由他们发明的。①

这些评论总结起来包含以下几个要点：

（1）牛顿的万有引力定律与运动定律是包含在开普勒与伽利略的发现中的，至多只是对它们的综合与推广。因而牛顿是"归纳法的蠢驴"。

（2）牛顿引入了神的"第一推动"，且热衷于注释《约翰启示录》。

（3）微积分是莱布尼茨发现的，牛顿是剽窃者。（恩格斯后来修改了这一说法，但认为数学中的真正转折点是笛卡儿的成就，而微积分并不是一种发明）

尽管据称恩格斯对牛顿的评价主要参考了黑格尔的说法，但恩

---

① 《马克思恩格斯全集》第 26 卷，人民出版社 2014 年版，第 14、462、468、657、470—471、506、468、522、645 页。

格斯做出这样的评价却不能由黑格尔来承担责任，因为作者当时身处英国，对于这位英国的"英雄"不加考察地以黑格尔的看法为依据进行评价，是完全不能原谅的——这不禁让人怀疑这种评价是否出于德国人因为微积分的发明权而对牛顿的固有的敌意。

牛顿与开普勒的关系在今天已经不是什么问题了，但恩格斯竟然认为牛顿的万有引力定律包含在开普勒的行星运动定律之中。当然，我们不应该主要考虑微积分发明权之争和开普勒是德国人这些理论之外的因素，但我们必须注意的是，恩格斯对牛顿伟大成就的实质的理解毕竟受到19世纪科学哲学和科学史学尚不成熟的局限，换句话说，由于牛顿的成就是整个近代自然科学的基础，所以恩格斯对近代科学甚至科学本身的理解还有待深化。如果《自然辩证法》的任务是从当时时代最新最高的科学成就中发现自然科学的理论思维的实质，那么不理解牛顿从事科学研究时的理论思维，就不可能理解自然科学的理论思维。

在科学史的著作中确实有一部分认为牛顿所实现的只是一次"综合"，他把开普勒发现的天上的运动规律与伽利略发现的地上的运动规律"综合"为了同一些规律，但更多的科学史学家则愿意相信随着1687年《原理》的出版，人类历史上发生了一次科学革命，而不只是天文学与动力学的"综合"。"从牛顿在《原理》中对开普勒诸定律的讨论，最容易看出这一点。牛顿的讨论，始于一种纯数学的构造物或想象的体系——它并非只不过是一个简化了的自然事例，而是一种在现实的世界中根本不存在的纯属虚构的体系。"[1] 开普勒的行星定律是纯粹经验的，他本人完全不能解释行星的公转轨道为什么是椭圆，这个发现只是对第谷观测数据的总结。然而牛顿的万有引力定律却是以动力学为基础的，它为开普勒的三个定律提供了一个解释，从中我们可以推导出这三个定律，而不是像恩格斯所说的那样。牛顿的动力学是否来源于伽利略？是，而且还有笛卡儿的功劳。那么这是不是一种"综合"？是，但绝不

---

[1] [美]科恩：《科学中的革命》（新译本），鲁旭东、赵培杰译，商务印书馆2017年版，第247页。

只是。牛顿的伟大发现既不靠第谷的肉眼，也不靠伽利略的望远镜，靠的是马克思所说的"抽象力"，恩格斯所说的"理论思维"。正是因为牛顿明确知道数学世界和物理世界是两个不同的世界，他才能够在数学世界中自由创造，然后再用物理世界中的现象加以检验和改进。这正是延续至今的现代科学的思维方式。这种思维方式要求我们研究科学既不是从先天的原理出发，也不是从纯粹的经验出发，而是在数学世界与物理世界的"张力"中进行研究。因此牛顿不是"归纳法的蠢驴"。

对牛顿的思维方式的不理解与对其科学成就的低估的一个后果就是，相应地过高估计了康德和拉普拉斯（Pierre-Simon Laplace）的星云假说、赖尔的地质演变学说以及达尔文的生物进化论，恩格斯认为这些学说标志着科学从"搜集材料"变为"整理材料"，从"关于事实"变为"关于过程"。① 而以牛顿力学为代表的18世纪上半叶的自然科学奉行的是"自然界绝对不变"的自然观②，"科学还深深地禁锢在神学之中。它到处寻找，并且找到了一种不能从自然界本身来解释的外来的推动作为最后的原因"，"哥白尼在这一时期之初向神学下了挑战书；牛顿却以神的第一推动这一假设结束了这个时期。"③ 恩格斯认为，"在这种僵化的自然观上打开第一个突破口的，不是一位自然科学家，而是一位哲学家。1755年，康德的《自然通史和天体论》出版。关于第一推动的问题被排除了。如果大多数自然科学家不像牛顿那样，那么他们一定会从康德的这个天才发现中得出结论。"④ 然而，康德这部《一般自然史与天体理论》的副标题是"或根据牛顿定理试论整个世界大厦的状态和力学起源"⑤，这毫不稀奇，对于一部18世纪的天文学或力学

---

① 《马克思恩格斯文集》第4卷，人民出版社2009年版，第299—300页。
② 《马克思恩格斯全集》第26卷，人民出版社2014年版，第469页。
③ 《马克思恩格斯全集》第26卷，人民出版社2014年版，第470页。
④ 《马克思恩格斯全集》第26卷，人民出版社2014年版，第471页。"《自然通史和天体论》"在李秋零主编的《康德著作全集》中被译为"《一般自然史与天体理论》"。
⑤ 《康德著作全集》第1卷，李秋零主编，中国人民大学出版社2003年版，第215页。

方面的著作，如果它不是以"牛顿定理"为出发点的，那才稀奇。于是我们就可以想见，康德"天才假说"的真正科学版本的作者——拉普拉斯因为汇集了天文学自牛顿以来的全部成就而被称为"法国的牛顿"就再正常不过了。

当然，赖尔和达尔文的学说并不是以牛顿力学为理论基础的，但它们之间也绝不是反对或超越的关系。研究天体、地质和物种演化的科学并不比研究此时此刻或假设的超越于时间的天体间的关系、地质和生物的结构的科学更深刻或更高明，它们完全是为了不同的需要而被研究的。"必须先研究事物，尔后才能研究过程。必须先知道一个事物是什么，尔后才能觉察这个事物中所发生的变化"①，这或许是对的，但并不意味着"研究过程"就高"研究事物"一等。太阳系的结构与太阳系的起源是两个不同领域的问题。正因为恩格斯以为研究事物是初级的、低等的，所以他才会认为自然科学从"形而上学的"向"辩证法的"这一变化是一种巨大的进步。以不同类型的自然科学为知识的样本可能会形成不同类型的自然观，但这个责任完全不能由从事那种类型科学研究的科学家来承担。

除了低估牛顿、将关于事实的科学与关于过程的科学视为不同等级的科学之外，恩格斯的第三个方面的问题在于将自然科学和数学混在一起。《自然辩证法》无论是一部关于自然界的著作还是关于自然科学的著作，都不应与数学有关。数与数学都不存在于自然界之中。"在恩格斯看来，一个民族只有具有理论思维，才能站在科学的最高峰，但是问题的关键在于具有什么样的理论思维。"②按照沃尔夫（Abraham Wolf）对古代哲学传统的分析，这个问题实际上就是问，这种足以使一个民族站上科学的最高峰的理论思维，究竟是亚里士多德式的还是毕达哥拉斯（Pythagoras）式的，究竟是定性研究的还是定量研究的。牛顿为了解决天文学的问题发明了微积分，难道他所取得的伟大成就是出于"形而上学的思维方式"

---

① 《马克思恩格斯文集》第 4 卷，人民出版社 2009 年版，第 299 页。
② 王庆丰：《恩格斯为什么要研究"自然辩证法"》，《长白学刊》2015 年第 5 期。

吗？牛顿的绝对时空观和"第一推动"是错误的或多余的，但如果我们能把注意力集中在至今仍在一定精度内被广泛运用的引力定律和运动定律，我们就能更准确地观察到一个自然科学家究竟在以何种形式的理论思维去思考自然的奥秘。恩格斯显然不认为数学足以成为一种理论思维的基本方式，因为他所看重的康德、赖尔、达尔文的成就都没有太多运用数学方法。拉普拉斯倒是个例外，但他实际上却是法国机械论、决定论的集大成者。

总体来说，《自然辩证法》的主题之一可以是自然科学的思维方式，但对这种思维方式的研究也必须以真正理解自然科学的历史和成就为前提。对自然科学的错误解释和错误预测的根源很可能是恩格斯没有能够真正认识牛顿成就在历史上的地位，对牛顿的过低评价导致恩格斯不能像现代科学史学家那样去细致地分析牛顿理论与之后两个世纪的各门科学的关系，也就不能认识到关于事实的研究与关于过程的研究并不是发展的关系；对牛顿的过低评价还导致恩格斯不能像那些科学史学家那样去细致地分析导致牛顿成就的不平凡的思维历程，也就不能意识到与辩证法相对立的思维方式或许不是形而上学而是数学——如果把"自然辩证法"解读为"自然科学中的辩证思维"（dialectical thinking of natural science），那么我们就会发现这个术语与牛顿伟大著作的名字有着惊人相同的结构："自然哲学的数学原理"（mathematical principles of natural philosophy）。这两者之间具有实质性区别的词就是"辩证法"与"数学"。

恩格斯对自然科学的看法深刻地影响了马克思主义者和马克思主义学者，以至于如果不对自然科学进行专门研究就很难超越恩格斯对自然科学的理解水平。但正如我们已经分析过的，恩格斯对19世纪及以前的自然科学的理解是不准确的，更不用说他根本没有机会看到的现代科学。如不对恩格斯对自然科学的理解加以批判的分析，就可能会在对自然科学有所误解的前提下讨论哲学与科学的关系，在这个前提下对自然科学的思维方式的理解也会很成问题。所以，为了真正理解"马克思哲学革命"与"哲学革命"的关系从而真正理解马克思（主义）哲学，仅仅变革我们的哲学观、革命观还是远远不够的，我们对科学的看法也应该有所改变。

本章小结

任何一场革命都需要经历一个发生、发展和完成的过程，思想领域中的革命也不例外。因此，说"马克思哲学革命"在那些未完成或未发表的作品中就已经实现了显然是不可能的。更重要的是，无论是在康德的意义上还是在库恩的意义上，"马克思哲学革命"作为一场革命都是尚未实现的。因为时至今日，哲学本身都还处在康德所说的"来回摸索"和库恩所说的"前范式"的状态，哲学中依然派别林立，不止一种哲学派别宣称自己实现了一场"哲学革命"。"哲学革命"的实现意味着一种哲学在整个哲学领域内取得支配性的地位，显然，这样的革命在哲学的历史上还未发生过。因此，说马克思主义哲学是一种"学说"较说它是一场"革命"更为准确。在理解"马克思哲学革命"的过程中，为了解决"马克思哲学革命"的观念与其他更为基本的观念的矛盾，我们不仅需要变革哲学观，同时还需要考虑我们现有的革命观和科学观是否合适。只有澄清"马克思哲学革命"作为一个历史事件在其发展过程中所处的阶段，才有可能真正完成这一革命。

结　　论

一　分析"马克思哲学革命"观念而直接得出的结论

"马克思哲学革命"是马克思主义哲学研究中常见的术语，然而在这个领域之外却很少出现。通过考察"马克思哲学革命"这一观念与其他更为基本的观念如"革命""科学革命""科学""哲学""哲学观"等的关系，我们发现，这个观念是需要深入探索的——从以革命的主要发动者或完成者命名革命的方式来看，"**马克思**哲学革命"与"哥白尼革命""牛顿革命""达尔文革命"等差异很大；从以革命发生的领域命名革命的方式来看，"马克思**哲学**革命"与"天文学革命""法国大革命""工业革命"等差异很大；从"革命"与"学说""流派""思潮"的关系来看，"马克思哲学**革命**"与几乎全部"革命"都很不相同，而又与各种学说、派别或思潮难以区分。正是基于这种状况，我们有必要具体分析"马克思哲学革命"这一观念中的每一个概念。

但在进行这项分析之前，我们必须说明这种分析的合理性，即回答这样一个问题：用科学革命的种种特征去衡量"马克思哲学革命"是否合理？通过对"马克思哲学革命"研究中所使用的词语和语句的分析，我们发现：在20世纪涉及"马克思哲学革命"的那些经典的、权威的、广为流传和深受欢迎的教科书、研究专著和论文中，描述和评价"马克思哲学革命"完全是以评述一场科学革命的口吻来进行的；而21世纪涉及"马克思哲学革命"的教材、研究专著和论文则很少使用"科学革命用语"，但"科学"一词仍时有出现，特别值得一提的是，在一些著述中还使用了库恩专门用来评述科学革命的"范式"概念。在"马克思哲学革命"这个术语被使用的近一个世纪的历史中，谈论它所使用的词语和语句经历了从"完全的科学革命用语"到"弱化的科学革命用语"与"隐含的科学革命用语"并存的过程,但"科学革命用语"始终存在于有关"马克思哲学革命"的论述中。

对于哲学与科学的关系,有学者认为哲学也是一门科学,有学者则认为哲学不是科学,而是与科学不同的另外一种把握世界的基本方式。但无论如何,"哲学革命"与"科学革命"作为革命性的历史事件,并没有充分的证据表明它们之间也有着像哲学与科学之间可能的那种本质差别。也没有专门的著述论证"哲学革命"与"科学革命"是两种根本不同的"革命"。

所以,我们在本项研究中以科学革命为参照去衡量"马克思哲学革命"是无奈之举,因为在关于"马克思哲学革命"的诸多论述中:(1)大多数论述是以"科学革命用语"进行的,所以并不是我们主动要求使用科学革命作为参照物的;(2)极少数论述没有使用"科学革命用语",却也未能提供一套专门用于描述和评价"哲学革命"的原则、术语和方法,所以我们不得不使用科学革命作为参照物。总之,已有的关于"马克思哲学革命"的研究成果几乎都是在关于其"实质"(即它是一场怎样的革命)的方面取得的,研究者们并没有有意识地在"历史事件"的意义上对"马克思哲学革命"是不是"革命"、为什么是(或不是)"革命"进行专门的探讨。

严格地说,我们在这里所进行的研究与其他研究者所进行的研究并不属于同一个领域,因而也就不构成实质性的冲突。表面上看,我们在讨论过程中所列举的大量论述都在开篇差不多相同的位置援引了相同的论断作为自己研究的前提——"众所周知,马克思实现了一场哲学革命,这是一个事实",因而我们的研究就是从前提上反驳这些论述;但实际上,这些论述的真实含义是揭示马克思哲学思想与其他一切哲学思想的根本差异,以及这种差异对人类的重大意义,"革命"这一措辞反而不是至关重要的。但是,这里所进行的研究在很大程度上是以先前研究"马克思哲学革命"实质所取得的成果为基础的,因而也不可避免地要对这些成果中的相关表述进行"批判性的"分析;对于在与我们完全相同的意义上断定"马克思哲学革命"已经实现的论述来说,我们的研究的确构成了一种直接的反驳。

为了在人们普遍接受的意义上对"马克思哲学革命"的观念加以分析,我们引入了康德、库恩和科恩关于科学革命的特征、结构和检验等方面的观点和理论。通过分别对"马克思哲学革命"观念中的"马克思""哲学""革命"三个概念的分析,我们得到以下结论:

1. 关于"马克思哲学革命"观念中的"马克思"

(1) 马克思在知道"哲学革命"这个概念且认为自己的学说具有革命性的情况下,并未明确表达自己在哲学领域中发动了或完成了一场革命,所以能够推断马克思并不认为自己在思想上的贡献主要发生在哲学领域,因此在科恩"四项检验"学说的意义上,用"哲学革命"一词来概括马克思的思想成就不太恰当。

(2) 从革命发动者对自己成就的说法来看,"马克思哲学革命"的情况与"牛顿物理学革命""拉瓦锡化学革命""达尔文生物学革命""魏格纳地质学革命"的情况不同;从革命的实际发动者和完成者的情况来看,"马克思哲学革命"又与"哥白尼天文革命"不同。

(3) "马克思哲学革命"这一说法在马克思在世之时和逝世之后的一段时间里都不存在,有理由认为,20世纪以来马克思主义哲学在许多国家取得了"范式"的地位,因而在描述这段历史的时候不自觉地引入了一种"辉格解释"——将一场在20世纪30年代才发端的"哲学革命"解读为19世纪40年代就已经存在的事实。

2. 关于"马克思哲学革命"观念中的"哲学"

(1) 哲学与哲学观是两门不同的学问,分别有着不同的研究对象,但往往广义的"哲学研究"也包括哲学观研究。因此我们有必要澄清"马克思哲学革命"究竟指的是一场"哲学革命"还是"哲学观革命"。"哲学观革命"未必是通过建立哲学理论来完成的。

(2) 唯物主义的历史观认为在考察经济基础和上层建筑的变

革时,应该考察"生产的经济条件方面所发生的物质的、可以用自然科学的精确性指明的变革",而非"那些法律的、政治的、宗教的、艺术的或哲学的,简言之,意识形态的形式"。这种观点中包含着一种对"哲学本身"的否定性看法,对哲学的看法就是哲学观,如果这种哲学观被人们广泛接受,那么就发生了一场"哲学观革命"。必须注意的是:(a)这场革命将是由政治经济学研究导致的;(b)它同时也是对法律、政治、宗教、艺术的看法的变革。

(3)假设我们承认唯物史观导致了一场"哲学观革命",那么它本身能否作为一种"新哲学"通过取代"旧哲学"而导致一场"哲学革命"呢?(a)由于马克思没有传统意义上的哲学理论,而"哲学革命"要求哲学理论之间竞争,所以必须先承认唯物史观是哲学理论才能认可有一场"哲学革命";唯物史观当然也不是传统意义上的哲学理论,所以必须先承认有一场"哲学观革命"才能认可唯物史观是哲学理论;在不区分"哲学革命"与"哲学观革命"的意义上,这是一种循环论证;(b)"哲学革命"意味着新理论取代旧理论,新旧理论的研究对象是一样的,只是结论不同,就不存在"哲学观革命";"哲学观革命"意味着哲学样貌的彻底变化,"新哲学"与"旧哲学"没有共同的研究对象,不构成竞争关系,就不存在"哲学革命";(c)所以,不能用"哲学观革命"去证明唯物主义的历史观是一种"新哲学",也不能用"历史唯物主义的历史观是一种新哲学"去证明发生了"哲学革命"。但这只是就"哲学革命"与"哲学观革命"的最严格的区分而言的。

(4)恩格斯在《终结》中并未将马克思和他的理论称为"哲学",在《反杜林论》中更是认为他们的思想(即"现代唯物主义")"已经根本不再是哲学,而只是世界观"。现代唯物主义是以现代科学、工业生产和社会革命的最新成就为基础的世界观,是以"从事实中发现联系"的方式而不是"旧哲学"的"从头脑中想出联系"的方式来确立的世界观。"哲学在这里被'扬弃'了","按其形式来说是被克服了,按其现实的内容来说是被保存了"。从而,在明确区分哲学的"思辨形式"与"现实内容"的前提下,

"马克思哲学革命"可以被认为是一场克服了哲学的思辨形式的、否定了"哲学本身"的"哲学观革命",也可以被认为是一场保留了哲学的现实内容的、实现了"范式转换"的"哲学革命"。

3. 关于"马克思哲学革命"观念中的"革命"

(1) 没有哪场革命是一蹴而就的,所以对"马克思哲学革命"各个阶段的考察是理解这场"革命"的必要工作。然而,无论按照康德、库恩还是科恩的标准来看,"马克思哲学革命"都谈不上已经"完成"。《手稿》、《提纲》和《形态》在马克思在世的时候都未公开发表,在几乎无人知晓的情况下,"革命"不可能完成;《宣言》和《资本论》取得了广泛而深远的影响,但从今天哲学界的情况来看,还有一定数量和比例的人并不接受马克思的学说。

(2) 即使不用科学革命的成就来衡量,"马克思哲学革命"的"革命"概念也与人们通常与之一并使用的"学说""派别"或"思潮"等概念难以区分。尽管在实质上马克思的哲学思想具有更为彻底的革命性,但仅就都有一定数量的支持者,也都有一定数量的反对者而言,马克思主义哲学对于现代哲学的其他学说暂时还没有决定性的优势,事实上整个哲学界依然处于派别林立的状态。这种状态用康德的术语来说就是"来回摸索",用库恩的术语来说就是"前范式科学"。

(3) 为了解释"马克思哲学革命"的"革命"说法与哲学界派别林立的事实之间的矛盾,"马克思哲学革命"的支持者逐渐转变了对哲学本身的看法,提出了一种把哲学与科学当作两种不同的把握世界的基本方式的哲学观。然而,"哲学革命与科学革命之间的关系"与"哲学与科学之间的关系"毕竟属于不同领域的问题,所以这种哲学观的变革依然不能把"革命"与"派别"或"思潮"区分开来。如果我们在更为宽泛的意义上理解"科学",那么"哲学革命"就意味着使哲学摆脱"来回摸索"的状态并走上科学的道路,而不是成为一门"实证科学"。正因为"马克思哲学革命"尚未完全实现,所以真正实现这场革命就是我们的时代任务和历史使命。

二 对实现"马克思哲学革命"的进一步思考

作为马克思主义的信仰者、支持者、同情者，相信"马克思哲学革命"要么已经实现，要么必将实现，这种信念与那些科学中新理论的支持者的信念是一样的。在这种情境中，研究重心很容易移向"革命"的实质，而不那么重视事件的其他要素和特征。但当我们以研究者的身份面对"马克思哲学革命"这一话题的时候，进入头脑中的第一个问题就像我们面对"哥白尼革命"时的一样——"这是一场革命吗？"如果不改变我们对"革命"的通常看法，那么"马克思哲学革命"实际上是一场尚未完成的革命——哲学依然处于来回摸索和派别林立的"前范式"状态。我们也没有理由和必要为了断定"马克思哲学革命"存在而改变对"革命"的通常看法。事实上，对马克思主义持怀疑态度的人对"马克思哲学革命"这一说法不是反对而是忽视。因此，对于马克思主义的信仰者来说，澄清"马克思哲学革命"是或者不是革命就显得尤为重要。

如果马克思主义的信仰者相信马克思哲学是一种能够引发"哲学革命"的思想，并且相信完成这场"革命"正是自己的历史使命，那么他就必须首先清楚这场可能的"革命"已经进展到了什么程度。正因为我们证明了"马克思哲学革命"尚未实现，所以才要求马克思哲学的信仰者去完成这样一项事业。但我们必须首先澄清的是，这究竟是一项怎样的事业。

康德所说的科学革命与库恩等大多数现代科学史学家所说的科学革命并不相同，康德认为科学革命是一门学科从"来回摸索"到"走上科学的道路"的决定性转变，而对于库恩来说，这种转变是一门学科真正成为这门学科的标志性事件，而科学革命则是在这门学科业已成熟之后才可能发生的事情。具体而言，比如对于"牛顿革命"来说，康德认为只有经过这场革命，物理学才算真正产生，而库恩则认为物理学在亚里士多德那里就已经产生了，牛顿所建立的是一种取代前者的新物理学。那么"马克思哲学革命"是何种意义上的革命？如果哲学是一门业已成熟的学科，那么在它的历史上至少有一种理论是占有支配性地位的，那么马克思（主义）哲学取而代之就是一种库恩意义上的革命；如果哲学像牛顿以前的光学那样仍然处于派别林立的状态，那么马克思（主义）哲学成为历史上第一个支配整个哲学领域的理论就是一种康德意义上的革命。

"马克思哲学革命"是一场康德意义上的还是库恩意义上的革命是一个问题，另一个问题则是这场可能的革命究竟是"哲学革命"还是"哲学观革命"。如果"马克思哲学革命"是以辩证唯物主义取代机械唯物主义和唯心主义、以唯物主义历史观取代唯心主义历史观的革命，那么无论是在康德的意义上还是在库恩的意义上，这都是一场"哲学革命"；如果"马克思哲学革命"要求人们改变对哲学的原有看法，那么它就是一场"哲学观革命"。

在"马克思哲学革命"的研究中，认为它是"哲学革命"的与认为它是"哲学观革命"的观点，一直是纠缠在一起的。但可以看出，随着时间的推移，这种认识的侧重点发生了变化。以列宁、斯大林为代表的苏联马克思主义者和马克思主义学者倾向于认为马克思的哲学成就主要在于建构了能够战胜旧唯物主义和一切唯心主义的新唯物主义，是以一种新的理论或新的"范式"取代旧的理论或旧的"范式"的过程。这就是把马克思的哲学成就理解为"哲学革命"的一种看法。[①] 当代中国马克思主义学者也承认辩证唯物主义和历史唯物主义是取代旧哲学的新哲学，但更侧重于从哲学的整体变化上去理解"马克思哲学革命"，认为马克思（主义）哲学的诞生变革了哲学的对象、性质、功能、提问方式、思维方式、存在方式和活动方式等等，而不仅在于一种新理论取代旧理论。

当我们认为马克思所实现的是一场"哲学革命"的时候，我们会看到辩证唯物主义克服了机械唯物主义的形而上学的思维方式，但它们对世界的物质性的承认是一致的；辩证唯物主义对一切唯心主义特别是黑格尔的唯心主义的反驳，是在物质是不是第一性

[①] 但他们也认为哲学的对象、性质、功能和阶级基础等都发生了变革，但并没有意识到"哲学革命"与"哲学观革命"之间可能并不相容。

的问题上实现的，但它们（辩证唯物主义和辩证的唯心主义）都相信世界是普遍联系和永恒发展的，所以新唯物主义与旧唯物主义，以及与黑格尔的唯心主义分别有某种共同的观点，而在观点不同的地方，却必然面对的是完全相同的问题。因此，辩证唯物主义的产生并没有实现一种哲学观上的革命。唯物主义历史观的情况也是一样的，无论我们争论说它是关于历史的科学还是以历史为解释原则的哲学，唯心主义历史观总是会逻辑地得到相同的定义，因而这里也绝不会发生哲学观上的革命。

  当我们认为马克思所实现的是一场"哲学观革命"的时候，我们会看到在马克思之前的人们甚至马克思本人早年对哲学都是热爱和信赖的，但马克思自己的态度逐渐发生了变化，当人们接受了马克思的这种变化的时候，就意味着他们对哲学的看法也发生了转变。当然，这种转变也在"分析运动"的努力下发生着。那么这时所发生的着实就是一种"哲学观革命"了。但如果我们认为"思维是否具有客观的真理性，这不是一个理论的问题，而是一个实践的问题"①的话，那么我们反对唯心主义或不可知论就是因为它们思考问题所用的方式错了，而不是思考问题所得的结论错了。那么唯物主义或可知论也不会因为它们结论的正确而被接受，因为它们本身也是一种理论上的探讨。因而这里就不会发生哲学中的革命。

  理解这个问题的钥匙是恩格斯关于"哲学基本问题"的相关论述。"全部哲学，特别是近代哲学的重大的基本问题，是思维和存在的关系问题"，这个问题萌芽于远古时代人们对灵魂与外部世界的关系的思考，但"只是在欧洲人从基督教中世纪的长期冬眠中觉醒以后，才被十分清楚地提了出来，才获得了它的完全的意义"。② 这个问题有两个方面，每个方面的问题又各有两种回答，由于可知论一直是哲学中的主流，所以"哲学革命"没有必要发生在这个方面，因而如果有一场"哲学革命"，那么它就得发生在

---

① 《马克思恩格斯文集》第1卷，人民出版社2009年版，第500页。
② 《马克思恩格斯文集》第4卷，人民出版社2009年版，第278页。

关于世界本原的问题上。假设以黑格尔哲学为代表的唯心主义在以往的哲学中占据支配性的地位①，那么一种唯物主义哲学取代黑格尔哲学就完成了一场"哲学革命"，但新旧理论的"基本问题"是一致的，正如"日心说"取代"地心说"但天文学还是关于天体运行规律的学问不变一样，唯物主义和唯心主义无论谁支配哲学界，哲学都是以"思维和存在的关系问题"为其"基本问题"的学问。那么，怎么会存在一场"哲学观革命"呢？

但恩格斯进一步指出，在针对"哲学基本问题"的诸种回答中，"一切哲学上的怪论"都被"实验和工业"驳斥了②，"推动哲学家前进的……主要是自然科学和工业的强大而日益迅猛的进步"③，换言之，"哲学基本问题"已经被科学和工业解决了，无论世界的本原问题还是认识的来源问题，都不再是"一个理论的问题"而变成了"一个实践的问题"，人们"在实践中证明自己思维的真理性"。更进一步，既然这个问题已经得到了唯物主义和可知论的回答，那么一门以这个问题为主要研究对象的学科也就没有继续存在的必要了。因此，恩格斯总结道："对于已经从自然界和历史中被驱逐出去的哲学来说，要是还留下什么的话，那就只留下一个纯粹思想的领域：关于思维过程本身的规律的学说，即逻辑和辩证法。"④ 我们不考虑辩证法是否应该只是关于思维本身的学说，而仅就恩格斯的论述来看，哲学的未来显然不再以"思维和存在的关系"为问题了，它只存在于"一个纯粹思想的领域"，只研究"思维过程本身的规律"。那么这里恩格斯就提供了一种"哲学观革命"的可能性——以往的哲学研究思维、存在以及二者之间的关系，但这些问题已经得到了解决，于是我们就得改变对哲学的看法而把哲学看作仅仅研究思维本身规律的学说。但这样一来，一场"哲学革命"就无从谈起了，所谓"新哲学"与"旧哲学"根本

---

① 这并不符合事实，历史上没有任何一种哲学观点能够像"地心说"在天文学中那样在哲学中占据支配性的地位，这里只是为了推理而做的假设。
② 《马克思恩格斯文集》第4卷，人民出版社2009年版，第279页。
③ 《马克思恩格斯文集》第4卷，人民出版社2009年版，第280页。
④ 《马克思恩格斯文集》第4卷，人民出版社2009年版，第312页。

就是两门学问，都用"哲学"一词来称谓不过是暂时没有发明新词罢了。

这里一方面是重申"哲学革命"与"哲学观革命"的本质区别，另一方面则是指明，实现"马克思哲学革命"并不是一项目标已然十分明确的事业，对"马克思哲学革命"作不同的理解甚至将会导向两条完全相反的革命道路。如果把"马克思哲学革命"理解为"哲学革命"，那么马克思（主义）哲学的信仰者的使命就是发展和完善辩证唯物主义和历史唯物主义，使这种哲学理论在彻底战胜旧唯物主义和一切唯心主义的同时，也一并战胜分析哲学、现象学等全部现代哲学的各个派别，从而成为整个哲学领域内的牛顿力学般的支配性力量。如果把"马克思哲学革命"理解为"哲学观革命"，那么马克思的信仰者的使命就是进一步揭露哲学作为意识形态的本质，用对"生产的经济条件方面所发生的物质的"变革的"可以用自然科学的精确性指明的"研究取代哲学研究以及对哲学的研究，并通过用非哲学的方式取得哲学求之不得的成果来实现对哲学本身的否定。

通过对"马克思哲学革命"观念的分析，我们得出了"马克思哲学革命"尚未实现的结论，这既不是否认"马克思哲学革命"的可能性，也不是否定关于"马克思哲学革命"所取得的研究成果，相反，这一系列分析的最终目的就是帮助我们明确"马克思哲学革命"的实际状况。只有承认这一革命尚未实现，我们才可能真正实现这一革命。而借鉴有关科学革命的研究，有助于找到真正完成这一革命的可行道路。"马克思哲学革命"研究所取得的丰硕成果，从多个方面考察了马克思主义哲学实现一场"哲学革命"的可能性。无论是在哲学的理论对象、理论功能、理论旨趣、阶级属性、思维方式、活动方式还是存在形态的方面，马克思主义哲学都有可能实现对传统哲学和一切同时代哲学的超越，从而在人类思想史上第一次实现彻底的"哲学革命"。

与现代哲学的各种学说相比，马克思主义哲学在许多方面都有实现"哲学革命"的优势。因为事实上马克思主义哲学本身就是一种力求改变世界的革命性哲学，它对人类历史进程和人类社会结构的影响超过其他一切哲学派别和思潮，特别是在我国的成功实践和不断发展，更加有力地证明了它是一种能够引起革命性变革的哲学。

追问"马克思哲学革命"是不是以及为何是一场"哲学革命"，与探究"马克思哲学革命"的实质，是研究"马克思哲学革命"的两条道路。这两条道路不仅不是背道而驰，反而是殊途同归。它们的目的都在于推进马克思主义哲学的发展。前一方面的研究为我们指明了"马克思哲学革命"研究的当代使命，那就是去实现这一尚未完成的革命事业；后一方面的研究则为我们提供了完成这一使命的理论资源，让我们能够在马克思主义哲学所产生的实质性变化上，推进马克思主义哲学的发展，最终完全实现马克思哲学革命。

附录一 黑格尔对亚里士多德三段论的批判与发展[①]

引 言

亚里士多德被公认为形式逻辑的创始人,他所创立的三段论演绎系统代表了古代逻辑学的最高成就,以至于在他之后相当长的一段时间内,除了一些补充和完善外,形式逻辑都没有任何实质性的进展。在今天我们所能看的《亚里士多德全集》中,他的逻辑学理论被编辑在《工具论》部分,其中的《前分析篇》是亚里士多德最重要的逻辑学著作,他在这里建立了一套近乎完善的三段论演绎系统。

这个系统在思想确定性和明晰性方面取得了巨大成就,能够精确地发现推理过程中的谬误。但人们却无法从这个系统中推出真正的科学知识[②]。黑格尔对此批评道:"亚里士多德并不是依照这些三段论的形式来进行思维的……如果他是依据这些普通逻辑的形式的话,他的命题、观念就没有一个能够被建立、被断言、被主张。"[③]

[①] 本附录收录的文章完成于 2011 年春,部分文字有所改动,章、节、小节的编号方式未作改动,原文的"参考文献"与本书的"参考文献"合并在一起,原文所引的马克思主义经典文献均替换为最新版本。
该文是在王庆丰教授的指导下完成的,在此向王老师表示诚挚的感谢!
[②] 此处特指经验科学知识。欧几里得几何学就是一种演绎系统,不能说演绎推理推不出任何知识。
[③] [德]黑格尔:《哲学史讲演录》第 2 卷,贺麟、王太庆译,商务印书馆 1960 年版,第 379 页。

黑格尔逻辑学是一个以整个世界以及思维本身为对象的、容纳全体的体系，它也有一个与形式逻辑相对应的部分——"主观概念"，这一部分中的"推论"[①] 理论对三段论进行了系统的批判，指出三段论诸格式的偶然性因素，辩证地从必然性较低的推论形式推演出必然性更高的推论形式，从而发展出来一套逻辑推理的理论。

学术界对亚里士多德三段论的研究已有超过两千年的历史，其基本理论已经高度成熟。本文对亚里士多德三段论的研究以卢卡西维茨（Jan Lukasiewicz）和王路对三段论的基本看法为背景，主要参考亚里士多德的《前分析篇》、卢卡西维茨的《亚里士多德的三段论》和王路教授的《亚里士多德的逻辑学说》。学术界对黑格尔哲学的研究也很丰富，但专门研究其推论理论的著述并不多见，本文对黑格尔逻辑学特别是其推论理论的研究以黑格尔的《逻辑学》和《小逻辑》为文本依据，参考周礼全教授的《黑格尔的辩证逻辑》和王路教授的《逻辑的观念》。

本文首先介绍亚里士多德三段论和黑格尔推论理论的基本思想，然后具体考察推论理论的 9 个环节如何批判并发展了三段论理论，最后尝试论述黑格尔逻辑学对之前传统逻辑和传统哲学的超越，以及对今后逻辑学和哲学研究的意义。

黑格尔是古典辩证法理论的集大成者，其哲学是传统形而上学和唯心主义辩证法的顶峰，为马克思主义唯物辩证法理论奠定了重要的理论基础。但近年来，辩证法理论在世界范围内遭遇冷待，一些哲学派别将辩证法排斥在逻辑甚至哲学之外。本文旨在探寻辩证法的纯粹逻辑理论的合理性，并尝试运用更为明晰清楚的方式表述黑格尔晦涩艰深的理论，以期为辩证法理论的发展贡献一二。

[①] "推论"是黑格尔逻辑学体系第三大环节"概念论"的第一环节"主观概念"中的第三个小环节，德文词是 Schluss，德文中的"三段论"则是 Syllogismus；而 W. Wallace 的英译本将二者均译为 syllogism，是"三段论推理"的意思。虽然黑格尔推论理论的一般形式也是从两条前提推出一条结论，但毕竟与亚里士多德三段论是不同的推理理论，二者在德文中也使用不同的词表达，所以英文也应该使用一个不同于 syllogism 的词表达黑格尔的推论理论。本文建议暂时以 Aristotle's syllogism 和 Hegel's sysllogism 相区分。

第一章 亚里士多德三段论和黑格尔推论理论概述

第一节 亚里士多德三段论

1.1.1 亚里士多德对三段论的定义

亚里士多德所讨论的最重要的推理方式的希腊文单词是συλλογισμός，有"计算"和"推理"的意思；英文为syllogism，来源于希腊文，是指从两个判断推出第三个判断的推理方法，也就是"三段论"。这个συλλογισμός是古希腊人的推理方法，在其他语言中几乎没有与之相对应的词语，因而很难翻译。但συλλογισμός毫无疑问是一种推理，而三段论又是古希腊逻辑学最主要、最成熟的推理，所以将其译为"三段论"或"三段论推理"是合适的。

亚里士多德的《前分析篇》是系统讨论三段论推理的逻辑学[①]著作，其中第一卷第1至7章讨论了直言三段论的3个格和14个有效式；第8至22章讨论了模态三段论；第23章及以后是补充说明。

《前分析篇》所研究的对象是"证明"，亚里士多德对"前提""词项"和"三段论"下了定义。他对"三段论"的定义是："三段论是一种论证，其中只要确定某些论断，某些异于它们的事物便可以必然地从如此确定的论断中推出。所谓'如此确定的论断'，我的意思是指结论通过它们而得出的东西，就是说，不需要其他任何词项就可以得出必然的结论。"[②] 亚里士多德还给出了完善三段论的一般形式："如果A可以作为一切B的谓项，B可以作

[①] 亚里士多德被认为是"逻辑学之父"，虽然他本人并没有使用"逻辑学"来称呼他关于推理的理论，但并不妨碍我们认为他的推理学说不仅属于我们今天所说的"逻辑学"，而且还是它的开端。

[②] ［古希腊］《亚里士多德全集》第1卷，苗力田主编，中国人民大学出版社1990年版，第85页。

为一切 C 的谓项。那么 A 必定可以作为一切 C 的谓项。"①

1.1.2　亚里士多德三段论的 3 个格和 14 个式

亚里士多德发现，根据中项在两个前提中作主项或谓项的不同情况，可以得到三种不同的格。如果用 S 表示小项，P 表示大项，M 表示中项，PM 表示大项谓述中项（依此类推），⊢表示断定或推出，那么亚里士多德所说的三个格分别表示为：第一格 PM，MS，⊢PS；第二格 MP，MS，⊢PS；第三格 PM，SM，⊢PS。

如果每种格中的三个命题分别作"全称肯定判断""全称否定判断""特称肯定判断"和"特称否定判断"，那么又可以得到 192 个式。但亚里士多德只讨论了其中 48 个可能的式。在三段论推理所必须遵守的 4 个规则②外，它们必须还分别要遵守每个格的特殊规则③，这样就只剩下 14 个式④。

---

① ［古希腊］《亚里士多德全集》第 1 卷，苗力田主编，中国人民大学出版社 1990 年版，第 89 页。卢卡西维茨通过文本研究发现，这个蕴含式才是亚里士多德三段论的正确形式。参见卢卡西维茨《亚里士多德的三段论》第一章§1。

② 这四个规则是：(1) 有且只能有三个词项；(2) 中项至少周延一次；(3) 大项或小项在结论中周延仅当它在前提中周延；(4) 前提和结论具有等数的否定判断。

③ 第一格的特殊规则有：小前提必须是肯定判断；大前提必须是全称判断。第二格的特殊规则有：两个前提中必有一个是否定判断；大前提必须是全称判断。第三格的特殊规则有：小前提必须是肯定判断；结论必须是特称判断。第四格的特殊规则有：如果大前提是肯定判断，那么小前提必须是全称判断；如果小前提是肯定判断，那么结论必须是特称判断；如果前提中有一个是否定判断，那么大前提必须是全称判断。第四格的规则不是亚里士多德发现的。

④ 如果用 a、e、i、o 分别表示"全称肯定判断""全称否定判断""特称肯定判断""特称否定判断"，则这 14 个有效式可以表示为：

第一格：
I_1: PM－a, MS－a, ⊢PS－a;
I_2: PM－e, MS－a, ⊢PS－e;
I_3: PM－a, MS－i, ⊢PS－i;
I_4: PM－e, MS－i, ⊢PS－o;

第二格：
II_1: MP－e, MS－a, ⊢PS－e;
II_2: MP－a, MS－e, ⊢PS－e;
II_3: MP－e, MS－i, ⊢PS－o;
II_4: MP－a, MS－o, ⊢PS－o;（接下页脚注）

亚里士多德将第一格称为"完善的三段论",并使用归谬法、换位法和显示法把"不完善的"第二格和第三格都化归为第一格。这表现了亚里士多德的公理化思想,他以第一格的第一式和第二式为公理,可以推出他的整个三段论演绎推理系统。同时,第一格的两个特称式还可以化归为两个全称式,这体现了亚里士多德把公理减少至最小数目的思想。

1.1.3 后世对亚里士多德三段论的补充和完善

亚里士多德的三段论演绎推理系统已经高度公理化,长期没有任何实质性的发展。古罗马哲学家波伊修斯将《前分析篇》译为拉丁文后,三段论就成了传统逻辑的主要内容。传统逻辑对三段论理论最大的贡献在于系统地引入并讨论了第四格。

传统逻辑认为,中项的位置决定了三段论的格,除了亚里士多德理论中的三种情况外还应该有第四种情况,即中项在大前提中作谓词而在小前提中作主词的情况:MP,SM,⊢PS。第四格的发现借助于不同于亚里士多德的三段论定义,亚里士多德对三段论的定义不考虑两个前提的顺序,因此只能推得出三个格;而传统逻辑通过对两个前提顺序的区分,发现了第四格,这对三段论理论是一种有意义的补充。[①]

(接上页脚注)第三格:

III_1: PM-a, SM-a, ⊢PS-i;
III_2: PM-e, SM-a, ⊢PS-o;
III_3: PM-i, SM-a, ⊢PS-i;
III_4: PM-a, SM-i, ⊢PS-i;
III_5: PM-a, SM-o, ⊢PS-o;
III_6: PM-e, SM-i, ⊢PS-o。

3个格应该有18个有效式,但亚里士多德没有考虑:第一格的 PM-a, MS-a, ⊢PS-i 和 PM-e, MS-a, ⊢PS-o;第二格的 MP-a, MS-e, ⊢PS-o 和 MP-e, MS-a, ⊢PS-o。

[①] 卢卡西维茨在《亚里士多德的三段论》中专门讨论了第四格。一般认为,第四格是由公元2世纪的希腊医生和哲学家加伦发现的。卢卡西维茨认为三段论有简单和复合之分,前者是亚里士多德三段论,第四格由一位不知名的学者所加;后者为加伦所发明,有四个格。加伦三段论和亚里士多德三段论不是一回事,因而亚里士多德三段论的第四格不是加伦发明的。可以参考卢卡西维茨的《亚里士多德的三段论》和王路教授的《亚里士多德的逻辑学说》。

现代逻辑不满意于亚里士多德和传统逻辑用不精确和有局限的自然语言理解三段论，而使用人工语言去理解三段论。比如一阶谓词逻辑就将三段论第一格第一式表述为：$\forall x (Mx \to Px) \land \forall x (Sx \to Mx) \to \forall x (Sx \to Px)$。[①]

除了谓词逻辑的理解外，还有卢卡西维茨的公理解释、类演算的解释、自然演绎系统的解释等理解方式，它们都力求尽可能精确地表述亚里士多德的三段论系统，并且尽可能少地引入新的公理。

第二节　黑格尔推论理论

推论理论是黑格尔逻辑学体系[②]中的一个环节——第三大环节"概念论"的第一环节"主观概念"的第三个小环节，本身还分为"质的推论"、"反思的推论"和"必然的推论"三个环节，这三个环节又被分为若干环节。黑格尔所讨论的推论并不是最广泛意义上的推理方法，它特别地是"三段式"的形式，是针对长期以来居于传统逻辑重要地位的三段论而进行的批判与发展。

1.2.1 质的推论

质的推论[③]是推论理论的第一个环节。质是存在的直接规定性，在质的推论中，推论的端项被直接地联结在一起。传统逻辑认为三段论是将三个彼此分离的命题联结在一起的推理，但黑格尔则认为它是概念的三个规定性——特殊性 B、个体性 E、普遍性 A——之间的关系。

第一式的形式是"E—B—A"，可以理解为普遍性谓述特殊性，特殊性谓述个体性，所以普遍性谓述个体性。这也可以用来表述三段论完善式的一般形式。

[①] 但这种表述与亚里士多德的理解不尽相同：亚里士多德没有使用全称量词和特称量词；亚里士多德的全称命题假设主词存在，而谓词逻辑并不假设主词存在；亚里士多德的命题的语法主语与逻辑主语一致，但谓词逻辑将二者分开；谓词逻辑将三段论表述为一个蕴含式，其真取决于前件假或后件真，这与亚里士多德认为从真前提就能推出真结论的理解也不相同。

[②] 这里指所谓"纯粹逻辑"部分，即黑格尔在《逻辑学》和《小逻辑》中构造的逻辑学体系。

[③] 质的推论包含从第一式到第四式的 4 种式。

第二式的形式是"B—E—A",其结论"B—A"是一个特称判断,因而它既是肯定的,也是否定的,这表明特殊性和普遍性之间没有建立起必然联系。第二式对应着三段论的第三格。

第三式的形式是"E—A—B",它对应着三段论的第二格,其前提"B—A"是第二式的结论,其结论"E—B"又是第一式和第二式的前提。第三式的结论是否定判断,黑格尔据此认为它的大、小项可以互换,进而大、小前提也可以互换,第三式的形式就变成了"B—A—E",也就是三段论的第四格①。

在前三式中,个体性、特殊性和普遍性都作过大项、中项和小项,三种推论又互相假设,因而三者之间就毫无区别,于是可以建立起一个形式为"A—A—A"的第四式。第四式就是数学推理,是纯粹量的推论,已经不再是质的推论了,因此第四式是质的推论的否定。

1.2.2 反思的推论

在质的推论中,个体性、特殊性和普遍性各自都作了大项、中项和小项,表明各项都是个体性、特殊性和普遍性的统一;三个式的推论互相假设、互相包含,构成了一个反思的全体。于是,推论从质的推论过渡到了它的肯定的结果——反思的推论②。

全称推论的形式是"E—B—A","B—A"这一环节表示所有"B"都是"A","所有B"意味着所有具有某一特殊性的个体的全体,因而是一个个体性、特殊性和普遍性的统一。全称推论一定程度上弥补了第一式的缺陷,但它也暴露出了一个缺陷,即必须首先知道"E—A",才能断定"B—A"。这说明全称推论依赖于由特殊性规定的所有个别事物,因而需要过渡到下一环节——归纳推论。

---

① 黑格尔认为"其中各项的直接位置就是第一式中的位置的颠倒",第四式是"某种完全无聊的东西"。(参见[德]黑格尔《逻辑学》下卷,杨一之译,商务印书馆1976年版,第359页。)

② 反思的推论包含全称推论、归纳推论和类比推论3种式。

归纳推论的形式是"A—E—B",第二式虽然也具有同样的形式①,但它的中项只是抽象的个体性,而归纳推理的中项却是所有个体性。所以归纳推理的形式应该更准确地表示为"A—E、E、E、……—B",中项穷尽了所有的个体性。但中项诸个体性却由经验观察而来,无法穷尽对象;个体性必须直接地与普遍性结合起来,而不能依靠经验观察。这样就进入类比推论。

类比推论的形式是"E—A—B",是从某类事物具有的特殊性而类比得到同类其他事物也具有相同的特殊性的推论。但类比推论的大前提和结论都是形式为"E—B"的判断,即类比推论假设了它的结论。②

1.2.3 必然的推论

必然的推论③由质的推论和反思的推论发展而来,其中项不是直接性的内容,而是两个端项规定性的自身反思。因为在此推论中,中项是大项和小项的内在同一,中项与大、小项的联系是必然的,进而大项与小项的联系也是必然的,所以此推论成为必然的推论。

直言推论的形式是"E—B—A",其中项特殊性是个体性的种,是其本质属性,个体性不再偶然地属于特殊性。但一个个体可能属于多个种,此推论中的特殊性只是其中之一;一个种又包含多个个体,此推论中的个体性也只是其中之一。而因而这个推论还具有一定程度的偶然性。

假言推论的形式是"A—E—B",如果把它写成"(p→q)∧p

---

① 第二式的一般形式是"B—E—A",但黑格尔在《逻辑学》"推论—反思的推论—归纳推论"中又说"归纳推论则在第二式'A—E—B'这个格式之下"。(参见[德]黑格尔《逻辑学》下卷,杨一之译,商务印书馆1976年版,第371页)这两种形式的主谓关系不同,但中项相同。

② 周礼全教授在《黑格尔的辩证逻辑》一书中认为,如果用 E·A 表示具有某一普遍性 A 的个体 E,可以将类比推论的大前提写成"E·A—B"。这样,按照黑格尔自己的说法,类比推论的大前提是"A—B",更准确地说应该是"E·A—B",而不是"E—B",因此不能说类比推论的前提假设了它的结论。

③ 必然的推论包含直言推论、假言推论和选言推论3种式。

→q"① 的形式，可以看出 p 和 q 的联系是必然的，p 的现实性必然地导致 q 的现实性，这就克服了直言推论中联系的偶然性。在大前提中，p 和 q 都是潜在的，是直接性的存在，而在小前提和结论中，p 和 q 又都是现实的，是被断定的存在。因为 p 和 q 都既是直接的又是被断定的，所以它们是同一的。但这种同一是潜在的，需要通过选言推论实现出来。

选言推论的形式是"B—A—E"，每一个命题都是一个特殊性谓述一个普遍性，就是一个属加种差的定义。普遍性通过肯定一个特殊性而建立起排斥的个体性，或者普遍性通过排斥别的特殊性而建立起肯定的个体性。作为选言推论中项的普遍性既与特殊性同一，又与个体性同一，而且不再是如质的推论中各项的直接同一，而是扬弃了区别的同一，进而推论也被扬弃了。

第三节　推论理论与黑格尔逻辑学

1.3.1　从"概念""判断"到"推论"

理念在经历了"存在论"和"本质论"之后进入"概念论"的环节，"概念论"的第一环节是"主观概念"。这一环节又包括从"概念本身"到"判断"再到"推论"的发展。

概念本身包含三个范畴——普遍性、特殊性和个体性。普遍性是概念自身的同一性，特殊性是概念自身的差异性，同一性与差异性统一于一个概念才会发展。绝对的同一永远只有自身本身，不会产生发展；绝对的差异使一事物与他事物之间没有任何联系，也不会产生发展。只有差异性寓于同一性之中并或在逻辑上或在时间上从同一性中产生出来，才是发展。而由发展得来的具有丰富内容的概念就是个体性。

概念发展到个体性就建立了融合和消灭普遍性和特殊性的直接性，直接性也是独立性，独立性使概念本身分化为判断。概念本身的三个范畴在判断中分别作主项和谓项，而且主项和谓项必须有区

---

① 黑格尔在《逻辑学》中的写法是"假如有甲那么就有乙，现在有甲，所以有乙"。(参见 [德] 黑格尔《逻辑学》下卷，杨一之译，商务印书馆1976年版，第381页)

别；但主项和谓项以"是"相连，又保持了概念的同一性。① 康德提出了 4 大类 12 种形式的判断，黑格尔认为它们之间没有发展，而他则建立了从"质的判断"到"反思的判断""必然的判断"再发展到"概念的判断"的判断理论。

判断建立起了主词和谓词的统一，又回复成为概念，概念又是判断中系词"是"的充实化，通过这种充实，判断就变成了推论。"推论是概念和判断的统一。推论是判断的形式差别已经返回到简单同一性的概念。"②

1.3.2 从推论到"客体"

经过从概念本身到推论的发展，理念完成了它的主观性环节。在黑格尔时代的逻辑教本里，"关于推论的学说常被认作第一部分或所谓初步理论（要素论）的结束。第二部分就是所谓方法论。方法论所要指明的，即是初步理论研究的思维形式如何可以应用到当前的客体，以便产生出全部科学知识"③。知性逻辑将主观性和客体视为相反的东西，不能给这个问题一个解答。但黑格尔认为主观性和客观性都是思想，虽然概念和逻辑的"初步理论"在一定程度上说确实是主观的，但它们并不是一个需要从外部去填满的空洞的框架，主观性本身既然是按照辩证规律去发展的，它就不会满于足自身的限制，进而通过推论展开其自身并进入客观性。

恩格斯曾论述道："我们的主观思维和客观世界遵循同一些规律，因而两者的结果最终不能互相矛盾，而必须彼此一致"④，如果不对这个论断加以唯物主义的解释，那就是对黑格尔关于主客统一问题的表述，这也是黑格尔一元论和可知论的表述。

1.3.3 "主观概念"与黑格尔逻辑学

黑格尔在"主观概念"这一环节所研究的对象或要素与传统逻辑基本一致，都是概念（词项）、判断和推论（推理）。但"主

---

① 从亚里士多德开始直到现代语言哲学之前，哲学家一直认为命题就是主谓判断，因此黑格尔在这里不加反思地以主谓判断的形式讨论一般判断。
② ［德］黑格尔：《小逻辑》，贺麟译，商务印书馆 1980 年版，第 355 页。
③ ［德］黑格尔：《小逻辑》，贺麟译，商务印书馆 1980 年版，第 370 页。
④ 《马克思恩格斯文集》第 9 卷，人民出版社 2009 年版，第 538 页。

观概念"仅仅是黑格尔逻辑学体系的一部分，或者说是纯粹的或狭义的黑格尔逻辑学。亚里士多德在《工具论》中建立起逻辑理论，在《形而上学》和《尼各马可伦理学》等著作中探讨本体论、伦理学等问题，而黑格尔却要把一切对象都纳入其逻辑体系中。

黑格尔逻辑学包括纯粹逻辑和应用逻辑，"主观概念"位于纯粹逻辑的最后一个大环节"概念论"的开端。按照黑格尔的"三三制"形式原则，"主观概念"既具有第三环节的特征，也具有第一环节的特征。作为第三环节，"概念是'存在'与'本质'的统一，而且包含这两个范围中全部丰富的内容在自身之内"①，而"主观概念"作为概念的最初形式，还是形式的和直接的概念，"是尚未达到和客观事物统一的思想形式"②。

"主观概念"运用辩证的原则去研究形式逻辑，并希望通过这部分的研究揭示思维和存在、主观和客观相统一的规律，为整个逻辑学从"初步理论"走向在自然和精神领域的应用奠定理论基础。

第二章　推论理论对三段论的批判与发展

第一节　质的推论

2.1.1　第一式

第一式的形式是：个体性—特殊性—普遍性（E—B—A），也是质的推论的普遍形式。个体性通过特殊性与普遍性联结在一起，个体性与普遍性都不直接地就是对方，而必须通过特殊性相连。

可以看到，第一式表达了亚里士多德三段论的第一格，即：如果所有 A 谓述所有 B，并且所有 B 谓述所有 E，那么所有 A（必然）谓述所有 E。黑格尔对亚里士多德对第一格的说明③批评道："他不过只是抓住了单纯的附属关系。这里与其说是表述了三项互

---

① ［德］黑格尔：《小逻辑》，贺麟译，商务印书馆1980年版，第328页。
② 周礼全：《黑格尔的辩证逻辑》，中国社会科学出版社1989年版，第60页。
③ 见"1.1.2 亚里士多德三段论的3个格和14个式"第2段。

相的规定性，不如说只是表述了一端和中项、中项和另一端的同等附属关系的重复。"①

在第一式中，黑格尔只举了一个例子以助于理解其晦涩的论述："一切人都是要死的，尤卡斯是一个人，所以他是要死的。"②黑格尔认为这样的推论会使人厌倦，因为它以两个分散的命题来给予一个有差异的假象。小项是具有诸多属性的直接性的个体，中项只是其中之一，因而黑格尔认为由这样一个中项进行的联结是偶然的。③

2.1.2 第二式

第二式的形式是：特殊性—个体性—普遍性（B—E—A），它相当于三段论的第三格，两个前提分别是"普遍性谓述个体性"和"特殊性谓述个体性"，后者是一个直接的前提，而前者"则已经是有中介的，即通过第一种推论；第二种推论因此以第一种推论为前提，正如第一种反过来也以第二种推论为前提那样"④。第一式的结论在第二式中被表现为个体性成为中介，因而"第二式的推论便表达出第一式的真理：即中介过程只是在个体性里面发生，因此便是偶然的。"⑤

黑格尔利用了三段论第三格的一条特殊规则，即结论必须是特称判断，又根据其"规定即否定"的观点认为特称判断既是肯定的又是否定的，因而结论中的主项和谓项是可以互换位置的，则大小前提的位置也可以互换，第二式就可以变为"A—E—B"的

---

① ［德］黑格尔：《逻辑学》下卷，杨一之译，商务印书馆1976年版，第345页。
② ［德］黑格尔：《逻辑学》下卷，杨一之译，商务印书馆1976年版，第347页。这并不是一个亚里士多德会举的例子，即便把"尤卡斯"换成"苏格拉底"而成为我们熟知的一个三段论实例；亚里士多德并没有提出"单称命题"，而且他的命题形式则是"谓项谓述主项"的形式。
③ 黑格尔认为这种推论中的各项都是偶然的，我们可以举出很多这样的三段论实例，尽管它们也属于第一格，但一定不属于6个有效式中的任何一式。黑格尔无法对第一格做出更进一步的批评，因为就形式而论，它足够完善，具有形式上的必然性，黑格尔只能就内容缺乏必然性加以批评。从形式上看，对第一格前提的追问会导致无穷倒退，但这实际上也是内容上的问题，我们将在"全称推论"中进一步讨论。
④ ［德］黑格尔：《逻辑学》下卷，杨一之译，商务印书馆1976年版，第354页。
⑤ ［德］黑格尔：《小逻辑》，贺麟译，商务印书馆1980年版，第363页。

形式。

黑格尔认为第二式是因第一式的缺陷而必然发展而来的，反对亚里士多德将第一格视为完善的，而将第二格和第三格视为可由第一格推导出来的种或子类。因为第二式的前提可以互换位置，结论既是肯定的又是否定的，所以黑格尔认为第二式的推论是偶然的，第一式中潜在的偶然性在第二个中显明出来。

2.1.3 第三式

第三式的形式是：个体性—普遍性—特殊性（E—A—B），它相当于三段论的第二格，其大前提"普遍性谓述特殊性"是第二式的结论，小前提"普遍性谓述个体性"是第一式的结论，而第三式的结论"特殊性谓述个体性"又是第一式和第二式的前提，可以看出任一式的结论都是其他式的前提，任一式的前提也是其他式的结论，互相设定、互相推出。

在第三式中，中项是抽象普遍性，两个端项个体性和特殊性不是由于自身的特性而联结在一起，而是由于一个共同的抽象普遍性。黑格尔认为第三式的中项外在于端项，因而是偶然的。

黑格尔认为推论的诸式[1]在传统逻辑的研究中只是依次列举出来，很少有人考虑到指出它们之间的必然性。斯退士就认为，"亚里士多德的逻辑完全是经验性的，而黑格尔的研究目的则是理性的"[2]，在黑格尔逻辑学中，"判断和推理的不同种类不仅仅是断言，而是推演出来的。通过这样的方式，逻辑就……成为它所应当成为的、高于一切其他科学的科学"[3]。黑格尔认为推论的三个式的意义在于"这样的必然性上面：即每一环节作为概念规定本身

---

[1] 黑格尔作了如下说明："亚里士多德很正确地只举出三式；第四式是多余的，甚至可以说是近代人的无聊的附加。"（参见［德］黑格尔《小逻辑》，贺麟译，商务印书馆1980年版，第362页）黑格尔认为第四式是数学推论，没有太多研究的价值；而根据卢卡西维茨和王路的观点，亚里士多德也没有发现第四格，尽管这并不意味着第四格（式）无意义，但鉴于主旨和篇幅，本文不再讨论有关第四（格）式的问题。

[2] ［英］斯退士：《黑格尔哲学》，鲍训吾译，河北人民出版社1986年版，第203页。

[3] ［英］斯退士：《黑格尔哲学》，鲍训吾译，河北人民出版社1986年版，第203页。

都有成为全体并且成为起中介作用的根据的必然性"①。

第二节 反思的推论

2.2.1 全称推论

全称推论的形式（E—B—A）与第一式相同，但第一式的中项是抽象规定性，与个体性是彼此分离的，而全称推论的中项，不仅是主词的一个抽象的特殊规定性，而且还是一切个别的具体的主词，是所有具有此特殊性的个体事物，这个"所有"恰是一个具体规定性。

三段论第一格的 6 个式只有被亚里士多德作为公理推导其他式的两个式②是全称推论，黑格尔对全称推论的肯定是对三段论完善格的完善式的肯定，而对其缺陷的揭露也是对整个三段论的批评。全称推论的缺点在于"大前提先假定了结论所应有的内容"③。在关于"尤卡斯"的全称推论中，大前提"一切人都是要死的"直接假定了结论"尤卡斯也是要死的"，为了断定大前提，必须首先断定结论。黑格尔批评这种推论"不仅令人感到学究气，甚至令人感到一种毫无意义的形式主义"④。

2.2.2 归纳推论

为了给全称推论的大前提找到正确性的来源，我们必须过渡到归纳推论。表面上，归纳推论的形式（B—E—A）与第二式相同，但后者的中项是抽象个体性，而前者的中项则是全体个体性，因而又是普遍性。其深层形式是："A—E、E、E、……—B"，大项穷尽了全部中项。"金是金属，银是金属，同样铜、铅等等皆是金属。这是大前提。于是小前提随着产生，所有这些物体皆传电。由此得到一条结论：所有金属皆传电。"⑤

三段论是演绎的而不是归纳的，归纳推理并不是三段论的内容，但黑格尔发现了演绎的缺陷，因而试图利用归纳为一个推论寻

---

① ［德］黑格尔：《小逻辑》，贺麟译，商务印书馆 1980 年版，第 364 页。
② 即 I_1: PM - a, MS - a, ⊢PS - a 和 I_2: PM - e, MS - e, ⊢PS - e。
③ ［德］黑格尔：《小逻辑》，贺麟译，商务印书馆 1980 年版，第 367 页。
④ ［德］黑格尔：《小逻辑》，贺麟译，商务印书馆 1980 年版，第 367 页。
⑤ ［德］黑格尔：《小逻辑》，贺麟译，商务印书馆 1980 年版，第 368 页。

找正确性①的来源。

归纳推论的前提和结论完全是经验性的，这个推论是一个经验推论。一个经验推论的可靠性依然有其假定："在某种范围内观察和经验是完备无疑的。"② 但遗憾的是我们无法通过经验穷尽所有个体事物，归纳推理的可靠性被迫依赖经验的范围。

因为归纳推论的中项是全体个体性，所以要确保其正确性就必须视其前提为"特殊性谓述普遍性"，但这也恰是其结论③。由于前提假设了结论，因此归纳推论的结论就是一个直接判断，而不是由此推论证明而得的判断。

2.2.3 类比推论

类比推理的形式（E—A—B）与第三式相同，但其中项不再是一种个别性，而是一种作为一具体事物的自身反思的普遍性，进而是其本性；同时，因为它是一个具体事物的普遍性，所以它本身也就是这个具体事物。黑格尔认为"类推的方法很应分地在经验科学中占很高的地位，而且科学家也曾按照这种推论方式获得很重要的结果。类推可说是理性的本能。"④

黑格尔给类比推论举了两个例子："尤卡斯这人是一学者，提图斯也是一个人，故提图斯大概也是一学者。""地球是一个星球，而且有人居住；月球也是一个星球，故月球上很可能也有人居住。"⑤ 这两个推论无疑是糟糕的，它们都违背了三段论第二格的两个特殊规则。但黑格尔从内容的方面指出它们的缺陷：大前提的谓项不能完全地谓述主项。黑格尔批评"这样的类推把戏还要自

---

① 准确地说应该是"真实性"。根据一般的观点，一个推论的正确性与内容无关，亚里士多德三段论的标准形式是蕴含式，他并未预设前提（或前件）的真实性，三段论推理仅仅提供推理的正确性。黑格尔不满意于推理所具有的正确性，因而为其寻找真实性的根据。

② ［德］黑格尔：《小逻辑》，贺麟译，商务印书馆1980年版，第366页。

③ 归纳推论与第二式具有相同的形式，因而也可以写成"A—E—B"，其结论也可以为"特殊性谓述普遍性"。

④ ［德］黑格尔：《小逻辑》，贺麟译，商务印书馆1980年版，第368页。

⑤ ［德］黑格尔：《小逻辑》，贺麟译，商务印书馆1980年版，第369页。黑格尔在《逻辑学》中举的是这个例子："大地有居民，月亮是一大地；所以月亮有居民。"（参见［德］黑格尔《逻辑学》下卷，杨一之译，商务印书馆1976年版，第374页）

谄为高深玄妙，结果是足以使对于自然界的哲学研究受到轻蔑。"①

三段论理论用三段论规则排除了诸多错误的式，但并没有指出其错误的原因，因而只能被视为偶然的。在科学中确实有在不自觉地运用错误式进行推论而得结论的情况，例如对"以太"的假设就包含了一个这样的推论：压力、推力等力的作用必须通过介质传递；磁力和潮汐力等力是力，所以它们必须通过介质传递。②③

第三节 必然的推论

2.3.1 直言推论

直言推论的形式（E—B—A）与第一式相同，但黑格尔认为第一式的各项通过外在的、偶然的关系相连，而直言推论的中项特殊性不是任意的属性，而是个体性的种或种差，亦即其本质属性，因而这个个体必然具有此特殊性。直言推论中的普遍性也不是任意的，而是特殊性的类，一个种与它的类也是必然相连的。因此，直言推论的前提就都是必然判断了。作为必然判断的前提意味着不需要如质的推论的前提那样通过其他推论的结论证明，从而避免无穷倒退。同时，必然判断的前提因其必然性而是自足的，不需要如反思的推论那样假设其结论。

但直言推论还保有一定的主观性和偶然性。在"哺乳动物是动物，人是哺乳动物，所以人是动物"④这个直言推论中，"动物"谓述"哺乳动物"以及"哺乳动物"谓述"人"都是内在和客观的。但"动物"并不仅仅谓述"哺乳动物"，它还可以谓述"爬行动物"或"两栖动物"；"哺乳动物"也不仅仅被"动物"谓述，

---

① [德]黑格尔：《小逻辑》，贺麟译，商务印书馆1980年版，第369页。

② "声音是波，且声音的传播需要介质；光是波，所以光的传播也需要介质"则是后来光的波动说对"以太"存在的一种推论，牛顿也借助"以太"说明引力的传递。类似的例子还有开普勒认为太阳系的5颗行星对应着5种正多面体、卢瑟福认为原子的结构与太阳系的结构类似等。

③ 周礼全教授认为"黑格尔所主张的由全称推理发展到归纳推理，再发展到类比推理，是不符合认识发展的实际情况的"（周礼全：《黑格尔的辩证逻辑》，中国社会科学出版社1989年版，第157页），这一点批评是正确但不合适的，因为黑格尔在此并不是陈述认识的实然的进展过程，而是反思认识或推论的必然性的来源，揭示从具有较少必然性的推论形式到具有较多必然性的推论形式的应然的发展过程。

④ 这不是黑格尔所举的例子，黑格尔没有为直言推论举一个例子。

它也可以被"脊索动物"谓述。① 可以看出，直言推论的中项既不完全谓述小项，也不完全被大项谓述，即小项和大项还不完全地通过中项联结起来，所以说直言推论的必然性还不充分。

第一式、全称推论和直言推论看似三段论的完善式，但必须注意的是，根据卢卡西维茨的考证，亚里士多德三段论的原本形式并不是一个直言推论，而是一个假言推论。

2.3.2 假言推论

黑格尔用"如果 A 存在，那么 B 就存在，现在 A 存在，所以 B 存在"②的形式表达假言推论。大前提断定的是 A 与 B 的必然联系，而不是 A 或 B 的实存；而且仅仅说 A 和 B 存在，而未说 A 和 B 是什么。所以 A 和 B 都只是直接性的存在。但小前提又断定了 A 的实存，因此 A 的有不是要作为简单的直接性，而是在本质上要作为推论的中项。

A 作为中项，在大前提中作为个体性被作为普遍性的 B 谓述，而在小前提中被一个并未出现的特殊性谓述，B 则在结论中谓述这个特殊性。为了满足形式上的一致，大项或中项竟然要谓述一个并不存在的小项或被其谓述。③ 但假言推论的重点并不在于对某一格三段论的批评和改进，而是要说明在这种推论中，普遍性和个体性建立起了必然联系，普遍性与特殊性、特殊性与个体性之间也都成为同一，从而将在直言推论中还是潜在的必然性显现出来。

A 在大前提中是直接性的，在小前提中是被证明的；B 在前提

---

① 同样，"人"不仅仅被"哺乳动物"谓述，它也可以被"脊索动物"或"灵长目动物"谓述；"哺乳动物"也不仅仅谓述"人"，它也可以谓述"猫"或"狗"。

② 这里的 A 和 B 仅仅代表命题变项，与其文中他位置出现的代表普遍性和特殊性的 A、B 不同。周礼全将这个形式写为"如果 A，那么 B，A，所以 B"，而黑格尔的原文为"Wenn A ist, so ist B, Nun ist A, Also ist B"，周礼全教授忽略了黑格尔论述中的"ist"即"存在"，黑格尔特别强调 A 的存在也就同样是一个他物 B 的存在，并且这里既没有说 A 是什么，也没有说 B 是什么，假言推论加上了"存在"的直接性，小前提自身说出了 A 的直接的存在。（周礼全：《黑格尔的辩证逻辑》，中国社会科学出版社 1989 年版，第 161—162 页）

③ 将"那么 B 就存在"视为"如果 A 存在"的谓项是不可理解的。如果把"A 存在"改写成"A 是存在的"而将"是存在的"作为谓项，则会发现它在大小前提和结论中都出现了。

中是直接性的，在结论中也是被证明的。① 因此 A 和 B 的绝对内容是同一个内容，但 A 的实有和 B 的实有又分别因出现在前提和结论中而分别是证明者和被证明者，这样，证明者和被证明者就是同一的。

2.3.3 选言推论

选言推论的形式（B—A—E）与第三式相同②，"但中项却是用形式充实了的普遍性；它规定自身为总体，为发展了的客观普遍性。中项因此就是普遍，又是特殊和个别。"③ 黑格尔将选言推论的形式具体表述为："A 或是 B、或 C、或 D，但 A 是 B；所以 A 不是 C，也不是 D。"或者"A 或是 B、或 C、或 D，但 A 不是 C，也不是 D；所以它是 B。"这两个表述可以用一阶逻辑分别写成：$(p \vee q \vee r) \wedge p \rightarrow \neg q \wedge \neg r$ 或者 $(p \vee q \vee r) \wedge \neg q \wedge \neg r \rightarrow p$。

但前一个蕴含式并不是重言式，必须设定"A 是 B"与"A 是 C"或"A 是 D"相排斥才能使之为重言式。前一种形式的结论作为后一种形式的小前提则保证了推论的必然性，说明这条判断表示 A 这个普遍性通过排斥的方式与且只与一个个体性相连，暗含了对这个普遍性与其他个体性相连的排斥。

选言推论"把有中介作用的普遍设定为它的特殊性环节的全体，并设定为个别的特殊事物或排他的个体性"④，中项完全包含了大项和小项的规定性，三者完成了同一。推理扬弃了主观概念的主观性而建立了客观性。

选言推论的形式对应着三段论第二格，但这并不意味着第二格具有什么特殊地位。黑格尔认为推理的格与式的顺序在亚里士多德那里都是偶然的，彼此之间没有发展的关系。而在黑格尔的推论理论中，以抽象特殊性为中项的第一式经过诸环节的辩证发展，最终

---

① A 和 B 为何既是直接性的又是被证明的是不清楚的，我们只知道这个结论是黑格尔用来说明 A 和 B 是一回事的。
② 在 1.2.1 中讨论过第三式的形式可以由"E—A—B"变为"B—A—E"。各式的区别在于中项的不同，而非大项和小项的位置。
③ [德] 黑格尔：《逻辑学》下卷，杨一之译，商务印书馆 1976 年版，第 384 页。
④ [德] 黑格尔：《小逻辑》，贺麟译，商务印书馆 1980 年版，第 370 页。

成为以作为总体的普遍性为中项的选言推论，是一个使主观逻辑具有客观性的过程。

总体来说，黑格尔在"追求必然性"的要求下批判并发展亚里士多德三段论。三段论的偶然性体现在该推理系统是一个静止的系统，而黑格尔推论理论则是一个运动的推理系统。推论理论不是像三段论那样直接用来推理的，它不是一套用于演算的工具，而是对理性在"主观性—推论"这一阶段的发展过程的表述。黑格尔不像亚里士多德那样用三段论的规则偶然地排除错误式，在他的推论理论中，一式被否定并非因其错误，而是因为其缺乏必然性；一式也并不被简单地否定，而是被扬弃，被包含在更高阶段之内。黑格尔推论理论是一种包含历史性的逻辑推理理论。

第三章　黑格尔逻辑学的超越意义

第一节　对黑格尔逻辑学的三种态度

黑格尔以"逻辑学"命名自己的哲学理论，并自视其哲学体系为一个逻辑体系。其体系中的"主观概念"部分所研究的对象和材料与形式逻辑是一致的，因此，黑格尔逻辑学看起来是一种建立在批判传统逻辑特别是三段论理论的基础上研究思维发展规律的理论。但后世对黑格尔逻辑学的态度却各不相同，甚至尖锐对立。

3.1.1　辩证逻辑

用"辩证逻辑"来称呼黑格尔逻辑学并不准确，"黑格尔本人并没有应用'辩证逻辑'来称呼他的逻辑体系。他有时把他的逻辑体系叫做'思辨逻辑'，但在更多的时候，他就简称之为'逻辑'"[①]。"辩证逻辑"的叫法最早来源于恩格斯《自然辩证法》——"辩证逻辑和旧的纯粹的形式逻辑相反，不像后者那样只满足于把思维运动的各种形式……毫无联系地并列起来。相反，

[①] 周礼全：《黑格尔的辩证逻辑》，中国社会科学出版社1989年版，第3—4页。

辩证逻辑……从低级形式发展出高级形式。"①

马克思并没有直接提到辩证逻辑，辩证逻辑与辩证法也不是一回事，但他却使用了辩证方法研究资本运动的逻辑。尽管马克思的辩证方法"从根本上来说，不仅和黑格尔的辩证方法不同，而且和它截然相反"②，但他却吸取了辩证法"神秘外壳中的合理内核"③。马克思的辩证法并不直接就是辩证逻辑，但它们的内核却是一致的，都是"批判的和革命的"④，都是在否定的原则下不断发展。

承认辩证逻辑的学者将形式逻辑称为普通逻辑，认为形式逻辑与辩证逻辑的关系是低级和高级的关系，认为形式逻辑仅仅研究思维的形式，而不涉及思维的内容，甚至有人将形式逻辑作为"形而上学"与辩证法对立起来，作为一种为腐朽阶级服务的旧世界观、旧方法论来批判。⑤

3.1.2 唯演绎主义

正如辩证逻辑对形式逻辑的批判一样，唯演绎主义者对辩证逻辑也进行了犀利地批判。他们站在"逻辑就是'必然地得出'"⑥的观点上，将逻辑严格地限定在形式逻辑的范围内。王路教授认为黑格尔想发展逻辑无可厚非，但"他强调'思维'，却忽视了'必然地得出'。……导致黑格尔从良好的愿望出发，最后在逻辑方面一事无成。"⑦ 辩证逻辑对形式逻辑的批判是高级和低级的问题，

---

① 《马克思恩格斯文集》第9卷，人民出版社2009年版，第487页。
② 《马克思恩格斯文集》第5卷，人民出版社2009年版，第22页。
③ 《马克思恩格斯文集》第5卷，人民出版社2009年版，第22页。
④ 《马克思恩格斯文集》第5卷，人民出版社2009年版，第22页。
⑤ 诸葛殷同在为重版的金岳霖主编的《形式逻辑》所写的"补记"中提到，"20世纪30至40年代苏联曾把形式逻辑当作形而上学来批判，并把辩证法当作唯一科学的逻辑。……1949年至1950年间这种思潮也成为中国的主流思想。"（参见金岳霖《形式逻辑》，人民出版社2006年版，第356—357页）
⑥ 王路教授对逻辑持有此种观点，他从亚里士多德的"四谓词理论"和"三段论"分析和论证得出了亚里士多德的逻辑的核心思想是"必然地得出"，并称"从亚里士多德到现代逻辑，始终贯穿了一条基本的精神，这就是'必然地得出'"。（参见王路《逻辑的观念》，商务印书馆2000年版，第19页）
⑦ 王路：《逻辑的观念》，商务印书馆2000年版，第158页。

而唯演绎主义对辩证逻辑的批判却是彻底否定，例如王路教授就论证得出："辩证逻辑不是逻辑。"①

王路教授认为"辩证逻辑所研究的东西与逻辑所研究的东西是完全不同的，辩证逻辑的性质与逻辑的性质也是截然不同的，辩证逻辑的研究方法与逻辑的研究方法也是根本不同的。因此，辩证逻辑不是逻辑。"② 王路教授从亚里士多德和现代逻辑对逻辑的认识出发，论证了辩证逻辑不是逻辑而仅仅是一种思辨哲学。

3.1.3　弗协调逻辑

辩证法或辩证逻辑与形式逻辑在两个方面存在冲突：一是对待"矛盾"的态度；二是对待"形式"的态度。矛盾是辩证运动的源泉，但在形式逻辑里却会因推出任何命题而导致系统不足道；辩证逻辑反对形式逻辑只关注纯形式，但它本身，至少黑格尔逻辑学也是高度形式主义的。针对辩证逻辑和形式逻辑的冲突，人们做了两方面的工作：一是弗协调逻辑研究；二是辩证法的形式化。

弗协调逻辑不仅是辩证逻辑的可能的基础，也是一切弗协调理论的基础。它通过限制矛盾律的作用范围而建立起了一个可以容纳经典逻辑③的系统。卢特列（R. Routley）和梅尔（R. K. Meyer）的《辩证逻辑、经典逻辑和世界的协调性》（"*Dialectical logic, classical logic, and the consistency of the world*"）、马可尼（D. Marconi）的《辩证法的形式化》（*La Formalizazione della Dialettica*）以及科斯塔（N. C. A. da Costa）和沃尔夫（R. G. Wolf）的《辩证逻辑研究Ⅰ——辩证法的对立统一原理》（"*Studies in Paraconsistent Logic I: the Dialectical Principle of the Unity of Opposites*"）等都从弗协调逻辑的角度研究了辩证逻辑。

1980年，科斯塔和沃尔夫在其文章中运用弗协调逻辑构造了辩证命题逻辑系统 DL 和辩证谓词逻辑系统 DL^Q。科斯塔认为弗协调逻辑和辩证逻辑的关系是交叉而非重合，他们的工作旨在"弄

---

① 王路：《逻辑的观念》，商务印书馆2000年版，第184页。
② 王路：《逻辑的观念》，商务印书馆2000年版，第186页。
③ 即一般意义上的形式逻辑，作为非经典逻辑的弗协调逻辑也是形式化的。

清'辩证运动'的'规律性'"①，而在《辩证逻辑研究Ⅰ》一文中则专门研究对立统一规律形式化的可能性。

弗协调逻辑研究对辩证法和辩证逻辑的研究提供了重要的帮助，由于弗协调逻辑并不反对经典逻辑，而它本身也是形式化的，因而有可能成为沟通辩证逻辑和形式逻辑的桥梁。

第二节　黑格尔逻辑学是不是逻辑学

3.2.1　*逻辑就是"必然地推出"*

亚里士多德被公认为逻辑学的创始人，但亚里士多德本人却没有使用过"逻辑"一词。亚里士多德在定义三段论时使用了"必然地从如此确定的论断中推出"的说法，"必然地推出"也确实是演绎推理的根本特征，但从演绎推理的特征并不能"必然地推出"逻辑的特征。从"亚里士多德是被公认为逻辑学创始人"和"亚里士多德认为逻辑就是必然地推出"而得出"逻辑就是必然地推出"是违背"必然地推出"的原则的。

即便逻辑就是"必然地推出"，也不能就此否认黑格尔逻辑学是逻辑。在推论理论中，正是因为第一式的中项是偶然的，才必须过渡到第二式。之后每一环节向下一环节的过渡都是因为存在缺少必然性这一缺陷。可以看出黑格尔逻辑学是要求必然性的。但正如王路教授所问"是不是想发展逻辑就能够发展逻辑"，是不是要求必然性就能够得到必然性？当然不是。但至少可以看出黑格尔对逻辑学的理解包含对"必然地推出"的要求，不能"必然地推出"就不完善，就要发展。

黑格尔为了保证其逻辑学的必然性，就对形式有很高的要求，因此很多地方为了满足形式的完善，不得不引入很多牵强的解释。必须承认，黑格尔逻辑学并不精致，在必然性这个问题上与成熟的形式逻辑不在一个层次上。

3.2.2　*逻辑就是"从已知的真进到未知的真"*

演绎的方法不能提供新知识，不能成为科学研究的有力工

---

① 杨武金：《辩证法的逻辑基础》，商务印书馆2008年版，第79页。

具。① 针对这个问题，培根着手建立"新工具"，也就是归纳的方法，培根认为演绎逻辑只能"帮助着把建筑在流行概念上面的许多错误固定下来并巩固起来。所以它是害多于益"，"三段论……是只就命题迫人同意，而不抓住事物本身"②。三段论的结论确实可以通过前提和推理规则而必然得出，但前提却必须使用别的方法（如归纳法）得到。③

尽管培根要用他的"新工具"代替亚里士多德的"工具论"，但他并没有说归纳法就是逻辑，而穆勒则要求为归纳逻辑④在逻辑中争取合法地位。穆勒是古典归纳逻辑的集大成者，提出了"求因果五法"，并认为"逻辑是关于附属于评估证据的理解的操作活动的科学：既包括从已知的真进到未知的真的过程本身，也包括所有其他理性操作过程，只要它们附属于这个过程。"⑤

穆勒对逻辑的定义与"必然地推出"相对立，归纳逻辑要求从真前提得出真结论，而不在乎推理方法，因而可能一个前提和结论都真的推理却使用了一种错误的推理方法。演绎法则能保证从真前提和正确的推理方法推出真结论。两种理解的冲突在于逻辑研究的是"正确性"还是"真实性"。

3.2.3 逻辑就是"合理性"也就是"现实性"

虽然穆勒的理论以及成熟的古典归纳逻辑和现代归纳逻辑都在黑格尔之后，但针对演绎逻辑不能得出新知识的弊病的批评由来已

---

① 演绎法能否成为科学的有力工具尚有争议，按照培根和穆勒等人的观点，演绎法在科学特别是经验科学中的作用极其有限，但演绎法确实是数学研究的重要方法。

② ［英］培根：《新工具》，许宝骙译，商务印书馆1984年版，第10页。

③ 王路教授通过分析亚里士多德的论述认为，"一个三段论的大前提也可以是另一个三段论的结论，……因此，三段论的前提不仅可以由归纳得到，也可以由三段论得到。具体地说，假定'A，B⊢C（作者将C误作E）'是一个三段论，但是，其中的前提A和B可以分别是'D，E⊢A'和'F，G⊢B'这两个三段论的结论。这就说明，三段论的大前提并非都是通过归纳法得到的。"（参见王路《逻辑的观念》，商务印书馆2000年版，第125—126页）那么D、E、F、G又是如何得到的呢？回答这个问题将陷入无限倒退。

④ 与辩证逻辑一样，归纳逻辑也不被唯演绎主义承认为逻辑，但使用"归纳逻辑"这一叫法并不会引起什么歧义，至少它的外延是清楚的。

⑤ 转引自王路《逻辑的观念》，商务印书馆2000年版，第133页。

久，黑格尔高度赞扬亚里士多德逻辑学，但却指出在亚里士多德的"形而上学、物理学、心理学等等之中，他并没有以三段论式推理，而是以自在自为的概念为思维的对象"①，"亚里士多德并不是依照这些三段论的形式来进行思维的。……如果他是依据这些普通逻辑的形式的话，他的命题、观念就没有一个能够被建立、被断言、被主张"②。

在黑格尔看来，亚里士多德逻辑学发现了思维的形式规律，特别是其三段论的第一格非常完善，能够运用它发现推理中的错误，但却不能用它发现新的知识。黑格尔哲学旨在发现绝对真理，建立起一个大全的体系，当然不能满足亚里士多德逻辑学只能处理词项、判断和推理，他需要把一切事物都纳入逻辑的范围内。亚里士多德逻辑学仅仅考察推理形式，其中所涉及的内容（即实例）都是偶然的；黑格尔逻辑学（包括"逻辑学"、"自然哲学"和"精神哲学"的全部内容）却意欲穷尽一切知识。全体被理性所把握，全体又都在逻辑体系之中，可以说逻辑对于黑格尔来说就是合理性。③ "凡是合乎理性的东西都是现实的，凡是现实的东西都是合乎理性的。"④ 现实的东西与现存的东西相区别，现实性与合理性都是必然性，都是逻辑的。没有一事物既是现实的又是理性所不能把握的，一切事物都是逻辑的对象。

第三节　黑格尔逻辑学的超越意义

3.3.1　本体论、认识论和逻辑学的统一

以三段论推理理论为主要内容的亚里士多德逻辑学，是不考虑本体论和认识论的逻辑学，它所研究的仅仅是推理的有效性问题。而黑格尔并不满足于亚里士多德逻辑学已取得的成就，他需要将全

---

① ［德］黑格尔：《哲学史讲演录》第 2 卷，贺麟、王太庆译，商务印书馆 1960 年版，第 373 页。
② ［德］黑格尔：《哲学史讲演录》第 2 卷，贺麟、王太庆译，商务印书馆 1960 年版，第 379 页。
③ 黑格尔在论述推论时说道："推论是合理的，而且一切事物都是合理的"，"一切事物都是一推论"。（参见［德］黑格尔《小逻辑》，贺麟译，商务印书馆 1980 年版，第 355、356 页）
④ ［德］黑格尔：《小逻辑》，贺麟译，商务印书馆 1980 年版，第 43 页。

部知识都纳入一个具有充分必然性的逻辑体系中来。这就必然要求黑格尔逻辑学不满足于逻辑学的范围，而必须关心哲学的一切领域。

黑格尔逻辑学研究思想客观性，它既是思想的规定性，也是存在的规定性，逻辑学就不再仅仅研究推理的正确性，而是要研究思想的真理性。黑格尔逻辑学涵盖了思想和存在两大范畴，因而是对世界本身发问并给出解释的本体论。"本体论是研究思想所把握的事物的科学，而思想是足以表示事物的本质的。"[①] 黑格尔认为"概念"是本体论的最高范畴，"概念"在否定原则之下分化出自己的对立面而又统一，在这样的过程中不断丰富自己，存在和本质是潜在的概念，概念则是显在的存在和本质，这表明思想是事物的真理。

追问思想客观性问题一方面是本体论问题，另一方面也是考察认识何以可能的认识论问题，黑格尔认为"逻辑的职责也可以说是在于考察思维规定性把握真理的能力的限度"[②]。黑格尔以感性认识对应存在阶段，以知性认识对应本质阶段，以理性认识对应概念阶段。黑格尔认为哲学的工作就是把表象转化为思想，并进一步把单纯的思想转化为丰富的概念。在推论理论中，反思推论的三个环节的发展所表现的对认识来源的追问，尤为明显地表现了黑格尔逻辑学的认识论性质。

3.3.2 黑格尔逻辑学的内涵逻辑

一个公理化的形式逻辑系统是科学、数学和哲学的范式，其核心原则是"必然地推出"。由于形式逻辑的巨大成功及其形式的完美，使得唯演绎主义者将形式逻辑的原则视为一切逻辑或唯一一个逻辑的原则。尽管形式逻辑的原则未必就是逻辑的原则，但不考虑必然性的系统很难被称为逻辑。因此必须说明黑格尔逻辑学如何保证必然性。

公理化的逻辑系统通过数量有限的若干公理推导出更多公式，

---

① ［德］黑格尔：《小逻辑》，贺麟译，商务印书馆1980年版，第37页。
② ［德］黑格尔：《小逻辑》，贺麟译，商务印书馆1980年版，第44页。

这个推导的过程是演绎的，也就是说，在公理或已证明的公式中不包含的变量一定不能出现在被证明的公式中，亦即被证明者不能比证明者更丰富。表面看来，黑格尔逻辑学就不具有这个特征，它从较少的预设出发却意图建立包含全部知识的理论，最终竟能从"纯存在"中推出整个世界。

从外延来看，"纯存在"无论如何也不能是"无"，但黑格尔通过对这两个范畴的内涵分析——"纯存在"是无规定性的东西，因而它也就是"无"——必然地从"纯存在"推出"无"。可以设想，如果"纯存在"与"无"有区别，那么"纯存在"就有规定性，它就不再是"纯存在"了。①

黑格尔一方面承认形式逻辑能使思想明晰、准确，是经验科学的必要工具，另一方面又批评形式逻辑只是空洞的形式，不能得到真正的科学知识。黑格尔时代的自然科学早已成为哲学研究的范式。所以黑格尔需要改造形式逻辑，使逻辑学成为有"真实内容的正确形式"或"有正确形式的真实内容"，也就是真正的知识，在最终意义上就是真理。

3.3.3 黑格尔逻辑学的否定原则

对内涵的分析不能只依赖一个概念或词项，还必须有一个规定分析进行的原则。如果使用肯定的原则，"纯存在"无论如何都还是"纯存在"。"纯存在就是无"的推理正是在否定原则的作用下得到的，否定原则也正是黑格尔逻辑学的核心原则。在推论理论中，每一环节都肯定地建立了推论的一种形式，但由于一种形式可以被理解为存在一种缺陷，因而被否定而进入下一种形式。黑格尔逻辑学"在对现存事物的肯定的理解中同时包含对现存事物的否定的理解，……它是批判的和革命的"②。

对黑格尔逻辑学的一个批评也恰恰在于其否定原则，认为这个

---

① "纯存在"既然是存在，就有规定性；但也正因为是"纯"存在，才消去了其他一切规定性，因而成为"无"。

② 《马克思恩格斯文集》第5卷，人民出版社2009年版，第22页。这段文字是马克思对辩证法的评述，但由于辩证法与黑格尔逻辑学是两个相互交叉的范畴，其核心原则又都是否定原则，所以这里借用这段文字评述黑格尔逻辑学。

逻辑系统包含矛盾，根据"邓·司各脱法则"（p∧¬p→q），一个包含矛盾式的系统能够推出任何命题，因而是不足道的。但黑格尔对矛盾的理解并不像批评者所说的那么简单，并不是一个形如"p∧¬p"的矛盾式。①

黑格尔认为"凡有限的事物都是自相矛盾的，并且由于自相矛盾而自己扬弃自己"②，这是理解黑格尔所说矛盾的关键。"自己扬弃自己"并不是"自己并且并非自己"，因此不应该被写成"p∧¬p"的形式，如果一定要使用符号表达，则可以写成"p→¬p"。

为了扩展对黑格尔所说矛盾的理解，我们可以设计一种在否定原则作用下而进行的运算"H［］"，并建立如下公理化系统：

符号库：

（1）命题符号：p；

（2）运算符号：H［］；

（3）技术性符号：左括号"（"和右括号"）"。

形成规则：

（1）仅由命题符号的单一出现所形成的符号是一个公式；

（2）如果A是公式，那么H［A］是公式；

（3）只有（1）、（2）生成的符号系列才是公式。

定义：

（1）H［p_0］ $=_{def}$ p；

（2）H［p_1］ $=_{def}$ p→¬p；

（3）H［p_n］ $=_{def}$ H［H［p_{n-1}］］。

公理：

H［p_n］→¬H［p_{n+1}］。

这个系统并不是一种新的逻辑语言，而只是对所谓否定原则、

---

① 周礼全教授在《黑格尔的辩证逻辑》中详细讨论了"黑格尔的辩证矛盾"，将黑格尔的对立统一律与亚里士多德的矛盾律及二者对矛盾的理解进行了深入探讨，认为辩证矛盾不是矛盾律所排斥的矛盾，"而且对立统一律还必须遵守矛盾律"。（参见周礼全《黑格尔的辩证逻辑》，中国社会科学出版社1989年版，第177页）

② ［德］黑格尔：《小逻辑》，贺麟译，商务印书馆1980年版，第129页。

对立统一规律和否定之否定规律等的一种形式化的理解。我们可以从这个系统中看出黑格尔逻辑学对世界所作的如下解释：

（1） $p \to \neg p$ 可以表述任一有限事物都潜在地是自己的反面，是对立物的统一体，如果肯定性成为现实性，那么否定性也将成为现实性。

（2） $H[p_2] \equiv H[H[p_1]] \equiv (p \to \neg p) \to \neg (p \to \neg p)$ 可以表述"凡有限的事物都是自相矛盾的，并且由于自相矛盾而自己扬弃自己"。

（3） 公理 $H[p_n] \to \neg H[p_{n+1}]$ 可以表述否定之否定律，即相邻环节的真值相反；该公理可被证明为重言式，与 $\neg(p \wedge \neg p)$ 相容，表明否定之否定规律与矛盾律并不矛盾，二者对矛盾的理解不同。

（4） 形式逻辑对矛盾的理解是 $p \wedge \neg p$，辩证逻辑对矛盾的理解则是 $p \to \neg p$，前者是一种静止的观点，后者则是一种发展的观点。

（5） 如果每一个公式都表述一个事物，那么从运算"$H[\ ]$"的一般形式来看，发展并不是简单地否定，而是包含了被否定事物的扬弃。

（6） 命题符号只有一个，这表示该系统对世界的理解是"一元论"的——没有彼此间无必然联系的两个事物 p 和 q，一切事物都是某一事物或其否定，或其否定之否定——也是"整体论"的。

（7） p 不是"原子命题"或"原子事实"，它本身也是一个形如"$p' \to \neg p$"的命题或事实；不存在"原子命题"或"原子事实"。

……

结　论

起源于亚里士多德的三段论推理理论，历经传统逻辑和现代逻辑两千余年的发展已高度成熟，是人类思想史上最重要的成就之一。但三段论演绎推理方法却无法推出任何新的经验科学知识和哲学理论，这个缺陷长期为以追求真知或真理的哲学所诟病，黑格尔逻辑学就是力图改造这种推理方法以达助到真理的理论。

通过对亚里士多德三段论的定义、格与式以及后世对其发展的论述可以看出，三段论是一种确保思维正确性的方法和规则，违背这种规则就会导致思想混乱。但它仅能在人们对辩论的前提有共识的情况下得出正确结论或发现谬误，而在经验科学中却难有作为。哲学是对理论思维之前提的追问和批判，要求建立关于真理的理论，这个目标是三段论所不能达到的。而黑格尔逻辑学正是发现了三段论在哲学中的局限，辩证地构建了一种有内涵的逻辑学。

黑格尔的"主观概念"理论对传统逻辑的要素一一进行了批判，而其中的"推论"部分则是针对三段论推理的批判。对于几近公认的三段论的必然性，黑格尔却发现了其诸词项间和诸格式间的偶然性，揭示了三段论不能得出新知和真知的原因。黑格尔以否定原则对概念进行推演，力图将整个世界纳入一个逻辑体系之中，使真实的内容与正确的形式相结合，大大扩展了逻辑学对象的范围。同时还将对逻辑的认识发展到了逻辑就是合理性也就是现实性的高度。

总的来说，黑格尔从以下三个方面超越了亚里士多德三段论：

（1）普遍与个体的关系：亚里士多德三段论是一种从普遍性到个体性（或称从一般到个别，或从一般到特殊）的推理，而不能反过来。黑格尔推论理论却能够辩证地处理普遍性、特殊性和个别性之间的关系，认为个体性就是普遍性，普遍性在于个体性之中，二者的统一才使得二者皆有意义。亚里士多德关于"实体"的学说也有类似观点，但却未能体现在其逻辑学之中。黑格尔逻辑学紧紧围绕着普遍性、特殊性和个别性三个范畴展开讨论，最终在三者的统一中实现推论的必然性。

（2）形式和内容的关系：三段论推理是高度抽象的形式化推理，亚里士多德竭力将形式与质料分开。但这种形式推理在获得纯粹性的同时也失去了现实性或真实性，它所获得的"真"仅仅是形式的真，更准确地说仅仅是"正确"。而黑格尔则要求逻辑学（或哲学）应该建立关于真理的认识，不满足于形式的真，而力求完成将正确的形式与真实的内在统一起来的艰难工作。

（3）逻辑与历史的关系：三段论是静态的、绝对的、恒真的推理，它原本从人类的实践和思想的历史演进中建立起来，却在完成自身之后脱离了人类的认识和历史。亚里士多德逻辑学对矛盾的理解是"$p \land \neg p$"，而黑格尔逻辑学对矛盾的理解是"$p \to \neg p$"，前者是一种静止的观点，后者则是一种发展的观点。黑格尔认为，人们必须结合人类的认识过程来考察思维形式的联系、运动、发展和转化的规律，应该以流动范畴建立起科学的体系，以概念展开的方式实现其逻辑进程，这就是黑格尔的著名的关于逻辑应与历史相统一的观点和思想。

亚里士多德逻辑学与其形而上学、物理学和伦理学等是分开的——一方面其逻辑学取得了巨大成功，发现了思维中的必然性；另一方面，如此成功的逻辑学却不能帮助其他的经验科学得出哪怕一条命题。而黑格尔继承了之前哲学和逻辑学的成就，试图调和之前哲学有（一定的）内容却无必然性与逻辑学有（一定的）必然性却无内容的矛盾。有人批评黑格尔逻辑学不是亚里士多德意义上的逻辑学，而是哲学；这批评所说的恰是黑格尔对传统逻辑和传统哲学的超越之处。黑格尔将纯粹逻辑与自然哲学和精神哲学统一在一个体系内，用同一个原则和同一套理论解释一切现象，传统形而上学和唯心主义辩证法在这里达到了顶峰。

但黑格尔的推论理论在逻辑学中难觅一席之地，在辩证法理论中也不属于核心问题，长期以来未能得到认真的对待。对此，本文在最后进行了建立一种可以用来表述黑格尔逻辑学的否定原则或否定之否定规律的公理系统的尝试，该系统以"H［］"运算为核心，能够在一定程度上对黑格尔世界观加以解释，以期通过较之黑格尔晦涩甚至混乱的论述更为明晰的方式表述黑格尔逻辑学的要旨。

黑格尔逻辑学也是唯物辩证法理论的来源。尽管黑格尔逻辑学未能将批判的否定性原则贯彻始终，尽管它对数学、自然科学以至于社会科学的解释有不妥之处，尽管它本身还不够精致，但研究唯物辩证法依然有必要先研究黑格尔逻辑学。黑格尔的哲学理论并未成为真理，但却是我们探求真理过程中不可缺少的一环。

附录二　语义开放的哲学理论[①]

导　言

　　这篇论文由三个部分组成:"解释性部分"是本文的主体,确立了批判对象,介绍了理论来源,给出了证明过程,得到了预期结论;"例证性部分"以哲学史上的著名理论及其所受评价为结论提供佐证;"辩论性部分"对本文已经受到和可能受到的批评进行回应。后两个部分是对"解释性部分"的补充和支持。(这种结构主要是对塔尔斯基《真理的语义学概念和语义学的基础》的模仿;"例证性部分"是本文增加的。)

　　长久以来,"哲学的知识论立场"一直是西方哲学的主流倾向,持有这一立场的哲学家们都致力于建立一门具有"最大普遍性"和作为"全部科学的基础"的哲学。但这一理想迟迟不能实现。孙正聿教授在恩格斯关于"哲学基本问题"与"理论思维的前提"的论断的背景下,提出了将人类思想划分为"构成思想"与"反思思想"两个维度的观点,又基于这种观点系统地批判了"哲学的知识论立场"。但如果能在"知识论立场"的哲学理论内部找到自相矛盾之处,我们就能给予这种立场以更进一步的打击。

　　塔尔斯基为了在形式语言中精确定义"真"这个概念,建立

[①] 本附录收录的文章完成于 2013 年春,原标题为《语义开放的哲学理论——关于"对'哲学的知识论立场'的反驳"的语义学证明》,部分文字有所改动,章、节的编号方式未作改动,原文的"参考文献"与本书的"参考文献"合并在一起,原文所引的马克思主义经典文献均替换为最新版本。

了"语言层次理论"，做出了"对象语言"与"元语言"的划分，证明了只有在二者相分离的"语义开放的语言"中才能得到"实质上适当的并且形式上正确的"对于"真"的定义，也可以避免"说谎者悖论"那样的语义悖论。

"对象语言"与"元语言"的划分同"构成思想"与"反思思想"的划分具有结构上的相似性，据此，本文希望能够将"语言层次理论"引申到一般性的理论问题上。任何理论，要么以另一理论为对象，要么不以其他理论为对象。如果一个理论以另一个理论为对象，那么前者就是后者的"元理论"，后者则是前者的"对象理论"。我们可以用这对概念定义出"语义封闭的理论"与"语义开放的理论"。最后通过提问并回答"知识论立场"的哲学理论是"语义封闭的"还是"语义开放的"来发现这种立场内部的理论困难。

完成对"哲学的知识论立场"的语义学反驳之后，我们就可以宣布在两条"战线"上取得了胜利。在"正面战场"上，一种以"反思"的维度和"表征"的方式思考问题的哲学理论已经成熟；在"敌后"，一种逻辑语义学上的证明也刚刚完成它的辅助性任务。"知识论立场"的哲学即便仍未被彻底击垮，至少也需要在新的哲学视角下谋求合理性的解读。未来进行哲学思考和从事哲学工作的形式将会多种多样，但理论地做哲学的方式恐怕将只能是"语义开放的"了。

历史上很多哲学家都持有这种"知识论立场"，他们的理论都遇到了难以克服的"内部"困难。本文使用"层次理论"的方法试图在某种意义上缓解这些困难。而很多（黑格尔之后的）现代哲学家都主动抛弃了这种立场，在自然科学取得精神上、方法上、思维方式上等诸多方面的"范式"地位的情况下，依然捍卫了哲学古老的尊严。马克思指出"人应该在实践中证明自己思维的真理性"；胡塞尔要求必须在"生活世界"中去寻找科学的基础；维特根斯坦将他的哲学比作爬上之后就要丢掉的"梯子"。哲学不再要求成为全部科学的基础，转而成为反思科学等各种"构成思想"的"反思"维度。

"知识论立场"的哲学的完结不是哲学的终结,相反,真正的工作才刚刚开始,我们将要投入的是"永无止境的前提批判"。

第一章 解释性部分

1. "哲学的知识论立场"

孙正聿教授在《哲学通论》中"以当代世界哲学为背景,……概括出八种主要的哲学观",其中"普遍规律说"是一种通行的哲学观,它认为:"各门科学只是研究世界的各种'特殊领域',并提供关于这些领域的'特殊规律';而哲学则以'整个世界'为对象,并提供关于整个世界的运动与发展的'普遍规律'。"这种哲学观具有"深远的哲学史背景"和"深刻的人类思维的根基"。①

"普遍规律说"是以哲学与科学的关系为参照提出的一种哲学观,"在人类把握世界的各种基本方式当中,哲学与科学的关系既是最密切的,又是最复杂的。从一定的意义上说,如何理解哲学,就是如何理解哲学与科学的关系"②。"作为'理论'的科学和哲学,它们都具有三重基本内涵","就是知识体系、思维方式和价值规范的统一"③,这是"普遍规律说"能够根据普遍性与特殊性的关系去理解哲学与科学的关系的必要条件。"从普遍性与特殊性的关系中区分科学与哲学的'对象',以及在普遍性和特殊性的关系中剥离科学与哲学的'职能',这是对科学与哲学相互关系的最普遍的思考方式。这种思考方式,表现出了长期以来存在的哲学知识论立场。由于这种知识论立场从根本上制约着人们对哲学与科学相互关系的理解,并从而制约着人们对哲学的理解,因此,这里非常有必要对'哲学的知识论立场'作出理论层面的概括与分析。"④

"哲学的知识论立场,就是把哲学视为具有最高的概括性(最

---

① 孙正聿:《哲学通论》,人民出版社2010年版,第32—33页。
② 孙正聿:《哲学通论》,人民出版社2010年版,第99页。
③ 孙正聿:《哲学通论》,人民出版社2010年版,第100—101页。
④ 孙正聿:《哲学通论》,人民出版社2010年版,第108页。

大的普遍性）和最高的解释性（最大的普适性）的知识，并以知识分类表的层次来区分哲学与科学，从而把科学视为关于各种'特殊领域'的'特殊规律'的知识，而把哲学视为关于'整个世界'的'普遍规律'的知识。这样，哲学就成了具有最大的普遍性的科学，就成了全部科学的基础。"①

"哲学的知识论立场"是对古希腊哲学以来的主流哲学观的高度概括。自苏格拉底（Socrates）开始，哲学就走上了知识化的道路，苏格拉底宣称"知识即美德"，柏拉图发现"理念世界"，亚里士多德寻求"最高原因的基本原理"，康德追问"作为科学的形而上学何以可能"，费希特确立"全部知识的基础"，黑格尔提供"一切科学的逻辑"，胡塞尔建立"作为严格科学的哲学"。这些努力，"就其深层实质而言，都是把哲学定位为对'普遍规律'的寻求"②。这种"普遍规律"是能够给予全部"特殊规律"以确定基础的"最高的""终极的"规律。

这种寻求"规律之规律""科学之科学"的理论倾向在各种理论活动尤其是自然科学中非常强烈。"经典力学"把"天上的规律"（天体运行的规律）和"地上的规律"（物体运动的规律）统一为同一个规律；"统一场论"旨在用一种基本相互作用解释其他全部相互作用。哲学要求为各种"特殊规律"提供"普遍规律"亦有其合理性，"人类思维面对千姿百态、千变万化的世界，总是力图在最深刻的层次上把握其内在的统一性，并以这种'统一性'去解释世界上的一切现象，以及关于这些现象的全部知识。……思维的这种追求以理论的形态表现出来，就构成了古往今来的寻求'普遍规律'的'哲学'。"③

"哲学的知识论立场""普遍规律说"的哲学观能否站得住脚？"近代以来的科学的迅猛发展，不断地把哲学'驱逐'出其传统的'世袭领地'，自然、社会和思维都成为科学的研究对象"，"在现

---

① 孙正聿：《哲学通论》，人民出版社2010年版，第108页。
② 孙正聿：《哲学通论》，人民出版社2010年版，第32页。
③ 孙正聿：《哲学通论》，人民出版社2010年版，第33页。

代科学的背景下,哲学所面对的严峻问题是:如果人类有效地解释世界的方式只能是科学,如果人类的现代世界图景只能是科学的世界图景,如果人类改造世界的实践活动只能用科学来指导,那么,人们对世界的种种哲学解释不都是所谓的'理性的狂妄'吗?人们所描绘的种种哲学图景不都是所谓的'语言的误用'吗?这样的哲学不是应当(而且必须)予以所谓的'治疗'甚至'消解'吗?哲学究竟还有什么存在的根据和存在的意义呢?"①

孙正聿教授要求"在对哲学与科学的相互关系的理解中"② 回应这个"严峻问题",并进一步提出了四个最重要的问题(或这个问题的四个方面):

(1) 哲学是不是具有最大的普遍性和最大的普适性的知识?
(2) 哲学与科学的关系是不是特殊性与普遍性的关系?
(3) 哲学的发展方向是不是哲学的科学化?
(4) 能否跳出哲学与科学的二元关系,在更为广阔的视野中去理解二者的关系,并从而重新理解哲学?③

2. 对"立场"的一个反驳

哲学史的事实表明,"在对哲学的通常解释中,……常常离开思维和存在的关系问题去看待哲学对'普遍规律'的寻求,其结果是把哲学理论混同为一般的实证知识。因此,在对哲学的现代理解中,我们需要从哲学的基本问题即'思维和存在的关系问题'出发,重新理解通行的哲学观即'普遍规律说'"④。

恩格斯在"通晓思维的历史和成就的基础上"总结道:"全部哲学,特别是近代哲学的重大的基本问题是思维和存在的关系问题。"⑤ 恩格斯又说:"我们的主观思维和客观世界遵循同一些规律,因而两者的结果最终不能互相矛盾,而必须彼此一致,这个事实绝对地支配着我们的整个理论思维。这个事实是我们理论思维的

---

① 孙正聿:《哲学通论》,人民出版社 2010 年版,第 108—109 页。
② 孙正聿:《哲学通论》,人民出版社 2010 年版,第 112 页。
③ 孙正聿:《哲学通论》,人民出版社 2010 年版,第 112 页。
④ 孙正聿:《哲学通论》,人民出版社 2010 年版,第 33 页。
⑤ 《马克思恩格斯文集》第 4 卷,人民出版社 2009 年版,第 277 页。

不以意识为转移的和无条件的前提。"① 孙正聿教授认为，这两个表面上看似矛盾的论断正是理解哲学与科学关系，进而理解哲学本身的关键所在。既然"思维"和"存在"的同一"是我们理论思维的不以意识为转移的和无条件的前提"，那么为何它们之间的关系还能成为"重大的基本问题"呢？孙正聿教授认为，哲学与科学的区别就在于此。"正是这两个似乎自相矛盾的论断，深刻地揭示了哲学作为人类把握世界的一种基本方式的特殊性质和独特价值：把'不是问题'的思维和存在的关系问题作为自己的'基本问题'，自觉地反思'理论思维的不自觉的和无条件的前提'。这是哲学之为哲学的根本特性，也是哲学之为哲学的根本价值。"② 孙正聿教授在对待"思维和存在的关系"的不同态度上区别哲学与科学，回答了之前提出的四个问题：

（1）哲学是不是具有最大的普遍性和最大的普适性的知识？

"科学与哲学、科学的认知活动与哲学的反思活动，是人类理论思维的两种不同的基本方式，是人类思想的两个不同的基本维度，……作为人类理论思维两种基本方式的科学和哲学，它们的研究对象既要具有内在的一致性，又要具有确定的区别性；……依据马克思主义哲学关于哲学基本问题的论述，……哲学和科学的共同对象就是'思维和存在的关系'：科学致力于在规律的层面上实现'思维和存在'的统一，为人类提供科学的世界图景、思维方式和价值规范，哲学则把'思维和存在的关系'作为'问题'而进行'反思'，从而使作为人类活动及其成果的'科学'成为哲学反思的对象。"③

"按照这种理解，哲学与科学的关系就不是普遍性与特殊性的关系，……就不能把哲学视为具有最大普遍性和最大普适性的'科学'。哲学不是科学的延伸和变形，而是对科学的反思，也就

---

① 《马克思恩格斯文集》第9卷，人民出版社2009年版，第538页。
② 孙正聿：《哲学之为哲学："不是问题"的"基本问题"》，《江海学刊》2011年第4期。
③ 孙正聿：《哲学通论》，人民出版社2010年版，第114—115页。

是对科学的超越。"①

"作为'思想'的哲学，只能是以'知识'的形态出现。但是，问题的实质在于，哲学是人类思想的一种特殊维度，而不是人类关于经验世界的某种特殊知识"②，具有知识的形态不等于就是知识本身，哲学恰恰不是知识，而是有别于以提供知识为己任的科学的另一种思想维度。

（2）哲学与科学的关系是不是特殊性与普遍性的关系？

"哲学和科学是人类理论思维的两种不同方式。它们之间的根本区别，在于它们分别地集中地表现着人类理论思维的两个基本维度，即：科学集中地表现着思维和存在高度统一的维度，哲学则集中地表现着反思思维和存在关系的维度。因此，哲学对科学的关系，从根本上说，既不是普遍性对特殊性的关系，也不是一种特殊性对另一种特殊性的关系，而是以'思维和存在的关系问题'为中介所构成的哲学对科学的反思关系。"③

因此，虽然哲学与科学都是人类把握世界的理论方式，具有共同的"三重基本内涵"，科学在历史上也是从"哲学母体"中脱离出来，但由于理论对象的不同，哲学与科学就是根本不同的。④ 科学不以"思维和存在的关系"为问题，哲学以之为"重大的基本问题"，"这表明，在哲学与科学之间，存在着一条'逻辑的鸿沟'"⑤。

（3）哲学的发展方向是不是哲学的科学化？

哲学与科学之间既不是普遍性与特殊性的关系，也不是一种特

---

① 孙正聿：《哲学通论》，人民出版社2010年版，第115页。
② 孙正聿：《哲学通论》，人民出版社2010年版，第184页。
③ 孙正聿：《哲学通论》，人民出版社2010年版，第112页。
④ 前面提到"哲学和科学的共同对象就是'思维和存在的关系'"，怎么又说二者的理论对象不同呢？二者有共同对象不等于二者的对象是相同的，哲学和科学都关心"思维和存在的关系"，但作为理论对象的"思维和存在的关系"对于哲学和科学却是不同的，对于科学，它是"我们理论思维的不以意识为转移的和无条件的前提"，科学力求"实现'思维和存在'在规律层次上的统一"；对于哲学，它是反思的对象，不是先天成立的前提。简言之，它对于科学"不是问题"，对于哲学则是"重大的基本问题"。
⑤ 孙正聿：《哲学通论》，人民出版社2010年版，第116页。

殊性与另一种特殊性的关系,这意味着哲学既不是关于全部科学的科学,也不是关于某个领域的科学,而应该具有另外一种超越于科学的理论样态。这种"超越"体现在哲学与科学作为人类思想的两个不同维度:"一是构成思想的维度,也就是思维以人的认识活动和实践活动为中介而实现的思维与存在相统一的维度;二是反思思想的维度,也就是思想以自身为中介而实现的把'思维和存在的关系'作为'问题'而予以'反思'的维度。""'构成思想'与'反思思想',是人类思想的两个最基本维度。'反思思想'是人类思想的哲学维度,'构成思想'则是人类全部认识活动的思想维度。……'构成思想'是以'世界'为对象,……'反思思想'则是以'思想'为对象"。①

如果哲学的发展方向是科学化,那么哲学就变成科学而不再是哲学了。人类思想不只有"构成思想"这一个维度,"只有深切地理解和真正地把握哲学的'反思'的特性,才能形成哲学的思维方式,并运用哲学的思维方式去'反思'人类创建的全部科学和人类把握世界的各种方式及其成果"②。

(4) 能否跳出哲学与科学的二元关系,在更为广阔的视野中去理解二者的关系,并从而重新理解哲学?

在孙正聿教授概括的八种哲学观中,"普遍规律说"是典型的在哲学与科学的二元关系中理解二者关系的一种哲学观。此外还有"在反思'普遍规律说'的过程中形成的""认识论说";"作为近代哲学'认识论转向'的合乎逻辑的后果"的"语言分析说";"认为哲学的使命……是寻求人类存在的意义"的"存在意义说";"以中国传统哲学精神为旨趣……致力于弘扬哲学对人生境界的意义"的"精神境界说";"把现代哲学视为对'文化'的批判反思"的"文化批判说";认为"哲学只是'一种'文化样式,而不是其他文化样式的'基础'"的"文化样式说";还有"以'实

---

① 孙正聿:《哲学通论》,人民出版社 2010 年版,第 181—182 页。
② 孙正聿:《哲学通论》,人民出版社 2010 年版,第 184 页。

践'的观点去理解和解释全部的哲学问题"的"实践论说"。① 在这些哲学观中,"存在意义说""精神境界说""文化批判说""文化样式说""实践论说"都是"跳出哲学与科学的二元关系,在更为广阔的视野中去理解二者的关系"的,而这其中,孙正聿教授最重视"实践论说"的哲学观,认为"这种实践论的哲学观,既是哲学发展史上的空前的革命性变革,又为我们合理地理解和解释现代哲学中的各种各样的哲学观,提供了最主要的理论基础"②。

通过孙正聿教授对四个问题的回应,可以看出其对"哲学的知识论立场"的批判态度。对于孙正聿教授对"立场"的反驳,本文试图根据塔尔斯基的"语言层次理论"给出一个语义学证明。

3. 语言层次理论

塔尔斯基于1933年发表了论文《形式语言中的真概念》(*The Concept of Truth in Formalized Languages*),提出了一个一般方法,用以在形式语言系统中构造关于"真"的精确定义。后来又在《科学语义学的创立》(1935)、《逻辑与演绎科学方法论导论》(1936)、《语义性真理概念和语义学的基础》(1944)等论文和著作中探讨了语义悖论产生的原因以及避免的方法,形成了"语言层次理论"。

《形式语言中的真概念》一文"几乎完全致力于一个问题——'真'的定义。它的任务是,针对一个给定的语言,构造一个实质上适当的并且形式上正确的关于词项'真语句'的定义"③。塔尔斯基认为,在日常语言中不仅不可能给出满足上述要求的定义,甚至还会遭遇语义悖论;一个满足要求的定义只能在形式语言中构造。该文有两个基本结论④:(1)对于任何有穷阶形式语

---

① 参见孙正聿《哲学通论》,人民出版社2010年版,第32—55页。
② 孙正聿:《哲学通论》,人民出版社2010年版,第54页。
③ Tarski, *Logic, Semantics, Metamathematics: Papers from 1923 to 1938*, Oxford: Clarendon Press, 1956, p. 152.
④ 塔尔斯基在原文中给出的结论有三条,本文根据需要概括为两条。

言①，词项"真语句"的"实质上适当的并且形式上正确的"定义可以在更高阶的元语言中构造；（2）如果元语言的阶不高于对象语言的阶，这样的定义就不可能被构造；因而也不可能在无穷阶语言中构造这个定义。②

　　1944年，塔尔斯基发表了《语义性真理概念和语义学的基础》，该文是《形式语言中的真概念》的简写本，几乎不包含任何形式语言的符号，"以一种非形式的方式就……过去对于真理概念和语义学基础的更一般问题的研究所获得的主要结果作一概述"③。塔尔斯基认为，如果在一种语言中能够构造"说谎者悖论"这类语义悖论，那么这种语言就至少包含着两种假设④：在这个语言中（I）"不仅包含了这种语言的表达式，也包含了这些表达式的名称，同时还包含了诸如指称这种语言中语句的词项'真的'这样的语义学词项"；（II）"通常的逻辑定律是有效的"。⑤ "由于任何同时满足这两个假设的语言都是不相容的，我们因此至少必须抛弃

---

　　① 塔尔斯基把形式语言分成四类：（1）所有变元属于同一个语义范畴的语言；（2）含有变元的语义范畴的数目大于1但有限的语言；（3）变元属于无限多不同的语义范畴，但这些变元的阶并不超过预先给定的自然数的语言；（4）含有任意高阶变元的语言。前三类统称为有穷阶形式语言，第四类称为无穷阶形式语言。在前者中还可以根据其中出现的变元的最高阶，再划分为第1阶、第2阶……语言。（参见彭漪涟、马钦荣主编《逻辑学大辞典》，上海辞书出版社2010年版，第477、478页，词条"形式语言的分类"）

　　② Tarski, *Logic, Semantics, Metamathematics: Papers from 1923 to 1938*, Oxtord: Clarendon Press, 1956, pp. 265–267.

　　③ ［波兰］塔尔斯基：《语义性真理概念和语义学的基础》，肖阳译，涂纪亮校，载［美］马蒂尼奇编《语言哲学》，牟博、杨音莱、韩林合等译，商务印书馆1998年版，第81页。

　　④ 塔尔斯基在原文中共给出三条假设，其中第三条假设对于原文和本文都不重要。参见［波兰］塔尔斯基《语义性真理概念和语义学的基础》，肖阳译，涂纪亮校，载［美］马蒂尼奇编《语言哲学》，牟博、杨音莱、韩林合等译，商务印书馆1998年版，第91—92页。

　　⑤ ［波兰］塔尔斯基：《语义性真理概念和语义学的基础》，肖阳译，涂纪亮校，载［美］马蒂尼奇编《语言哲学》，牟博、杨音莱、韩林合等译，商务印书馆1998年版，第91页。

两个中的一个。"①

放弃后一个假设的代价远远高于前一个,"因此我们只考虑放弃假设（I）的可能性。相应地,我们决定不使用任何在给定意义下语义学上封闭的语言"②。所谓"语义学上封闭的语言"（简称"语义封闭的语言"）就是具有假设（I）所说的性质的语言,我们的自然语言就是"语义封闭的"。

在分析了悖论产生的原因之后,塔尔斯基又给出了避免悖论的方法:"既然我们已经同意不使用语义学上封闭的语言,我们就不得不使用两种不同的语言来讨论真理的定义问题以及更加广泛地讨论语义学领域内的任何问题。第一种语言是'被谈论'的语言,……第二种是用来'谈论'第一种语言的语言,……我们将把第一种语言称为'对象语言',把第二种语言称为'元语言'。"③ "元语言"与"对象语言"合一的语言是"语义封闭的",分离的就是"语义开放的"。

塔尔斯基利用语义开放的有穷阶形式语言给出了词项"真语句"的精确定义,确立了逻辑语义学,为使用一种人工语言作为各门科学的语言工具的工作提供了重要基础。

罗素1901年发现了"罗素悖论"④,1903年提出了解决问题的

---

① ［波兰］塔尔斯基:《语义性真理概念和语义学的基础》,肖阳译,涂纪亮校,载［美］马蒂尼奇编《语言哲学》,牟博、杨音莱、韩林合等译,商务印书馆1998年版,第92页。

② ［波兰］塔尔斯基:《语义性真理概念和语义学的基础》,肖阳译,涂纪亮校,载［美］马蒂尼奇编《语言哲学》,牟博、杨音莱、韩林合等译,商务印书馆1998年版,第92页。

③ ［波兰］塔尔斯基:《语义性真理概念和语义学的基础》,肖阳译,涂纪亮校,载［美］马蒂尼奇编《语言哲学》,牟博、杨音莱、韩林合等译,商务印书馆1998年版,第93页。"应当注意,'对象语言'和'元语言'些词项只具有相对的意义。"

④ 又称"集合悖论",一切集合也可被分为"与自身相等同"和"与自身不相等同"两大类。悖论就出在"一切与自身不相等同的集合组成的集合"这一概念。试问:这一集合与自身相等同,还是不与自身相等同呢？如果它是与自身相等同的集合,就是说,它与组成自身的集合相等同,也就是"与自身不相等同的集合";如果它是与自身不相等同的集合,那么根据"一切集合不是与自身不相等同的集合,就是与自身相等同的集合"这一逻辑区分标准,它就是与自身相等同的集合。这一矛盾具有"如果A是A,则A是非A;如果A是非A,则A是A"的形式,因而是一悖论。（参见赵敦华《现代西方哲学新编》,北京大学出版社2010年版,第76页）

设想，1906年之后正式提出了解决方案——"类型论"①。罗素指出，"一切悖论都来源于自我指示的恶性循环，即：用已经蕴含着整体规定性的个体定义反过来规定整体。"② "罗素悖论"与"说谎者悖论""理发师悖论"这些类似的语义悖论，都可以用"类型论"来避免。③ "按照这一理论，一个谓词只有用来表述较低级对象才是有效的，如果用来表述自身（或同一级对象）和较高级对象，则是无效的，就会产生悖论和无意义的表述。"④

哥德尔（Kurt Gödel）1931年发表了《论〈数学原理〉及相关系统中的形式上不可判定命题I》（"über Formal Unentscheidbare Sätze der Principia Mathematica und Verwandter Systeme I"），证明了：一个包含初等数论的形式系统如果是一致的，则必存在着一个闭公式A，A和它的否定都不是系统的定理（哥德尔第一不完备性定理）。这个定理有一个推论：如果一个包含初等数论的形式系统是一致的，那么其一致性在系统内部是不可证明的（哥德尔第二不完备性定理）。之后图灵（Alan Turing）又证明了，即使把不可判定的命题作为公理引入到系统中，依然可以构造新的不可判定的命题。他们的工作表明，在足够"丰富"的形式系统中，存在不可证明（判定）但在直观上又为真的命题。虽然塔尔斯基的论文发表于1933年，但在哥德尔的论文发表之前，前者就已经由卢卡西维茨于1931年3月21日在华沙科学协会代为宣读。塔尔斯基认

---

① 罗素设定，一切逻辑函项都可还原为直谓式，即由一个谓词和较低级的变元所组成的函项式。我们于是得到这样的类型序列：

0级类型：个体 a, b, c……，它们是变元 x 的值。

1级类型：1级谓词 f 和0级变元构成 fx。

2级类型：2级谓词 F 和较低级变元构成 Fx 和 $F(fx)$。

3级类型：3级谓词 Φ 和较低级变元构成 Φx、$\Phi(fx)$ 和 $\Phi[F(fx)]$。

一般来说，$n+1$ 级类型由 $n+1$ 级谓词和 n 级以及 n 级以下变元构成。（参见赵敦华《现代西方哲学新编》，北京大学出版社2010年版，第69页）

② 赵敦华：《现代西方哲学新编》，北京大学出版社2010年版，第69页。

③ 准确地说，"类型论"只能用于解决集合论中的悖论。如果将"说谎者悖论""理发师悖论"用集合论工具改写，那么可以认为"类型论"能够解决这些悖论；或者将"类型论"扩展到集合论之外，就可以认为它能够解决语义悖论。

④ 赵敦华：《现代西方哲学新编》，北京大学出版社2010年版，第69页。

为，他的"真理论"可以"直接地导致哥德尔定理"，"在从真理论导出哥德尔定理的过程中，最根本的地方是利用了这样一个事实，那就是在一种与对象语言只是同样'丰富'的元语言中是不能够给出真理的定义的"①。

塔尔斯基的"语言层次理论"、罗素的"类型论"和哥德尔的"不完备性定理"都表达了相同的关于语言、逻辑或算术系统的"层次性"问题。本文将通过引申"语言层次理论"来给予"哲学的知识论立场"以语义学反证。

4."对象理论"与"元理论"

物理学是以物理现象为对象的理论，物理学的命题中包含指称物理量和物理行为的词项，如"力""质量""能量""做功"等，但不包含"物理学""真""假""一致性"等词项；数学命题包含"1""素数""圆""相加"等词项，但不包含"数学""真""一致性""完备性"等。但在物理哲学（元物理学）或数学哲学（元数学）中，则既包含"质量"或"素数"这样的词项，也包含"真""假""一致性"这样的词项。数学哲学以数学为对象，讨论数学的"一致"或"不一致"，讨论其中各命题的"真"与"假"。本文把数学哲学称为数学的"元理论"，而数学则是数学哲学的"对象理论"。一般地，如果理论 A 以理论 B 为对象，则 A 是 B 的"元理论"，B 是 A 的"对象理论"。

正如"'对象语言'和'元语言'这些词项只具有相对的意义"②，"对象理论"与"元理论"也只具有相对的意义，不能说某一理论是"对象理论"或"元理论"，只能说两个理论处于"对象理论—元理论"的关系中，比如 A 是 B 的"元理论"，B 是 A 的"对象理论"，而不能说"A 是元理论"或"B 是对象理论"。作为

---

① ［波兰］塔尔斯基：《语义性真理概念和语义学的基础》，肖阳译，涂纪亮校，载［美］马蒂尼奇编《语言哲学》，牟博、杨音莱、韩林合等译，商务印书馆1998年版，第122页。塔尔斯基仅仅认为从"真理论"可以推导出"哥德尔定理"，但绝不意味着哥德尔一定借鉴了塔尔斯基的理论。

② ［波兰］塔尔斯基：《语义性真理概念和语义学的基础》，肖阳译，涂纪亮校，载［美］马蒂尼奇编《语言哲学》，牟博、杨音莱、韩林合等译，商务印书馆1998年版，第93页。

某一理论之"元理论"的理论,也可能是另一理论的"对象理论";反过来,一个理论的"对象理论"也可能成为其他理论的"元理论"。

又如"元语言"较比"对象语言"具有"实质的丰富性"[1],"元理论"也要比"对象理论""实质地更丰富"[2]。在"语言层次理论"中,"元语言"对于"对象语言"具有"实质的丰富性"在"以类型的逻辑理论为基础的语言"中的条件为,"前者比后者包含了更高逻辑类型的变量"。"元语言"在其非逻辑部分通常也比"对象语言"更丰富。[3] "对于在元语言中获得一个满意的真理定义的可能性,'实质的丰富性'条件是必不可少的。"[4] 为了能够在"元理论"中讨论"对象理论"的"真""一致性""有效性""意义"等,就必须要求二者在功能上和结构上都有区别。

在功能上,"元理论"是用来讨论"对象理论"的,因此,任何"元理论"的对象都必须只能是理论,而不能是非理论的对象;而对"对象理论"的对象没有要求。在结构上,"元理论"包含其"对象理论"中的全部命题、这些命题的名字、用于谓述这些名字的谓词、必要的逻辑连接词。

一个理论能够成为另一理论的"元理论"应该满足一定的条件,它必须足够"丰富"以至于有能力讨论"对象理论"并形成关于"对象理论"的语义命题,但一个理论需要"丰富"到何种程度才足以成为"元理论",似乎还是一个悬而未决的问题。另

---

[1] [波兰]塔尔斯基:《语义性真理概念和语义学的基础》,肖阳译,涂纪亮校,载[美]马蒂尼奇编《语言哲学》,牟博、杨音莱、韩林合等译,商务印书馆1998年版,第95页。

[2] [波兰]塔尔斯基:《语义性真理概念和语义学的基础》,肖阳译,涂纪亮校,载[美]马蒂尼奇编《语言哲学》,牟博、杨音莱、韩林合等译,商务印书馆1998年版,第95页。

[3] [波兰]塔尔斯基:《语义性真理概念和语义学的基础》,肖阳译,涂纪亮校,载[美]马蒂尼奇编《语言哲学》,牟博、杨音莱、韩林合等译,商务印书馆1998年版,第95页。

[4] [波兰]塔尔斯基:《语义性真理概念和语义学的基础》,肖阳译,涂纪亮校,载[美]马蒂尼奇编《语言哲学》,牟博、杨音莱、韩林合等译,商务印书馆1998年版,第93页。

外，关于"对象理论"与"元理论"的划分和讨论绝不是什么新鲜的东西，只是出于论辩的需要而对"语言层次理论"做出微小的引申。

5. "元科学信念"

"自最初的开端起，哲学便要求成为严格的科学，而且是这样的一门科学，它可以满足最高的理论需求，并且在伦理—宗教方面可以使一种受纯粹理性规范支配的生活成为可能。"① "哲学的历史目的在于成为所有科学中最高的和最严格的科学，它代表了人类对纯粹而绝对的认识之不懈追求（以及与此不可分割的是对纯粹而绝对的评价之意愿的不懈追求）"②。"哲学本质上是一门关于真正开端、关于起源、关于万物之本的科学。"③

胡塞尔在《哲学作为严格的科学》一文中所表达的这种对哲学成为"所有科学中最高的和最严格的科学"的信念，在本文中被称为"元科学信念"。"元科学信念"是这样一种信念，持有这种信念的人相信，存在一门科学是全部科学的科学，也就是存在一门"元科学"。"元科学信念"是西方哲学的主流倾向，"对于整个西方哲学来讲，哲学都一直试图成为科学。……成为科学是整个西方传统哲学的目标"④。但哲学并不要求成为数学或物理学那样的科学，而是"成为所有科学中最高的和最严格的科学"，"一门本质科学或观念科学，这门科学对其他具体科学具有'奠基'作用，即用一个'系统完善的理论统一'为经验的、事实的科学提供最终的依据"⑤。

数学的"一致性""完备性""有效性"等问题要在元数学中

---

① ［德］胡塞尔：《哲学作为严格的科学》，倪梁康译，商务印书馆2010年版，第2页。
② ［德］胡塞尔：《哲学作为严格的科学》，倪梁康译，商务印书馆2010年版，第3页。
③ ［德］胡塞尔：《哲学作为严格的科学》，倪梁康译，商务印书馆2010年版，第68页。
④ 王庆丰：《哲学：成为科学抑或不是科学——对哲学与科学关系的哲学史反思》，《贵州社会科学》2012年第8期。
⑤ 李朝东：《现象学与科学基础之奠基》，《社会科学》2006年第4期。

讨论，如果继续追问元数学的"一致性""完备性""有效性"等问题，就需要在元数学的元理论中讨论；数学和物理学、化学等科学的属性可以在"科学哲学"中讨论。我们很自然就会追问，全部理论的"一致性""完备性""有效性"等问题要在哪里讨论？我们把全部理论的元理论称为"元科学"。如果这门科学存在，那么它就是两千多年以来哲学家们苦苦寻觅的"最高原因的基本原理""全部知识的基础"和"一切科学的逻辑"，它为任何理论提供坚实稳固的基础，它讨论任何理论的价值和意义。"元科学"如同理论领域的"永动机"，一旦被发现或建立起来，就能够一劳永逸地解决理论问题，或者至少为之后任何具体理论的建立提供确定的基础。

可以看出，"元科学"提供的是"具有最高的概括性（最大的普遍性）和最高的解释性（最大的普适性）的知识"，"哲学就成了具有最大的普遍性的科学，就成了全部科学的基础"。这样一种将哲学理解为"全部知识的基础""一切科学的逻辑""全部科学的科学"用本文的概念准确地说"全部理论的元理论"的观点，就是孙正聿教授所说的"普遍规律说"的哲学观或"哲学的知识论立场"；而相信存在这样的哲学即所谓"元科学"的信念，则被称为"元科学信念"。本文对孙正聿教授对"哲学的知识论立场"的反驳的语义学证明，就是对"元科学信念"的语义学反证。

6. "语义封闭的理论"与"语义开放的理论"

塔尔斯基证明了一种语言若是语义封闭的，它就是不一致的，即能够在其中构造出语义悖论，如"说谎者悖论"。所谓语义封闭的语言，就是"对象语言"与"元语言"合一①的语言，即一种语言既包含它本身的语句，也包含这些句子的名称，以及用来谓述这些名字的谓词。在语义封闭的语言中可以这样构造语义悖论：

令句子"S是假的"的名称为S，这个句子本身是关于对象S的句子。如果S是真的，则"S是假的"是假的，但"S

---

① 这里所谓的"合一"，用逻辑语义学的术语表示，即"阶相同"。

是假的"就是 S，于是得到如果 S 是真的，那么 S 是假的；如果 S 是假的，则"S 是假的"是真的，于是得到如果 S 是假的，那么 S 是真的。合取两个命题得到 S 是真的当且仅当 S 是假的，这是一个悖论。

消除这个悖论的一种办法就是禁止一个句子的名称出现在这个句子中，即不使用语义封闭的语言。（令个体词"S"和谓词"是真的""是假的"是语言 L 的元语言 M 中的词项，但在 L 中不能出现这些词项。）

理论作为语言的子类，也具有相同的性质。一个理论如果是"对象理论"和"元理论"相分离的，那么它就是"语义开放的理论"，否则就是"语义封闭的理论"。所谓"分离"就是"对象理论"和"元理论"职能的分离，即该理论只讨论其理论对象，而不讨论它本身。比如物理学只讨论物理现象，而物理学本身的一致性、有效性等问题并不是物理学的课题，而是属于元物理学、物理学哲学或科学哲学的讨论范围，那么就可以认为物理学是语义开放的理论。按照惯例，关于一个科学（也包括其他成系统的文化形式）X 的意义（即一致性、完备性、有效性、价值等问题）的理论就被称作"X 哲学"或"元 X"，如数学哲学（元数学）、艺术哲学、道德哲学、政治哲学云云，这些科学和它们的元理论都构成了健康的语义开放的理论系列。但哲学的情况就不一样了，我们没有一门科学叫作"哲学哲学"，虽然较比部门哲学我们拥有一门关于哲学本身的"元哲学"，即"哲学的哲学""哲学哲学"，但它依然是哲学，而不若数学哲学已经不是数学了。关于其他理论的哲学与关于哲学本身的理论是合一的，也就是说，哲学是一个语义封闭的理论。

既然在语义封闭的语言中可以构造悖论，而且理论是语言的一个子类，那么在语义封闭的理论中应该也可以构造悖论。简单地，"说谎者悖论"就可以作为这样一个悖论在语义封闭的理论中构造出来。复杂地，我们可以在语义封闭的理论 T 中构造一个命题"T 是不可证明的"：如果这个命题是假的，即 T 是可证明的，则 T 中的命题都可证明为真,"T 是不可证明的"这个命题是真的,即 T 是不可证明的;如果 T 是不可证明的,那么"T 是不可证明的"这个命题是真的。也就是说,理论 T 中存在一个是真的但不可证明的命题,即理论 T 是不完备的,它没有能力讨论自己的意义。[①]我们并不禁止语义封闭的理论,只是在这样的理论中我们能够构造悖论,在下一节中我们就会发现,这样的理论在充当"全部理论的元理论"时会遇到困难。

7. 对"信念"的语义学反证

本文提供对于"元科学信念"的两种语义学反证,一个是基于对塔尔斯基《形式语言中的真概念》结论的引申,一个是揭示"元科学"这个概念本身的矛盾。

证明(Ⅰ):塔尔斯基已经证明,如果元语言的阶不高于对象语言的阶,就不能在其中定义"真"这个概念;由于"无穷+1"还是"无穷",所以无穷阶语言的元语言的阶也不比对象语言的阶更高,因而也不可能在无穷阶语言中构造"真"的定义。

由于理论是语言的一个子类,所以如果元理论的阶不高于对象理论的阶,就不能在其中定义"真"这个概念;在无穷阶理论中也不能构造"真"的定义。

给出任意理论,都能构造关于它的元理论,所以理论的数量和阶数都是无穷的。元科学是"全部理论的元理论",是"无穷阶理论"在其中不能构造"真"的定义。"真""假"是科学的基本词项,不能给出关于它们的"实质上适当的并且形式上正确的"定义,就不能形成科学,因而"元科学"不是科学。(证毕)

证明(Ⅱ):假设存在所谓的元科学(在本证明中简写为 M)——全部理论的元理论,那么在语义学上,它要么是语义封闭的理论,要么是语义开放的理论。现在我们分别假设"元科学"是语义封闭的或语义开放的:

假设(1):元科学是语义封闭的

因为 M 是全部理论的元理论,所以 M 容纳任何真命题;因为

[①] 这个说明,来自哥德尔对算术系统不完备性的说明。

M 是语义封闭的,所以 M 可以包含如下命题 P：M 是不可证明的。

如果 P 是假的,那么 M 是可证明的,即 M 的任何命题都是可证明的,即 P 是可证明的,即 M 是不可证明的；如果 P 是真的,那么 M 是不可证明的。

P 是真的,但不可证明。① 说明 M 没有能力给予它所包含的每个真命题以证明,这些命题的证明要在更高阶次的理论中进行,即 M 不是全部理论的元理论。

假设（2）：元科学是语义开放的

因为 M 是语义开放的,所以它不是自己的元理论,即 M 不是全部理论的元理论。（证毕）

可见,"元科学"在语义上是自相矛盾的。这说明"元科学",即"全部科学的科学""全部理论的元理论"这种臆想的东西不仅在历史上不曾被发现或发明（即不具有现实性）,在理论上也不具有可能性。"元科学信念"寄托了人类对一劳永逸地解决理论问题的美好愿望,正如对"永动机"的信念寄托了对一劳永逸地解决能源问题的美好愿望；但也正如热力学第一、第二定律理论地证明了任何形式的"永动机"都不可能,一种从逻辑语义学引申而来的关于"理论"的语义学也证明了任何形式的"元科学"也都是不可能的。

孙正聿教授在人类思想的"维度"上发现了理论思维的层次性,发现了"哲学作为人类思想的反思维度,或者说,哲学作为'反思思想'的思想,它本身也是'构成思想'的一种方式"②,并且"作为'思想'的哲学,只能是以'知识'的形态出现"③,那么哲学不就成了既讨论科学又讨论它自己的"语义封闭的理论"了吗？这不就是"元科学信念"或"知识论立场"的哲学吗？孙

---

① 可以证明,一个理论中全部可能的可证明命题有自然数个,这些命题的元命题有实数个,如果某个理论是其他理论的元理论,那么它至少包含一个不可证明的命题。这里说的"证明"是指从有穷个的前提出发,按照有穷个推理规则,经有穷步得出结论的过程。本文略去该证明的具体过程。

② 孙正聿：《哲学通论》,人民出版社 2010 年版,第 182 页。

③ 孙正聿：《哲学通论》,人民出版社 2010 年版,第 184 页。

正聿教授认为,"哲学,它作为人类思想的'反思'的维度,深深地植根于人类的存在方式——实践本性——之中"①,这说明,某一具体理论的理论意义可以在它的元理论中讨论,它的元理论又可以在更高的元理论中讨论,但并不存在一个理论,可以讨论全部理论的理论意义。这并不意味着我们对所谓全部理论或理论一般的意义无可作为,而是要在更高的地方,超越于全部理论或理论一般的地方,即实践之中去把握理论的意义。(说"把握",而不说"讨论""确证""证明"等。)

"直接的物质的生活资料的生产,从而一个民族或一个时代的一定的经济发展阶段,便构成基础,人们的国家设施、法的观点、艺术以至宗教观念,就是从这个基础上发展起来的,因而,也必须由这个基础来解释,而不是像过去那样做得相反。"② 持有"元科学信念"的人相信,人们可以一劳永逸地解决知识问题,通过一门最为严格的、普遍的科学为全部科学奠基,但作为基础的东西要比非基础的东西更复杂。③ 理论的意义要在更复杂的元理论中讨论,全部理论的意义只能在更复杂的实践中把握。

8. 语义开放的哲学理论

对"元科学信念"的语义学反驳只是证明了一门关于全部科学的科学是不可能的,而并非证明了哲学是不可能的或无意义的。哲学依然可以作为一类语义开放的理论而存在,在不断地反思中增加人类思维的深度。这类语义开放的理论也可以被理解为一类活动,即"哲思",但一种欲成为"全部科学的科学""严格的科学"的哲学无论如何也是不可能的了。"元科学信念"的坍塌标志着人类理论思维的界限,但也仅仅标志着人类理论思维的界限。许多哲学家都意识到了这一点而不再致力于作为严格科学的哲学的建立了。

马克思早在《〈黑格尔法哲学批判〉导言》的写作中就已经认

---

① 孙正聿:《哲学通论》,人民出版社2010年版,第183页。
② 《马克思恩格斯文集》第3卷,人民出版社2009年版,第601页。
③ 这就是从一阶逻辑推不出算术的原因。(参见本附录第13节。)

识到,"批判的武器当然不能代替武器的批判",理论的能力终究是有限的,"物质力量只能用物质力量来摧毁",理论也需要"掌握群众",才能"变成物质力量"。① 人类解放的事业不可能仅仅通过单纯的理论工作就能完成,离开生产实践和革命实践是不可能实现人类解放的。恩格斯则在《路德维希·费尔巴哈和德国古典哲学的终结》中指出:"对……一切哲学上的怪论的最令人信服的驳斥是实践,即实验和工业。既然我们自己能够制造出某一自然过程,按照它的条件把它生产出来,并使它为我们的目的服务,从而证明我们对这一过程的理解是正确的,那么康德的不可捉摸的'自在之物'就完结了。"② 最高的理论问题——哲学问题——无法在理论内部彻底解决,最终还要在理论的更复杂的基础——实践——中去解决。

维特根斯坦在《逻辑哲学论》中反对言说无意义的哲学命题,原因在于他认识到了语言(理论)的界限。在这本书中他认为,语言只有一种合法的使用方式,即词与对象一一对应,句子与事实一一对应,句子作为事实的逻辑图像而被使用。虽然在《哲学研究》和其他后期作品中,维特根斯坦认识到在命题之外语言还有无穷多种可能的用法,但他关于语言在理论思维上的使用方式的观点并没有变,哲学不能像科学那样言说对象,只是一种划分"可说"与"不可说"(即理论活动与非理论活动)之界限的反思活动。③ 维特根斯坦对哲学的态度和他进行哲学活动的方式可以用《逻辑哲学论》中的"命题6.54"表示:"我的命题应当是以如下方式来起阐明作用的:任何理解我的人,当他用这些命题为梯级而超越了它们时,就会终于认识到它们是无意义的。(可以说,在登

---

① 《马克思恩格斯文集》第1卷,人民出版社2009年版,第11页。
② 《马克思恩格斯文集》第4卷,人民出版社2009年版,第279页。
③ 《逻辑哲学论》命题6.53:"哲学中正确的方法是:除了可说的东西,即自然科学的命题——也就是与哲学无关的某种东西之外,就不再说什么,而且一旦有人想说某种形而上学的东西时,立刻就向他指明。他没有给他的命题中的某些记号以指谓。虽然有人会不满意这种方法——他不觉得我们是在教他哲学——但是这却是唯一严格正确的方法。"(参见[奥地利]维特根斯坦《逻辑哲学论》,贺绍甲译,商务印书馆1996年版,第104—105页。)

上高处之后他必须把梯子扔掉。)他必须超越这些命题,然后他就会正确看待世界。"①

孙正聿教授的"理论思维的前提批判"理论为哲学的理论研究指明了方向。理论地做哲学是进行哲学活动的一种方式,在物质生产、科学研究、道德实践、艺术创作等各种实践活动中,都可以进行哲学思考,但如果我们一定要理论地做哲学,而又不能"把哲学视为具有最高的概括性(最大的普遍性)和最高的解释性(最大的普适性)的知识"的话,那么"理论思维的前提批判"就是哲学的绝佳出路。"哲学,它是'对假设的质疑'、'向前提的挑战',因而它是永无止境的反思。……哲学是思想的自我反思的维度,是思想的自我批判的维度。哲学所进行的思想的自我反思和自我批判,是指向思想的'前提'的反思与批判,是追究'理论思维的不自觉的和无条件的前提'的反思与批判,因而它探索各种知识的根据,反思历史进步的标准,追问生活信念的前提,审讯评价真善美的尺度,防止信仰变成教条、想象变得呆滞、智慧陷入贫乏、社会陷入僵化。哲学对'前提'的反思与批判是无穷无尽的。"②

本文在逻辑语义学的背景下得出了哲学必须是"语义开放的"的结论,而孙正聿教授则通过对哲学的本性的分析得出了哲学是开放性的思想的结论。

孙正聿教授认为"哲学思想的开放性""首先是由哲学思维的反思性质所决定的","又是由哲学理论的理想性决定的","与哲学自身的特性和功能密切相关的","更深层地源于哲学自身发展的逻辑——哲学的自我追问、自我批判和自我超越","在哲学家关于'什么是哲学'的追问中,历史地构成了各种'类型'的哲学;历史上的每一种'类型'的哲学,又在新的哲学自我追问中,遭到无情的批判,从而实现了哲学思想的历史性的自我超越。这就

---

① [奥地利]维特根斯坦:《逻辑哲学论》,贺绍甲译,商务印书馆1996年版,第105页。

② 孙正聿:《哲学通论》,人民出版社2010年版,第580—581页。

是哲学思想的无限的开放性"。①

总之,一方面,哲学不能只讨论对象理论而不关切自身的意义;另一方面,哲学也不可能在一个完备的理论中一劳永逸地解决全部理论问题。对于第一方面,哲学不能只是一个孤立的、未完成的、语义开放的理论;对于第二方面,哲学也不能是语义封闭的"元科学"。哲学只能作为一个语义开放的理论系列而存在,在不断地反思与超越中找寻人类存在的终极意义。

9. "哲学基本问题"

哲学是不是在回答了其基本问题——"思维和存在的关系问题"——之后就完成了它的使命而"终结"了呢?如果是,那么恩格斯不是已经在提出这个问题的地方回答了它吗?我们现在又有什么必要继续从事哲学工作?如果不是,那么哲学在回答了其基本问题之后还能做什么?或者所谓"哲学基本问题"是否只是"西方近代哲学的基本问题"?

按照孙正聿教授关于"构成思想"与"反思思想"的理论,"哲学作为人类思想的反思维度,或者说,哲学作为'反思思想'的思想,它本身也是'构成思想'的一种方式"②。哲学作为"反思思想"的思想,在形成关于其他思想成果的哲学理论之后,也成了"构成思想"的思想,就立即成为新的哲学的反思对象。哲学不是一个完成了的或能够完成的思想体系,而是人类思想的反思维度。

按照本文关于"对象理论"和"元理论"的设想,哲学作为关于科学等理论的"元理论",只能以"语义开放的理论系列"的形式存在,这意味着每一个哲学理论都不是自足的,不能自证合法性,它的意义还要在更高的哲学理论中讨论。最重要的是,理论作为人类把握世界的一种方式,是不能既自足又无矛盾的,其意义最终还要在实践中把握。

因此,对"思维和存在的关系问题"的追问不可能得到一个

---

① 参见孙正聿《哲学通论》,人民出版社 2010 年版,第 546—549 页。
② 孙正聿:《哲学通论》,人民出版社 2010 年版,第 182 页。

"一劳永逸"的答案，虽然恩格斯对这个问题做出了"唯物主义"和"可知论"的回答，但恩格斯的答案并不是通过逻辑推演得到的，他指出："对……一切哲学上的怪论的最令人信服的驳斥是实践，即实验和工业。既然我们自己能够制造出某一自然过程，按照它的条件把它生产出来，并使它为我们的目的服务，从而证明我们对这一过程的理解是正确的，那么康德的不可捉摸的'自在之物'就完结了。"① 既然实践的历史和成就是恩格斯哲学理论的来源和基础，那么他也一定同意哲学的结论要随着实践的发展而发展。这并不是说未来在实验或工业上取得了某些成果之后，一定会导致唯物主义和可知论"完结"，而是说对现有哲学观点的理解要随着实践的发展而发展，不断丰富、不断深入、不断超越。

"哲学基本问题"在历史上有不同的表现形式，在远古时代是"灵魂对外部世界的关系"问题，对中世纪经院哲学而言是"什么是本原的，是精神，还是自然界"的问题，对教会来说是"世界是神创造的呢，还是从来就有的"的问题，"但是，这个问题，只是在欧洲人从基督教中世纪的长期冬眠中觉醒以后，才被十分清楚地提了出来，才获得了它的完全的意义"。② 恩格斯注意到了"哲学基本问题"不是永恒不变的，而是在历史中逐步"获得了它的完全的意义"，但"必须说明的是，思维和存在的关系问题在近代哲学中所获得的'完全的意义'，是与近代哲学的'认识论转向'相对应的。也就是说，近代哲学所实现的哲学基本问题的'完全的意义'，主要是在'认识论'的意义上实现的。现在哲学所实现的'实践转向'、'语言转向'和'生存论转向'，则在现代的水平上深化了哲学基本问题，使'思维和存在的关系问题'获得了更为丰富和深刻的理论内涵"③。

一方面，"思维和存在的关系问题"在历史上的表现方式的演进是随着人类实践的进展而发生的，"灵魂与外部世界""精神与

---

① 《马克思恩格斯文集》第 4 卷，人民出版社 2009 年版，第 279 页。
② 《马克思恩格斯文集》第 4 卷，人民出版社 2009 年版，第 277—278 页。
③ 孙正聿：《哲学通论》，人民出版社 2010 年版，第 174—175 页。

自然界""思维与存在"是哲学在不同时代的时代主题,而"思维和存在的关系问题"作为一个问题范畴是哲学不变的"基本问题";另一方面,"思维和存在的关系问题"在近代认识论意义上获得了其全部的意义之后没有停滞不前,而是继续在语言学、生存论等意义上丰富和深化,不断发展。

可以说,"哲学基本问题"之所以是"基本问题"而不只是哲学在不同时代的"时代主题"就在于"哲学基本问题"不是一个单一的、孤立的问题,而是一个问题范畴、问题域或问题系列,是哲学作为语义开放的理论系列的标志性特征。

第二章　例证性部分[①]

10. 康德

在涉及"哲学的知识论立场""元科学信念"的问题上,关于康德有两个方面需要注意。第一,康德认识到了理论思维能力的局限;第二,他依然相信存在一门"作为科学的形而上学",能够"为人类的知识和一切理性活动提供坚实的基础"[②]。他的《纯粹理性批判》就为这种"作为科学的形而上学"的建立清理了地基,可以说是"基础的基础"。

《纯粹理性批判》并不是"作为科学的形而上学",但它作为一个哲学理论,一方面讨论了"时空""因果关系""理性"等"对象",另一方面也讨论了"哲学本身"。虽然它不是以"作为科学的形而上学"的身份讨论"作为科学的形而上学",但它却是以"哲学理论"的身份讨论"哲学理论"。从本文的观点看,《纯粹理

[①] 在诸位老师和同学对本文草稿的审阅中,这一部分是遭受批评和反驳最多的,这主要应归咎于笔者对历史上著名哲学家的著名观点的"强盗"解读,强迫他们的观点为我的论点服务。虽然本文第17节已预先对上述批评进行了简略回应,但笔者还是一度决定将这一部分作为附录置于文末,只是考虑到这部分是笔者与哲学史、与老师和同学交流的窗口,并且笔者依然坚持在这一部分中表达的看法,所以最终维持了原先的结构。否则更应该做的是将这一部分删除。(参见本文第16、17节)

[②] 赵敦华:《西方哲学简史》,北京大学出版社2001年版,第306页。

性批判》为我们提供的是一个语义封闭的理论。

康德认为，"我们的一切知识都以经验开始，这是无可置疑的"①，但《纯粹理性批判》所提供的知识不只是（主要不是或根本不是）关于经验的知识，而是关于使经验得以成为知识的形式和范畴的知识。这种自相矛盾性在"因果关系"这个范畴上突出地表现出来。康德认为，知性范畴只适用于现象界，而不能用于物自体，否则会产生"幻相"；但他还认为物自体是现象界的原因。如果"因果关系"范畴不能用于物自体，那么怎么能说物自体是现象界的原因呢？我们不可能拥有关于物自体的知识，这是康德著名的不可知论的论断，但"我们不可能拥有关于物自体的知识"这个命题本身就是关于物自体的知识。

我们可以利用"语言层次理论"来解决这个矛盾。令康德所说的合法的知识是语言 L 中的命题，它们构成集合 K，而命题"我们不可能拥有关于物自体的知识"则是语言 L 的元语言 M 中的命题。我们可以根据"K 中不存在包含词项'物自体'的命题"这一事实而在 M 中断定，在 K 中不存在关于物自体的知识。我们已经知道，如果在某一层次的语言中谈论这一层次的语言本身，就会出现语义悖论，康德没有对语言层次进行区分，因而造成了对于"物自体"不可知却又不可不知的尴尬。②

11. 黑格尔

黑格尔批评康德要求在认识之前要先认识"认识"就像警告"在没有学会游泳以前，切勿冒险下水"③ 一样，但他在《哲学科学全书纲要》中建构的庞大的哲学理论体系是典型的语义封闭的理论。黑格尔在其理论中讨论世界上的各种对象，从逻辑的到自然的再到精神的，他也讨论哲学本身。如果他只讨论历史上的各种哲学理论和事实，那么其理论还不一定是语义封闭的，而可能是关于

---

① 《康德著作全集》第 3 卷，李秋零主编，中国人民大学出版社 2004 年版，第 26 页。

② 这个"尴尬"在维特根斯坦那里表现为对"世界""哲学"等不可说又不可不说的尴尬，参见本文第 8、14 节。

③ ［德］黑格尔：《小逻辑》，贺麟译，商务印书馆 1980 年版，第 50 页。

哲学的历史著作。但他不仅强调"哲学就是哲学史",还在其理论中讨论自己的哲学理论,使之成为语义封闭的理论了。

一个众所周知的后果就是,如果他的理论是前后一致的、一以贯之的,即能够把"否定原则"应用于其理论自身,那么其理论就将被否定;为了保证其理论不被否定,他就需要限制"否定原则",不能一以贯之地应用。

需要注意的是,黑格尔正是发现了一致性与完满性(自足性、完备性)之间的矛盾,才决定放弃一致性而寻求完满性。后世的批评也多在于此,一个理论如果是不一致的就没有任何意义。也就是说,任何科学理论都要求一致性,而"元科学"还要求完满性,我们已经证明了这两种性质在足够"丰富"的理论中不能同时被满足,那么黑格尔的包含整个世界以至于包含自身的哲学科学也就不可能了。但哲学不是科学,黑格尔的哲学在科学的要求上是彻底失败的,而在哲学的反思维度上却是相当成功和极其深刻的。

波普尔在《什么是辩证法》一文中借助形式逻辑得出这样的结论:"如果一个理论含有矛盾,那么它可以推导出任何东西,因而实际上也就是什么也推导不出。如果一个理论给它所肯定的每一信息都加以否定,那就不能给我们任何信息。因此,一个含有矛盾的理论作为一种理论是没有任何用处的"[①]。波普尔对辩证法的批评基于一个"共识",即所谓"辩证矛盾"就是形式逻辑中的矛盾式"$p \land \neg p$"。不仅反对辩证法的人这样理解"辩证矛盾",支持辩证法的人也在这个"共识"下理解"辩证矛盾"并设法为之辩护。卢特列和梅尔的《辩证逻辑、经典逻辑和世界的协调性》、马可尼的《辩证法的形式化》、科斯塔和沃尔夫的《辩证逻辑研究Ⅰ——辩证法的对立统一原理》,都利用"弗协调逻辑"研究了"辩证逻辑"。[②] 弗协调逻辑通过限制矛盾律的作用范围而建立起了一个可以容纳经典逻辑的系统,他们承认"辩证矛盾"就是形式

[①] K. Popper, "What is Dialectic", *Mind*, 1940, Vol. 49, p. 410. 这个结论就是逻辑学中的"邓·司各脱法则"。

[②] 参见杨武金《辩证法的逻辑基础》,商务印书馆2008年版,第72页。

矛盾（p∧¬p）。

本书附录一提出了一种新的对"辩证矛盾"的形式化理解。黑格尔认为"凡有限的事物都是自相矛盾的，并且由于自相矛盾而自己扬弃自己"①，这是理解黑格尔所说"矛盾"的关键。"自己扬弃自己"并不是"'自己'并且'并非自己'"，因此不应该被写成"p∧¬p"的形式，如果一定要使用符号表达，则可以写成"p→¬p"。文中还给出了一个关于运算"H［ ］"的形式化公理系统，该系统的定义和公理一定程度上可以与黑格尔的论述对应起来。

将"辩证矛盾"理解为"p→¬p"的缺陷在于，给出的公理系统是单一层次的，事物自我否定而成为他物的意义只能通过在一维上不断加长的表达式来表达，并没有表达出黑格尔辩证法"否定原则"的真正内涵。根据塔尔斯基的"语言层次理论"，我们可以这样理解"辩证矛盾"：首先在语言 L 中给出命题 p，然后在 L 的元语言 M 中给出以 p 为对象的"否定性"命题 F（p），这两个命题在同一个语言层次内是矛盾的，但正因为不在一个层次内，所以不构成形式矛盾。比如，"雪是白的"与"并非雪是白的"是形式上矛盾的，但"雪是白的"与"'雪是白的'是片面的"则不是形式上矛盾的。

以上对"辩证矛盾"的三种形式化理解，都不能完全表达"辩证矛盾"的真正内涵。形式化理解是一种"知识论立场"的理解，是科学的"构成思想"的思维方式，我们只有在哲学的"反思思想"的维度上才能更加真切地理解辩证法。

12. 胡塞尔

《哲学作为严格的科学》表达了胡塞尔关于"哲学能够成为所有科学中最高的和最严格的科学"的信念，提出了这样一个"勇敢问题"："人们为什么不能从哲学中发展出一门例如像物理学那样精确的科学——一个知识领域，它含有普遍约束性公理，在这个领域内没有为不同的意见、个人的信念、随意的提问留下任何位

---

① ［德］黑格尔：《小逻辑》，贺麟译，商务印书馆1980年版，第129页。

置，并且它为每一个带有普遍约束的明见性之讨论提供了一个普全的基地"，"寻求这样一门'严格的科学'并且至少勾画出它的轮廓，这便是胡塞尔为自己制定的毕生之任务"①。

"科学的理想是明证性（evidence），但经验总是有一定前提的，这一前提是主观需要、观察点以及先前理论等因素的混合产物。前提的随意性决定了经验科学不可能达到严格的明证性，不能研究事物本身，而只能研究事物的某一方面、某一性质。哲学要以实物本身或现象为对象，就要抛弃一切前提。哲学应该是无前提的，这将使哲学真理达到科学的理想——不偏不倚的明证性，使哲学成为严格的科学。"②"胡塞尔以后的现象学家对于现象学是不是科学这一问题持不同意见，但他们的共同倾向是，作为哲学的现象学高于科学，它研究科学的前提以及人的生存的前提条件，但却没有自己的前提。"③

一般理论都是有自己的理论前提的，这些理论也不包含对自身前提的讨论，对前提的讨论要在其"元理论"中进行。所谓的"元科学"就是讨论全部理论之前提的理论，由于没有高于它的理论，所以没有其他理论能够讨论"元科学"的前提，这也就意味着，要么"元科学"没有前提，要么"元科学"自己讨论自己的前提。胡塞尔在《欧洲科学危机与超验现象学》的写作前所认为的现象学哲学，在关于"前提"的问题上与所谓"元科学"是一致的。

但当胡塞尔76岁试图重新开始现象学研究的时候，终于意识到"没有任何前提的科学是不可能的，科学的最初前提在科学之外的生活世界里"④。他说："我们知道我们永远处在生活世界中。……科学的世界和包含在它之中具有科学的真理性的东西，正

---

① ［德］斯基拉齐：《〈哲学作为严格的科学〉附录四 单行本编者后记》，载［德］胡塞尔《哲学作为严格的科学》，倪梁康译，商务印书馆2010年版，第94—95页。
② 赵敦华：《现代西方哲学新编》，北京大学出版社2010年版，第104页。
③ 赵敦华：《现代西方哲学新编》，北京大学出版社2010年版，第104页。
④ 赵敦华：《现代西方哲学新编》，北京大学出版社2010年版，第114页。

如一切以某种目标为划分范围的世界一样，本身也属于生活世界。……生活世界是永远事先给予的，永远事先存在的世界。……一切目标以它为前提，即使那在科学的真理中所被认知的普遍的目标也以它为前提"①。

"胡塞尔考察了近代科学的起源，他指出，自伽利略始近代科学的数学化的自然科学模式是经过选择的理想化的产物，可供选择的对象是众多的生活世界。但是科学却忘记了它的起源和基础"，胡塞尔"不再仅仅在纯粹意识的范围内论证科学的基础，而是转向了构成科学背景的生活世界"，"胡塞尔之后的现象学所关注的，实际上都是他所谓的生活世界"②。

13. "逻辑主义"

作为基础的东西应当比非基础的东西更简单还是更复杂？人们直观的和期望的答案大概是"更简单"。

"20 世纪数学中最为深入的活动，是关于基础的探讨。……在 19 世纪后期，有一些人已经开始重新考虑数学的基础，特别是数学对逻辑的关系。"③ 关于数学基础的讨论形成了三个主要派别——"逻辑主义""直觉主义""形式主义"。"逻辑主义"的代表人物弗雷格、罗素、怀特海认为可以"从逻辑本身的展开起始，由此导出数学，而不需要数学所特有的任何公理"④。这种想法就是相信作为基础的东西不仅可以而且必须比非基础的东西更简单，因为只有这样，人类知识才有确定性可言。

"逻辑主义"的工作开始于弗雷格（Gottlob Frege）的"逻辑主义纲领"，在《算术基础——对丁数这个概念的一种逻辑数学的研究》一书中弗雷格试图"把算术建立在逻辑的基础之上，即通过纯逻辑的原理推出整个算术体系"⑤。弗雷格用"一一对应"

---

① ［德］《胡塞尔选集》，倪梁康译，上海三联书店 1997 年版，第 1085—1087 页。
② 赵敦华：《现代西方哲学新编》，北京大学出版社 2010 年版，第 115—116 页。
③ ［美］克莱因：《古今数学思想》第 4 册，邓东皋、张恭庆等译，上海科学技术出版社 2002 年版，第 289 页。
④ ［美］克莱因：《古今数学思想》第 4 册，邓东皋、张恭庆等译，上海科学技术出版社 2002 年版，第 302 页。
⑤ 姚大志主编：《现代西方哲学》，中国社会科学出版社 2015 年版，第 141 页。

"等数"等关系概念定义"数"的概念,并定义"有穷基数""无穷基数"等概念。这一理论存在严重缺陷,它"隐含地依赖于'集合'的概念,但是关于'集合'缺乏明确的界定。这个缺陷是致命的。罗素发现的'罗素悖论'即直指这个缺陷,而弗雷格无力补救"①。

罗素在弗雷格工作的基础上,与怀特海合作写出了三卷本《数学原理》。在这项工作中,罗素和怀特海"主张整个数学——当然包含算术在内——都能从纯逻辑中衍生出来"②,并且通过"类型论"克服了"罗素悖论",但也受到很多批评,认为"其一,这个系统会导致一些强烈违反直觉的结论;其二,它不够简洁"③。对于《数学原理》的整个系统也有很多批评,系统中的某些公理的引入过于随意,逻辑主义使全部数学变成"纯形式的、逻辑演绎的科学,它的定理可以从思维的规律得出;而思维规律的演绎的精致工作,怎么能够表现……广泛的自然现象,却没有解释"④,"此外,罗素和怀特海的体系一直是未完成的"⑤。

根本性的打击来自哥德尔的论文《论〈数学原理〉及相关系统中的形式上不可判定命题Ⅰ》。在这篇论文中,哥德尔证明了"包含着通常逻辑和数论的一个系统的无矛盾性是不可能确立的,如果人们只限于运用在数论系统中可以形式表出的概念和方法"⑥。哥德尔的工作沉重打击了希尔伯特的"形式主义纲领",也表明了"逻辑主义"从逻辑导出数学的计划不可能实现。在由逻辑导出数学的过程中,要么出现矛盾,要么增加公理,而增加了公理的新系统还会出现矛盾,永远不可能一劳永逸地通过有穷个公理保证系统

---

① 姚大志主编:《现代西方哲学》,中国社会科学出版社2015年版,第142页。
② 姚大志主编:《现代西方哲学》,中国社会科学出版社2015年版,第142页。
③ 姚大志主编:《现代西方哲学》,中国社会科学出版社2015年版,第147页。
④ [美]克莱因:《古今数学思想》第4册,邓东皋、张恭庆等译,上海科学技术出版社2002年版,第307页。
⑤ [美]克莱因:《古今数学思想》第4册,邓东皋、张恭庆等译,上海科学技术出版社2002年版,第206页。人名在原译文中为英文。
⑥ [美]克莱因:《古今数学思想》第4册,邓东皋、张恭庆等译,上海科学技术出版社2002年版,第320页。

的一致性。①

"可以证明真理概念绝不是与可证性概念相吻合的；因为，虽然所有可证的语句都是真的，但是有一些真的语句却是不可证明的。"② 这说明想要通过"可证"来保证"真"是不可能的，因为"真"是比"可证"更"丰富"的概念，一般性的结论就是，作为基础的东西要比非基础的东西更丰富、更复杂。哲学史上的那些想要从一条"第一原理""最高原因"出发推导出全部科学的工作，在其本来目的上完全是徒劳。

14. 维特根斯坦

《逻辑哲学论》是学术界公认的"最难理解，也最遭误解的经典著作之一"，"这本书的骇人听闻之处在于，作者声称全部哲学问题已经在这本区区两万字的小书中彻底解决"。③ 维特根斯坦在这本书的"序"中写道，"这本书讨论哲学问题，并且表明——我相信——这些问题之所以提出，乃是基于对我们语言逻辑的误解。……因此本书想要为……思想的表达划一个界限"④。

维特根斯坦认为世界是事实的总和，语言是命题的总和，命题是事实的逻辑图像，只有描绘了事实的命题——自然科学的命题——才是有意义的。历史上哲学家在其所谓的"哲学命题"中，都"没有给他的命题中的某些记号以指谓"，这样的"命题"并不描绘任何事实，因而不是真正的命题。维特根斯坦并不是要取消哲学思考，而是指出不可能"言说"（speak out）哲学，只能"谈论"（talk about）哲理，这是人类理论思维能力的界限。他承认"确实有不可说的东西。它们显示自己，它们是神秘的东西"⑤，这

---

① 参见本文第 3 节。
② ［波兰］塔尔斯基：《语义性真理概念和语义学的基础》，肖阳译，涂纪亮校，载［美］马蒂尼奇编《语言哲学》，牟博、杨音莱、韩林合等译，商务印书馆 1998 年版，第 98 页。
③ 引自李大强教授"分析哲学"课程讲义。
④ ［奥地利］维特根斯坦：《逻辑哲学论》，贺绍甲译，商务印书馆 1996 年版，第 24 页。
⑤ ［奥地利］维特根斯坦：《逻辑哲学论》，贺绍甲译，商务印书馆 1996 年版，第 104 页。

些东西是真正的意义之所在，是"更高的东西"，只是我们不能用语言说出来。

但《逻辑哲学论》并不是一部自然科学著作，它是由关于"世界""语言""哲学""意义"等"对象"的"命题"组成的，这些"命题"表达的意思是禁止使用命题言说"世界"这样的"对象"，因为它们根本不是真正的对象。如果维特根斯坦的"命题"都是非法的，那么他怎么可能表达他所要表达的意思呢？对于这种尴尬，他只能借助"隐喻"："我的命题应当是以如下方式来起阐明作用的——任何理解我的人，当他用这些命题为梯级而超越了它们时，就会终于认识到它们是无意义的。（可以说，在登上高处之后他必须把梯子扔掉。）他必须超越这些命题，然后他就会正确看待世界。"①

《逻辑哲学论》的结论有两个来源，一是对哲学与科学的关系的理解，二是对"语言的本质"的理解。在《哲学研究》中，维特根斯坦放弃了之前对"语言的本质"的"图像说"理解，甚至不再认为语言有唯一的"本质"，各种语言如同"游戏"一样，只是具有"家族相似"的关系。这种理解与《逻辑哲学论》中对哲学与科学的关系的理解并不冲突，反而说明了哲学与科学是两种不同的"语言游戏"。从"对象理论"与"元理论"的角度考虑，《逻辑哲学论》是关于哲学和科学的"元理论"，只限制其"对象理论"——自然科学——中不得包含"哲学命题"，但它自己不受自己的限制。

15. 马克思、恩格斯

《〈黑格尔法哲学批判〉导言》中的著名命题"批判的武器当然不能代替武器的批判"我们已经在本文的"解释性部分"讨论过了，马克思在《关于费尔巴哈的提纲》中则更一般地明确了这个命题所要表达的思想。

"人的思维是否具有客观的真理性，这不是一个理论的问题，

---

① ［奥地利］维特根斯坦：《逻辑哲学论》，贺绍甲译，商务印书馆1996年版，第105页。

而是一个实践的问题。人应该在实践中证明自己思维的真理性,即自己思维的现实性和力量,自己思维的此岸性。关于思维——离开实践的思维——的现实性或非现实性的争论,是一个纯粹的经院哲学的问题。"[1] 关于思维有无现实性的问题不是不可以进行争论,但仅仅在"经院哲学"的脱离实践的地方争论是没有结果的。(这一点已经在哲学史和科学史上得到了双重证明。)

对于这个长期以来一直局限于纯粹理论领域的问题,马克思不仅给出了判断的标准,也给出了肯定的答案。马克思认为,"全部社会生活在本质上是实践的。凡是把理论引向神秘主义的神秘东西,都能在人的实践中以及对这种实践的理解中得到合理的解决。"[2] 恩格斯则把这种观点应用于分析具体的哲学问题之上——反驳康德的"不可知论"。他说,"对……一切哲学上的怪论的最令人信服的驳斥是实践,即实验和工业。既然我们自己能够制造出某一自然过程,按照它的条件把它生产出来,并使它为我们的目的服务,从而证明我们对这一过程的理解是正确的,那么康德的不可捉摸的'自在之物'就完结了。"[3] 恩格斯还举出了"从煤焦油里提炼出茜素"和"勒维烈推算出、加勒发现了海王星从而证实了哥白尼的学说"这两个实践上的成就作为佐证。

正因为"人应该在实践中证明自己思维的真理性,即自己思维的现实性和力量",所以马克思宣告,"哲学家们只是用不同的方式解释世界,问题在于改变世界"[4],一方面批评过去一切脱离实践的理论家,另一方面给未来的理论工作提出了实践上的要求。马克思和恩格斯也正是在这样的要求下,从事对资本主义社会进行理论批判的工作,试图改变世界,事实上也改变了世界。

从哲学史上既无休止又无结论的争论,以及在科学上不断取得的重大成就来看,思维的真理性、理论的确定性都不是理论自身所能证明的,在理论的领域如何进行分析与综合、辩护与反驳都不可

---

[1] 《马克思恩格斯文集》第1卷,人民出版社2009年版,第500页。
[2] 《马克思恩格斯文集》第1卷,人民出版社2009年版,第501页。
[3] 《马克思恩格斯文集》第4卷,人民出版社2009年版,第279页。
[4] 《马克思恩格斯文集》第4卷,人民出版社2009年版,第502页。

能获得最终的裁决。这是由理论的开放性（结构上的无限性）和局限性（功能上的有限性）决定的。理论的开放性，表现为理论在解释问题的时候总是引入新的问题，需要更多的理论去解释，世界不是一个封闭的对象，理论在解释世界的时候也扩大了世界。正是这种结构上的无限性导致了理论在功能上的有限性，理论无力解决全部问题，理论本身的合法性也不是一个理论问题。理论只有在实践中才能获得它的合法性和全部意义。

第三章　辩论性部分

16. 塔尔斯基的理论是片面的甚至错误的

塔尔斯基的"语言层次理论"是本文的理论来源之一，该理论是"形式语言真理论"和"塔尔斯基经典解悖方案"的辅助理论。对于"形式语言真理论"有如下几种批评：它"所依赖的是一种'不加批判的实在论'"；它是"一种与物理主义式的统一科学相协调的真理理论"；它"不是一种关于真理的哲学理论"，而"就是平常的符合论"；"有人把它归并在冗余论中"。[1] 对于"塔尔斯基经典解悖方案"的批评在于，"依 RZH 解悖标准，它作为自然语言中的语义悖论的解决方案显然是不合理的"。[2] 或者质疑"语言层次理论"对"两个假设"的取舍。[3]

对于本文，具体回应这三个方面的诸多质疑是烦琐且不必要的。"语言层次理论"以及塔尔斯基的其他论断与本文的论证并无逻辑顺序上的先后关系，本文提出的基于划分"对象理论"与"元理论"的解释模型，完全是受到塔尔斯基工作的启发并且可以视为将其理论加以引申的结果。如果本文的解释取得了一定的成

---

[1] 参见陈嘉映《语言哲学》，北京大学出版社 2003 年版，第 61—63 页。关于"冗余论"，参见该书，第 57—58 页。

[2] 参见彭漪涟、马钦荣主编《逻辑学大辞典》，上海辞书出版社 2010 年版，第 578 页。关于"RZH 解悖标准"，参见该书，第 576 页。

[3] 参见本文第 9 节。

功，那么应该归功于塔尔斯基；而这个解释的失败则应完全归咎于笔者。同样，塔尔斯基的错误也不应该成为反驳本文的理由。

17. 笔者对塔尔斯基理论的理解是错误的

同类的批评还包括，笔者对所援引的其他理论的理解是错误的。批评者可能主张罗素的"类型论"无益于语义悖论的解决，哥德尔的定理是对"形式主义"而非"逻辑主义"的沉重打击，维特根斯坦的前后期工作是不相容的，康德并非意图建立"全部科学的科学"，等等。

对此，笔者的回应与上一节相同。在"解释性部分"援引罗素、哥德尔、维特根斯坦、马克思和恩格斯等人的理论，并非直接用于对反驳"知识论立场"的证明之中，而是便于读者理解和接受。在"例证性部分"把康德、黑格尔、胡塞尔等人的理论解读为"语义封闭的"或"语义开放的"也是出于同样的目的，本文的观点不是使用归纳法的结果，因而这些例证对于本文的论证本身没有直接的作用。（坦诚地说，援引这些理论，要么使读者感觉更熟悉，要么使论证"显得"更专业。）

18."立场"不等于"信念"

本文的所谓"语义学反证"是针对所谓"元科学信念"的，而不是直接针对"哲学的知识论立场"，如果不能说明将"立场"理解为"信念"的合理性的话，本文对"信念"的反证对于反驳"立场"就毫无意义了。

对于一个逻辑语义学要证明或反证的命题来说，自然语言的不精确的表述是不符合要求的，因此有必要把用自然语言表述的"哲学的知识论立场"改写为用人工语言表述的"元科学信念"。这里所说的"人工语言"并不必然地与"p""q""→"或"¬"等符号联系在一起，这些只是表面的东西。本文把孙正聿教授的表述——"哲学就成了具有最大的普遍性的科学，就成了全部科学的基础"——改写为"哲学是全部科学的科学"用以表达哲学的"普遍性"和"基础性"，但这依然不是"精确定义"。本文结合塔尔斯基对"对象语言"与"元语言"的划分以及孙正聿教授"构成思想"与"反思思想"的划分，提出"对象理论"与"元理论"的划分，在功能上和结构上对二者进行了区分，基于此，将"元科学"定义为"全部理论的元理论"，"元科学信念"即"相信存在一个理论，是全部科学的元理论"。（本文又用"对象理论"与"元理论"定义了"语义封闭的理论"与"语义开放的理论"，进而对"元科学信念"进行了语义学上的反驳。）

19. 放弃"信念"会陷入怀疑论和相对主义

在理论工作中，为了某种科学以外的目的而修改结论是不道德的。既然"元科学"的概念在语义学上说不通，那么我们就没有理由在拒绝"圆的方"的同时又接受"元科学"。因此，如果理性上的理由已使我们知道"元科学"是不可能的，那么我们就不会因为这个纯粹知识领域的东西所可能造成的价值领域的后果而修改或放弃已知的东西。

怀疑论和相对主义是我们（理论的和实践的）知识之确定性的最大敌人，历史上的"主流"哲学家们都在这条战线上与它们作战，希望建立一门最高的、最严格的、作为全部科学之科学的哲学。但数学和自然科学已然取得的巨大成就已经给敌人以有力回击，所以，构建"元科学"不是我们捍卫理性之尊严的唯一出路。

相反，执迷于"元科学"恰恰是陷入相对主义和怀疑论的惊人的原因——当这项工作在巨大而持久的努力之后依然毫无进展的时候，人们很难不对这一切产生怀疑。

20. "立场"已经过时，没有必要反驳

历史上对"元科学信念"的反驳从未在该信念内部展开。马克思、恩格斯、维特根斯坦等都是在自己的立场上提出针对该信念的反对观点，并以哲学活动的方式表达了对"元科学信念"的反对（鄙视、不屑）。人文主义思潮的某些流派极端化了这种立场，他们不去理论地反驳"元科学信念"，甚至根本不谈论这个话题，使"元科学信念"在漠视中丧失了主流地位。

黑格尔曾说，"驳斥一定不要从外面来，即不要从那些在所驳斥的体系以外的、与它不相应的假定出发。……真的驳斥必须在对手方强有力的范围内，和他角力较量；在他以外的地方去攻击他，在他不在的地方去主张权利，对于事情是没有进益的"①。正如指出一个数学证明的错误的合法方式，既不是批评数学公理是无意义或不合法的，也不是索性不去理它，而是根据数学公理和运算法则推出完全相反的结论。本文对"元科学信念"的语义学反驳就是这样一项工作，塔尔斯基的逻辑语义学是构建"元科学"的必要工具（它提供了一种在形式语言中定义"真"这个概念的方法），但它却证明了"元科学"是不可能的。

21. "语言层次理论"不能从"立场"内部进行反驳

本文自称在"哲学的知识论立场"内部对其进行了反驳，因为它的论证是通过"语言层次理论"证明"元科学"的概念在语义上是自相矛盾的来完成的。但如果"语言层次理论"不是"知识论立场"的哲学理论的组成部分，那么这个反驳就不是从"内部"所进行的反驳。

"知识论立场"的哲学旨在确立一种一劳永逸地给出知识的系统或方法，它所给出的不能是任意命题，而必须是得到证明的真命题。② 这种要求有两个要点，一是"得到证明"，二是"真"。如果"……是真的"这个谓词不能得到精确定义，那么"元科学"就不能成立。本文并不是说塔尔斯基本人持有"哲学的知识论立场"或意图建立"知识论立场"的哲学，而是说"立场"的成立有赖于一个对"真"的概念的精确定义。如果说"语言层次理论"不是"立场"的唯一选择，那么本文的观点就要修正为：对于容纳"语言层次理论"的哲学理论，它不可能成为"元科学"。

22. 一个理论具有分析它自身的合法性

如曲红梅教授在其博士学位论文《从历史的观点看——一种对马克思道德理论的解读》中谈道："一直困扰我的问题是，我们是否具有用马克思创立的方法分析马克思哲学自身以及对马克思哲学的研究的合法性。思考的最后我意识到，马克思为我们提供的不仅是一种他用来理解和批判他人观点的方法，也是一种别人可以用

---

① ［德］黑格尔：《逻辑学》下卷，杨一之译，商务印书馆1976年版，第244页。
② 据柏拉图说，苏格拉底认为"知识是确证的真信念"。

来阅读他的著作、评价他的思想的方法。我们完全可以用马克思式的理论方法来分析和评价马克思自己的理论。"①

以历史唯物主义的观点去研究马克思的道德理论或许是合法的，但以之研究马克思的全部思想——当然也包括历史唯物主义本身——就是不合法的了。如果意识形态总是与一定的物质生活的生产方式相关，那么就没有什么永恒的意识形态，没有超越历史的理论，历史唯物主义也不外是暂时的。历史唯物主义在19世纪欧洲的生产方式之下产生并与之相适应，而在新的生产方式出现以后就不应该再具有真理性了。如果历史唯物主义具有超越历史的真理性，那么它就立即陷入自相矛盾。正如，我们能否设计出一个实验用于验证"实验法"的合法性呢？假设能够设计出来，我们凭什么认定它对"实验法"的合法性的验证是合法的呢？

23. "反思思想"就是"科学哲学"

"反思思想"是以思想为对象的思想，那么反思科学思想的思想不就是"科学哲学"吗？

所谓"科学哲学"，是"以科学为分析对象和研究对象的哲学学科"，"其特点是对科学活动和科学理论从认识论、方法论以及本体论、价值论角度进行考察和分析，旨在提供关于科学认识及其发展的逻辑性、历史性和社会制约性的模型。主要探讨科学知识的本质、获取方法、评价标准、逻辑结构和目的等"②。逻辑经验主义最先提出"元科学（metascience）"的概念用以表示"科学哲学"。他们"认为科学哲学不把自身当作关于客观世界的知识体系，而把它作为研究科学的本质及科学研究方法的元科学。……元科学是对科学理论及其历史发展的一种反思，是科学发展到一定历史阶段的产物。……研究元科学，有助于论证、完善和发展科学理

---

① 曲红梅：《从历史的观点看——一种对马克思道德理论的解读》，博士学位论文，吉林大学，2008年，第115页。

② 彭漪涟、马钦荣主编：《逻辑学大辞典》，上海辞书出版社2010年版，第513页。

论，有助于认识理论自身的发展规律"①。

表面上看，（反思科学的）"反思思想"与"科学哲学"或逻辑经验主义所谓的"元科学"都以科学为讨论对象，都不要求成为"全部科学的科学"，都只提供关于理论本身的知识而非关于世界的知识。但"科学哲学"是论域局限于科学的哲学理论，而"反思思想"不仅以科学为对象形成关于科学的哲学理论，而且还要以成为"构成思想"的哲学理论为对象而形成更高层次的"反思思想"。也就是说，"反思思想"不是一门论域恒定的学科。一方面，它的论域并不固定，横向上不局限于科学，纵向上不停止于单一层次；另一方面，它不是一门学科，而是人类思想的一个"维度"，否则它的自我反思就会导致"语义封闭的理论"。

这种反思的思想维度，表征着我们理论思维"永无止境的求索"。

24.《哲学通论》所反对的只是"教科书哲学"的"知识论立场"

孙正聿教授"曾经在几篇文章中把当代中国哲学划分为三个基本阶段，即80年代以前的教科书哲学，80年代的教科书改革的哲学，以及90年代的后教科书哲学。……这种划分的最根本的依据，就是有没有对'哲学'提出追问"②。孙正聿教授的《理论思维的前提批判——论辩证法的批判本性》和《哲学通论》都以恩格斯的两个著名论断③表面上的矛盾为切入点，在哲学与科学的区别中揭示哲学的"根本特性"和"根本价值"。《哲学通论》的一个核心思想就是"哲学不是科学"。

可以肯定的是，《哲学通论》反对"教科书哲学"。而"教科书哲学"把哲学理解为"一种关于整个世界的普遍规律的学问"，正是一种"普遍规律说"的哲学观，是一种"知识论立场"的哲学。所以可以说，《哲学通论》反对"教科书哲学"的"知识论

---

① 彭漪涟、马钦荣主编：《逻辑学大辞典》，上海辞书出版社2010年版，第514页。
② 孙正聿：《哲学通论》，人民出版社2010年版，第590页。
③ 指恩格斯关于"哲学基本问题"和"理论思维的前提"的论断。

立场"。

《哲学通论》对"普遍规律说"和"哲学的知识论立场"的界定绝不限于"教科书哲学",而是以整个西方哲学史为背景,以亚里士多德、黑格尔等为典型代表,提出了对"立场"的一般性界定。这种立场不仅是西方传统哲学的主流倾向,是"教科书"对哲学的标准定位,在现代哲学中也有一定的"势力范围";这种立场既具有"深远的哲学史背景",也具有"深刻的人类思维的根基"。"哲学的知识论立场"依然是导致对哲学的错误理解的重要的危险因素。因此,在这种立场已经不占主流的时代,对其加以反驳和防范依然是极有必要的,不仅如此,还应该深入挖掘这种立场的理论基础和思想根源,从多种角度、用各种方法对其加以反驳。

25.《哲学通论》是语义封闭的

本文以《哲学通论》的理论为支撑,主张一种"语义开放的理论"的哲学观,却似乎面临着这样的尴尬:《哲学通论》作为一种哲学理论,包含着"哲学"这样的词项,既谈论了它所反对的哲学观点,又谈论了它所赞同的哲学观点,而后者是《哲学通论》的哲学观点的一部分,即《哲学通论》谈论了自身,所以说它是一个"语义封闭的理论"。

在卡尔纳普所区分的"表述"与"表达"这两种语言的使用方式之外,孙正聿教授还提出了第三种使用方式——"表征"。卡尔纳普剥夺了哲学合法地使用语言的权利,孙正聿教授提出的"表征"方式,又恢复了哲学的合法性。后者正是以"表征"的方式来讨论哲学问题、写作《哲学通论》的。本文也同意,哲学想要"表述"任何问题已经是不可能的了,未来进行哲学思考、构建哲学理论、从事哲学工作的方式还有很多,理论地做哲学的方式也不是唯一的,也会呈现出"家族相似"的特点。本文是在使用语言的"表述"方式上谈论"语义封闭"与"语义开放"的,"表征"的方式不受此限;本文旨在反驳"哲学的知识论立场",而《哲学通论》虽然谈论"哲学",但无意成为"元科学",也不在其内部定义何为"真理"。

26.《语义开放的哲学理论》是语义封闭的

本文在行文的结构上由三个或几个部分组成，但在逻辑的结构上只有两个部分，一个是语义学证明，一个是哲学讨论。在"证明"部分，本文划分了"对象理论"与"元理论"，以这对关系定义了"元科学"和"语义封闭的理论"与"语义开放的理论"，并对"元科学"的概念进行了语义学反证。这一部分完全是"表述"式的科学工作，它不过显示了一个形式证明。在"讨论"部分，本文随意使用各种概念，随意谈论科学和哲学，随意讨论各种哲学观点和自己的观点。这一部分则是"表征"式的哲学工作，出于与上一节的回应同样的理由，对"表述"的工作的反驳不适用于"表征"的工作。

无论是"证明"还是"讨论"，本文都只是反驳了一种观点，而不试图建立一种完备的理论或者给出什么"规律"和"定义"。正如维特根斯坦的"梯子"——笔者只是说在形式上"正如维特根斯坦的'梯子'"——如果这里的工作能够使曾经自己思考过这些问题的读者感受到一点点理论上的愉悦的话，那么笔者的目的就达到了。

27.《语义开放的哲学理论》是知识论立场的

这个批评"正中要害"，但是我们已经在前面的几节中回应过了。笔者在写作本文之前，曾试图将哲学理解为一门"关于理念的规范科学"，是典型的"知识论立场"的哲学，本文首先是一个自我批评，而后才是对一般意义上的"知识论立场"的反驳。那么在何种意义上本文也是"知识论立场"的呢？

如果说"真的驳斥必须在对手方强有力的范围内，和他角力较量；在他以外的地方去攻击他，在他不在的地方去主张权利，对于事情是没有进益的"①，那么，在反驳"哲学的知识论立场"的"语义学证明"部分，笔者确切无疑就是"知识论立场"的，否则笔者的反驳就不够"强有力"，就"没有进益"。而在"哲学讨论"部分，本文则完全没有"知识论立场"的痕迹，这是因为

---

① ［德］黑格尔：《逻辑学》下卷，杨一之译，商务印书馆1976年版，第244页。

"没有什么能比对先前所犯错误的批评更严厉的了"。

结　论

本文以塔尔斯基的"语言层次理论"（关于"对象语言"与"元语言"的理论）和孙正聿教授关于"构成思想"与"反思思想"的理论（"思想维度理论"）为基础，将一般理论划分为"对象理论"与"元理论"，并根据这对概念定义了"元科学""元科学信念"，以及"语义封闭的理论"与"语义开放的理论"，根据这些定义和基本的逻辑规则，本文得出如下结论：

（1）"元科学"——全部理论的元理论——无论是"语义封闭的"还是"语义开放的"，都会推出与定义矛盾的性质，是一个不能被理解的伪概念。

根据本文结论得到的推论：

（2）如果"哲学的知识论立场"将哲学理解为"元科学"，那么这种立场的哲学理论是不可能的（不一致的或不完备的）。

根据"语言层次理论"得到的推论：

（3）在"语义封闭的理论"中不可能构造关于谓词"……是真的"的"实质上适当的并且形式上正确的"定义。

根据孙正聿教授的理论得到的推论：

（4）哲学理论的合法形态只能是"语义开放的"理论系列。

简单地说，本文通过将"语言层次理论"引申到一般的理论问题之上，为孙正聿教授对"哲学的知识论立场"的反驳提供了一个语义学上的证明。如果哲学作为"元科学"是不可能的，那么作为理论的哲学就只能是一种语义开放的理论系列，表征着人类永无止境地进行"理论思维的前提批判"的反思维度。

参考文献

一 马克思主义经典作家文献

《马克思恩格斯全集》第3卷，人民出版社1960年版。
《马克思恩格斯全集》第26卷，人民出版社2014年版。
《马克思恩格斯全集》第31卷，人民出版社1998年版。
《马克思恩格斯文集》第1卷，人民出版社2009年版。
《马克思恩格斯文集》第2卷，人民出版社2009年版。
《马克思恩格斯文集》第3卷，人民出版社2009年版。
《马克思恩格斯文集》第4卷，人民出版社2009年版。
《马克思恩格斯文集》第5卷，人民出版社2009年版。
《马克思恩格斯文集》第6卷，人民出版社2009年版。
《马克思恩格斯文集》第7卷，人民出版社2009年版。
《马克思恩格斯文集》第9卷，人民出版社2009年版。
《马克思恩格斯文集》第10卷，人民出版社2009年版。
《列宁专题文集·论马克思主义》，人民出版社2009年版。
斯大林：《论辩证唯物主义与历史唯物主义》，载《联共（布）党史简明教程》，中央编译局译，人民出版社1975年版。
《马克思主义哲学》，高等教育出版社、人民出版社2009年版。
《马克思主义哲学史》，高等教育出版社、人民出版社2012年版。
中共中央宣传部理论局编：《马克思主义哲学十讲（党员干部读本）》，党建读物出版社、学习出版社2013年版。
《马克思恩格斯全集名目索引》上下册，人民出版社1986年版。
《马克思恩格斯全集主题索引》，中国人民大学出版社1958年版。

二 中文著作

《辞海·哲学分册》，上海辞书出版社1980年版。

陈嘉映：《语言哲学》，北京大学出版社2003年版。

崔唯航：《马克思哲学革命的存在论阐释》，中国社会科学出版社2005年版。

邓晓芒、赵林：《西方哲学史》，高等教育出版社2005年版。

高清海主编：《马克思主义哲学基础》上册，北京师范大学出版社2012年版。

黄楠森主编：《马克思主义哲学史》，高等教育出版社2011年版。

金岳霖：《形式逻辑》，人民出版社2006年版。

李包庚：《解构与超越：马克思和维特根斯坦哲学革命路向比较研究》，中国社会科学出版社2014年版。

李成旺：《马克思哲学革命的文本学解读》，中国社会科学出版社2011年版。

刘兵：《克丽奥眼中的科学——科学编史学初论》，山东教育出版社1996年版。

苗力田：《哲学的开普勒改革》，载李秋零主编《康德著作全集》第1卷，中国人民大学出版社2003年版。

彭漪涟、马钦荣主编：《逻辑学大辞典（修订本）》，上海辞书出版社2010年版。

孙正聿：《哲学通论》，人民出版社2010年版。

王路：《亚里士多德的逻辑学说》，中国社会科学出版社1991年版。

王路：《逻辑的观念》，商务印书馆2000年版。

吴国盛：《科学的历程》，湖南科学技术出版社2018年版。

郗戈：《从哲学革命到资本批判——马克思历史唯物主义基本范畴的当代阐释》，世界图书出版广东有限公司2012年版。

许全兴：《马克思主义哲学自我革命》，中国社会科学出版社2009年版。

杨武金：《辩证法的逻辑基础》，商务印书馆2008年版。

杨学功：《超越哲学同质性神话：马克思哲学革命的当代解读》，北京大学出版社2010年版。

张慎主编：《西方哲学史（学术版）》第6卷，凤凰出版社、江苏人民出版社 2005 年版。

张志伟主编：《西方哲学史》，中国人民大学出版社 2002 年版。

赵敦华：《西方哲学简史》，北京大学出版社 2001 年版。

赵敦华：《现代西方哲学新编》，北京大学出版社 2010 年版。

周礼全：《黑格尔的辩证逻辑》，中国社会科学出版社 1989 年版。

祝大征：《哲学中伟大革命的系统总结》，陕西师范大学出版社 1988 年版。

三　中文译著

［美］《爱因斯坦文集》（增补本）第 1 卷，许良英、李宝恒、赵中立、范岱年编译，商务印书馆 2009 年版。

［英］巴特菲尔德：《近代科学的起源（1300—1800 年）》，张丽萍、郭贵春等译，金吾伦校，华夏出版社 1988 年版。

［英］巴特菲尔德：《历史的辉格解释》，张岳明、刘北成译，商务印书馆 2012 年版。

［美］宾克莱：《理想的冲突——西方社会中变化着的价值观念》，马元德、陈白澄、王太庆、吴永泉等译，商务印书馆 1983 年版。

［英］达尔文：《物种起源》，周建人、叶笃庄、方宗熙译，叶笃庄修订，商务印书馆 1995 年版。

［美］丰纳编：《马克思逝世之际——1883 年世界对他的评论》，王兴斌译，宋献春校，北京出版社 1983 年版。

［波兰］哥白尼：《天球运行论》，张卜天译，商务印书馆 2014 年版。

《海涅选集》，张玉书编选，人民文学出版社 1983 年版。

［德］黑格尔：《哲学史讲演录》第 2 卷，贺麟、王太庆译，商务印书馆 1960 年版。

［德］黑格尔：《逻辑学》下卷，杨一之译，商务印书馆 1976 年版。

［德］黑格尔：《小逻辑》，贺麟译，商务印书馆 1980 年版。

《胡塞尔选集》，倪梁康译，上海三联书店 1997 年版。

［德］胡塞尔：《哲学作为严格的科学》，倪梁康译，商务印书馆

2010年版。

《康德著作全集》第1卷，李秋零主编，中国人民大学出版社2003年版。

《康德著作全集》第3卷，李秋零主编，中国人民大学出版社2004年版。

［荷］H. F. 科恩：《科学革命的编史学研究》，张卜天译，湖南科学技术出版社2012年版。

［美］I. B. 科恩：《牛顿革命》，颜锋、弓鸿午、欧阳光明译，郭栾玲校，江西教育出版社1999年版。

［美］I. B. 科恩：《科学中的革命》（新译本），鲁旭东、赵培杰译，商务印书馆2017年版。

［美］克莱因：《古今数学思想》第4册，邓东皋、张恭庆等译，上海科学技术出版社2002年版。

［美］库恩：《必要的张力》，纪树立、范岱年、罗慧生等译，福建人民出版社1981年版。

［美］库恩：《哥白尼革命——西方思想发展中的行星天文学》，吴国盛、张东林、李立译，北京大学出版社2003年版。

［美］库恩：《科学革命的结构》，金吾伦、胡新和译，北京大学出版社2012年版。

［德］赖欣巴哈：《科学哲学的兴起》，伯尼译，商务印书馆1983年版。

［波兰］卢卡西维茨：《亚里士多德的三段论》，李真、李先焜译，商务印书馆1981年版。

［苏联］罗森塔尔、尤金编：《简明哲学辞典》，中央编译局译，人民出版社1958年版，生活·读书·新知三联书店1973年重印。

［英］罗素：《西方哲学史》上卷，何兆武、李约瑟译，商务印书馆1963年版。

［英］罗素：《西方哲学史》下卷，马元德译，商务印书馆1976年版。

［英］马斯特曼：《范式的本质》，载［英］拉卡托斯、马斯格雷

夫编《批判与知识的增长》，周寄中译，华夏出版社 1987
年版。

［美］麦肯齐：《无言的宇宙》，李永学译，北京联合出版公司
2015 年版。

［苏联］纳尔斯基、波格丹诺夫、约夫楚克等编：《十九世纪的马
克思主义哲学》，金顺福、贾泽林等译，中国社会科学出版社
1984 年版。

［英］牛顿：《自然哲学的数学原理》，赵振江译，商务印书馆
2006 年版。

［英］培根：《新工具》，许宝骙译，商务印书馆 1984 年版。

［英］皮尔士：《逻辑原子论：罗素和维特根斯坦》，载［英］艾
耶尔等《哲学中的革命》，李步楼译，黎锐校，商务印书馆
1986 年版。

［法］皮凯蒂：《21 世纪资本论》，巴曙松、陈剑、余江、周大昕、
李清彬、汤铎铎译，中信出版社 2014 年版。

［德］斯基拉齐：《〈哲学作为严格的科学〉附录四 单行本编者后
记》，载［德］胡塞尔《哲学作为严格的科学》，倪梁康译，商
务印书馆 2010 年版。

［美］斯塔夫里阿诺斯：《全球通史：从史前史到 21 世纪》下册，
董书慧、王昶、徐正源译，北京大学出版社 2005 年版。

［英］斯退士：《黑格尔哲学》，鲍训吾译，河北人民出版社 1986
年版。

［波兰］塔尔斯基：《语义性真理概念和语义学的基础》，肖阳译，
涂纪亮校，载［美］马蒂尼奇编《语言哲学》，牟博、杨音莱、
韩林合等译，商务印书馆 1998 年版。

［奥地利］维特根斯坦：《逻辑哲学论》，贺绍甲译，商务印书馆
1996 年版。

［德］文德尔班：《哲学史教程》上卷，罗达仁译，商务印书馆
1987 年版。

［德］文德尔班：《哲学史教程》下卷，罗达仁译，商务印书馆
1993 年版。

［英］沃尔夫：《十六、十七世纪科学、技术和哲学史》，周昌忠、苗以顺、毛荣运、傅学恒、朱水林译，周昌忠校，商务印书馆1984年版。

《亚里士多德全集》第 1 卷，苗力田主编，中国人民大学出版社 1990 年版。

《亚里士多德全集》第 4 卷，苗力田主编，中国人民大学出版社 1996 年版。

四 外文著作

I. B. Cohen, *Revolution in Science*, Cambridge, Massachusetts: Harvard University Press, 1985.

I. Kant, *The Critique of Pure Reason*, edited and translated by P. Guyer, A. W. Wood, Cambridge: Cambridge University Press, 1998.

A. Tarski, *Logic, Semantics, Metamathematics: Papers from 1923 to 1938*, translated by J. H. Woodger, Oxford: Clarendon Press, 1956.

五 论文

卜祥记：《马克思主义哲学研究范式辨误》，《学术月刊》2009 年第 4 期。

陈剑涛：《论〈关于费尔巴哈的提纲〉的哲学革命与当代价值》，《江西社会科学》2008 年第 2 期。

陈先达：《哲学中的问题与问题中的哲学》，《中国社会科学》2006 年第 2 期。

邓安庆：《从"形而上学"到"行而上学"：康德哲学哥白尼式革命的实质》，《复旦学报》（社会科学版）2009 年第 4 期。

丁立卿：《马克思的哲学革命——〈1844 年经济学哲学手稿〉的哲学观》，《学术交流》2013 年第 1 期。

段忠桥：《历史唯物主义："哲学"还是"真正的实证科学"——答俞吾金教授》，《学术月刊》2010 年第 2 期。

郭滢、刘怀玉：《马克思主义的哲学基本问题论与哲学终结论——读〈路德维希·费尔巴哈和德国古典哲学的终结〉的再思考》，《南京政治学院学报》2016 年第 6 期。

黄枬森：《也谈哲学就是哲学史的含义和意义》，《北京大学学报》（哲学社会科学版）2011年第5期。

金吾伦：《托马斯·库恩的理论转向》，《自然辩证法通讯》1991年第1期。

隽鸿飞：《哲学：在历史与文化之间——马克思哲学革命之后的哲学定位》，《学术研究》2007年第1期。

李朝东：《现象学与科学基础之奠基》，《社会科学》2006年第4期。

李成旺：《马克思哲学革命的当代启示》，《现代哲学》2010年第3期。

李勇：《阿尔都塞对马克思哲学革命的历史指证》，《北华大学学报》（社会科学版）2014年第5期。

刘兵：《科学编史学视野中的"科学革命"》，《自然辩证法通讯》1992年第3期。

刘放桐：《马克思在哲学上的革命变更对西方现代哲学的超越》，《哲学研究》2001年第8期。

刘放桐：《西方哲学的革命变更与现代转型之比较》，《学术月刊》2003年第10期。

刘福森：《马克思实现的哲学观革命》，《江海学刊》2014年第2期。

刘召峰：《费尔巴哈与马克思的哲学革命——对我国学者相关分歧的评析及启示》，《内蒙古社会科学》2011年第6期。

马天俊：《马克思与哲学》，《江海学刊》2011年第1期。

庞立生：《马克思主义中国化的文化自觉与精神家园的建构》，《吉林师范大学学报》（人文社会科学版）2012年第5期。

任平：《论恩格斯对哲学革命的理解——120年后对〈费尔巴哈论〉出场学视域的新解读》，《江苏社会科学》2006年第2期。

任平：《马克思之后的哲学革命：当代路向及其意义》，《学术月刊》2009年第10期。

石华灵：《关于"马克思哲学革命"问题的研究综述》，《高等函授学报》（哲学社会科学版）2012年第2期。

孙乐强：《〈资本论〉与马克思的哲学革命》，《天津社会科学》2014年第5期。

孙利天：《寻求和建设马克思主义哲学的当代形态》，《社会科学战线》1996年第4期。

孙利天、孙旭武：《对马克思哲学革命的多重理解及思想意义》，《河北学刊》2009年第6期。

孙正聿：《从"体系意识"到"问题意识"——九十年代中国的哲学主流》，《长白学刊》1994年第1期。

孙正聿：《怎样理解马克思的哲学革命》，《吉林大学社会科学学报》2005年第3期。

孙正聿：《历史唯物主义与哲学基本问题——论马克思主义的世界观》，《哲学研究》2010年第5期。

孙正聿：《"哲学就是哲学史"的涵义与意义》，《吉林大学社会科学学报》2011年第1期。

孙正聿：《三组基本范畴与三种研究范式——当代中国马克思主义哲学研究的历史与逻辑》，《社会科学战线》2011年第3期。

孙正聿：《哲学之为哲学："不是问题"的"基本问题"》，《江海学刊》2011年第4期。

孙正聿：《哲学的形而上学历险》，《天津社会科学》2011年第5期。

唐有伯：《评"康德哥白尼式革命的神话"》，《湛江师范学院学报》（哲学社会科学）2004年第1期。

王德峰：《在当代问题中重温马克思的哲学革命》，《复旦学报》（社会科学版）2002年第6期。

王德峰：《从"生活决定意识"看马克思的哲学革命的性质》，《复旦学报》（社会科学版）2005年第1期。

王东、刘军：《马克思哲学革命的源头活水和思想基因——〈1844年经济学哲学手稿〉新解读》，《理论学刊》2003年第3期。

王南湜：《中国马克思主义哲学范式转换研究析论》，《学术研究》2011年第1期。

王庆丰：《哲学：成为科学抑或不是科学——对哲学与科学关系的

哲学史反思》,《贵州社会科学》2012 年第 8 期。

王庆丰:《恩格斯为什么要研究"自然辩证法"》,《长白学刊》2015 年第 5 期。

吴国盛:《自然史还是博物学?》,《读书》2016 年第 1 期。

吴晓明:《马克思的哲学革命与全部形而上学的终结》,《江苏社会科学》2000 年第 6 期。

吴晓明:《重估马克思哲学革命的性质与意义》,《复旦学报》(社会科学版)2004 年第 6 期。

吴倬、赵丽:《论马克思哲学革命的价值目标》,《清华大学学报》(哲学社会科学版)2005 年第 1 期。

郗戈:《从哲学革命到资本批判——重释马克思哲学革命的历史、逻辑与实质》,《学术月刊》2012 年第 8 期。

谢永康:《试论哲学革命的辩证进路》,《天津社会科学》2008 年第 4 期。

杨耕:《马克思如何成为现代西方哲学的开创者》,《学术月刊》2001 年第 10 期。

杨耕:《哲学主题的根本转换与理论空间的重新建构——在日本一桥大学的演讲》,《北京师范大学学报》(社会科学版)2009 年第 4 期。

杨学功:《超越哲学同质性神话——从哲学形态转变的视角看马克思的哲学革命》,《复旦学报》(社会科学版)2005 年第 2 期。

叶险明:《马克思哲学革命与经济学革命的内在逻辑及其启示》,《中国社会科学》2007 年第 4 期。

俞吾金:《对马克思哲学与西方哲学关系的再认识》,《天津社会科学》1999 年第 6 期。

俞吾金:《马克思对康德哲学革命的扬弃》,《复旦学报》(社会科学版)2004 年第 1 期。

俞吾金:《历史唯物主义是哲学而不是实证科学——兼答段忠桥教授》,《学术月刊》2009 年第 10 期。

张卜天:《科学革命起止时间背后的编史学观念》,《科学文化评论》2013 年第 4 期。

张盾:《反现代性:马克思哲学革命的真实意义》,《长白学刊》2004年第1期。

张盾:《马克思哲学革命中的伦理学问题》,《哲学研究》2004年第5期。

张盾:《怎样理解马克思开辟的哲学道路——评阿尔都塞对马克思哲学观的激进解读》,《学习与探索》2005年第6期。

张汝伦:《马克思的哲学观和"哲学的终结"》,《中国社会科学》2003年第4期。

诸大建:《科学革命研究的十个问题》,《科学技术与辩证法》1997年第6期。

朱虹、吴楠:《马克思哲学革命视域下的现代性批判话语》,《求实》2008年第2期。

邹广文、崔唯航:《如何理解马克思的哲学革命》,《天津社会科学》2003年第1期。

K. POPPER, "What is dialectic", *Mind*, 1940, Vol. 49, pp. 403–426.

六 学位论文

曲红梅:《从历史的观点看———一种对马克思道德理论的解读》,博士学位论文,吉林大学,2008年。

后　　记

　　本书由我的博士学位论文修改而成。我原本非常期望请我的导师孙正聿教授写一篇序言,但思虑再三,还是作罢,因为总感觉我的论文还远远达不到老师的要求。我打算在这篇后记中把我写作博士论文的经历和感受简要地叙述一下。

　　六年前,我开始寻找博士论文选题。我的专业是马克思主义哲学,专业之外我还对分析哲学、科学哲学和逻辑学有一定的兴趣。彼时,我在学习马克思主义哲学之余仍涉猎数学基础和逻辑悖论等问题,遂选定"悖论研究的哲学意义"这一话题。三个月后,我的笔记和初稿已有四五万字,但也遇到不少理论困难。这时,老师建议我在原有研究的基础上转换思路,思考"分析"与"反思"这对概念的关系。"分析"主要指分析哲学的思维方式,"反思"则指老师提出的源于黑格尔又超越于黑格尔的哲学之为哲学的独特的思维方式。对这两种思维方式本身的深入研究在几个月的时间里是不可能完成的,所以在开题之前,我将注意力聚焦到了黑格尔身后哲学的两个"转向"("语言转向"与"实践转向")或两场"革命"("分析革命"与"马克思哲学革命")。

　　由于从小形成的"形而上学的思维方式",我在研究中总是期望仅仅使用那些能够得到清晰定义的术语,但当我开始搜集有关"马克思哲学革命"的研究文献时,我感到这个术语似乎缺少一种属加种差式的定义。形式上,"马克思哲学革命"是哲学革命,不是政治革命也不是科学革命;它是马克思的哲学革命,不是康德的哲学革命也不是分析哲学的革命。似乎通过确定它的属和种差就能对这个术语进行准确定位了。但仔细考察却会发现"马克思哲学革命"的"独特之处"——任何一场政治革命或科学革命都是发生在一定的领域之内，一种新生力量取代这个领域内原有的支配性力量而成为新的支配性力量的相对剧烈的活动。但"哲学"这个领域的范围本身就是不确切的，在马克思之前这个领域内似乎并不存在唯一一种支配性的哲学学说，更令我不安的是，马克思的哲学思想至今也未成为这个领域中的支配性力量。那么，人们是在什么意义上宣称马克思实现了一场哲学革命的呢？

关于"马克思哲学革命"的实质，学界已经取得了丰富的研究成果，但对其前提——历史上是否存在一场"马克思哲学革命"——的追问却不多见。于是，我找到了论文的选题。恰在此时，我读到了科学史学家 I. B. 科恩的《科学中的革命》，我发现我的研究在性质上与他是一样的。科恩希望通过对政治革命的理解去理解科学革命，搞清楚人们口耳相传的每一场科学革命都是不是真正的革命，以及是或不是的理由；我则尝试通过对科学革命的理解来理解哲学革命，特别是"马克思哲学革命"。我先后将论文题目暂定为"'马克思哲学革命'的编史学研究""对作为术语的'马克思哲学革命'的研究""在'革命'一词的通常意义上理解'马克思哲学革命'"以及"科学革命视野中的'马克思哲学革命'"。2016 年元旦刚过，在送老师去机场的路上我向他汇报，我的题目"最终"确定为"'马克思哲学革命'的观念"。老师原则上同意了我的计划，但看得出他仍然有所担心。

这一年的春节假期除了三餐睡眠就是疯狂写作，那十天的日记几乎都只有一句话——"在家写一天。"之后我又花了十天时间把论文打到电脑里。初稿交给老师，他提了很多修改意见，并建议将题目改为"'马克思哲学革命'的概念辨析"。我根据老师的意见进行了修改并最终定名为"'马克思哲学革命'观念的分析"。

老师认为，如果外审专家能够与我站在同样的视角上去思考这一问题，那么应该能够认可我所作出的努力，但若不能，则可能给出完全相反的评价。当我把论文外审得到 3 个 A 的消息告诉老师后，老师给我回复的短信只有一个字和一个点号——"好！"

虽然在根本观点和研究方法上都与老师不尽一致，但我自认为与老师最为关心的都是同一个问题，即"哲学是什么"这个哲学的元问题。也正因为我与老师关心的是同样的问题，才会有所谓的"一致"或"不一致"，从而也就不可避免地不可能完全一致。我的观点和方法更加偏向于经验主义和科学主义，也正是基于老师对卡尔纳普、赖欣巴哈等人的回应和批评，我开始了解现代经验主义和科学主义，并批判地接近其中的合理成分，而在马克思主义哲学的研究中，也更加重视马克思、恩格斯这一方面的文献。

老师致力于挖掘哲学作为人类把握世界的一种基本方式的特殊的理论性质、独特的活动方式和特有的社会功能，我则更加注重近现代科学从古代哲学中产生又与之竞争的历史，倾向于将近现代科学看作古代哲学自我扬弃的结果。总之，我坚持一种一元论的理论观，认为理论活动与丰富多彩、百花齐放的艺术活动不同，只能有唯一一种是正确的，或最经济的、最实用的。基于此，我倾向于认为哲学的发展最终将达到其思辨形式不能容纳其现实内容的界限，从而被否定的不是某种形式的哲学，而是哲学这种形式本身。因而，现代唯物主义已经根本不再是哲学，而只是世界观。

无疑，我自以为的新见解，老师大多早已深思熟虑。哲学研究需要文献积累、思想积累，特别是生活积累。同一部著作、同一篇文章乃至同一个命题、同一个术语，在一位饱经风霜的老人眼中和一个未谙世事的孩子眼中，含义与意义都是根本不同的。当然，此时此刻我仍然坚持己见，但我越发能够体会到老师哲学观的重大意义，以及我与老师之间的归根结底的一致之处。

本书是"吉林大学哲学社会学院一流学科建设"项目资助我出版的第二部专著，在此向我的学院再致谢意。与第一部一样，这一部书稿交到朱华彬老师手中时又晚了半年，我要向华彬兄并致谢意和歉意。

三十余年来，父母将我养育成人，支持我从事哲学研究，就在我娶妻生子开始"独立"生活之际，"新冠"疫情暴发，我们三口又搬回父母家中。父母和妻子承担了绝大部分家务劳动，我所做的只是比我儿子略多一点。父亲为大家烹煮一日三餐，闲暇时间则用来学习新的菜品，这使我的减肥计划迟迟不见成效。母亲在玄宝不上幼儿园的时间里陪伴他，教给他各种科学知识和人生道理，就像三十年前教我一样。在科学程度的比较中,妻子素来将哲学排在她的专业——语言学——之下,但在她的心中,却把我排在更高的位置,直到我们有了儿子高语玄。

  博士毕业之后仍然留在老师身边学习工作,

  娶妻生子之后依然赖在父母宅中混吃混喝。

  人生之幸,莫过于此。

高　超

2021 年 8 月 22 日

长春　南溪湿地